君子兰香

徐井岗　等编著

中国财经出版传媒集团
中国财政经济出版社
·北京·

图书在版编目（CIP）数据

君子兰香／徐井岗等编著. -- 北京：中国财政经济出版社，2024.5

ISBN 978 -7 -5223 -3110 -2

Ⅰ.①君… Ⅱ.①徐… Ⅲ.①发电厂－企业文化－建设－兰溪 Ⅳ.①F426.61

中国国家版本馆 CIP 数据核字（2024）第 086577 号

责任编辑：高文欣　　责任印制：史大鹏

封面设计：卜建辰　　责任校对：徐艳丽

君子兰香

JUNZI LANXIANG

中国财政经济出版社 出版

URL：http：//www.cfeph.cn

E－mail：cfeph@cfeph.cn

社址：北京市海淀区阜成路甲 28 号　邮政编码：100142

营销中心电话：010－88191522

天猫网店：中国财政经济出版社旗舰店

网址：https：//zgczjjcbs.tmall.com

中煤（北京）印务有限公司印刷　各地新华书店经销

成品尺寸：170mm×240mm　16 开　17.5 印张　251 000 字

2024 年 5 月第 1 版　2024 年 5 月北京第 1 次印刷

定价：68.00 元

ISBN 978 -7 -5223 -3110 -2

（图书出现印装问题，本社负责调换，电话：010－88190548）

本社图书质量投诉电话：010－88190744

打击盗版举报热线：010－88191661　QQ：2242791300

编委会名单

编者单位： 浙江浙能兰溪发电有限责任公司

主持编著： 徐井岗

参编人员： 范　莉　姚　路　张同喜　申　晔

盛啸天　何云玲　刘金思　李蕾蕾

刘宇博　华庆敏

前言

PREFACE

习近平总书记在党的十八大之后，创造性地将“文化自信”纳入“四个自信”，称其为“一个国家、一个民族发展中最基本、最深沉、最持久的力量”。在党的十九大报告中，习近平总书记首次提出了“新的文化使命”这一重大命题：“当代中国共产党人和中国人民应该而且一定能够担负起新的文化使命，在实践创造中进行文化创造，在历史进步中实现文化进步”。中华民族伟大复兴需要中国人民担负起新的文化使命，为此，必须激活中华优秀传统文化，使其与现当代红色文化融会贯通，展现出中国文化的勃勃生机。

浙能兰电值此20周年庆祝之际，将20年来企业建设、运营、管理过程中的文化建设总结出来，从文化自信角度，探索企业“文化强企”路径、做法及经验体会，以便更好地践行“习近平文化思想”，更好地从企业使命角度落实“新的文化使命”，更好地从“文化强企”角度探索企业如何为“文化强国”作贡献，如何把中国国学文化、红色文化与企业文化有机融合，为中国式现代化建设作出一个国有企业应有的贡献。

企业管理需要讲政治，文化建设更需要讲政治、讲道德修养。企业的文化建设是一个动态发展的过程，随着时代的变迁和企业发展在不断演变。浙能兰电文化的建设，就是20年演变充实、更新发展的结果：最初源于集团公司的企业文化设计，始于项目开建时期的基建文化；发展于“家园、校园、公园”的“三园文化”及持续推进的“石刻文化”；成熟于总结、提炼、升华而成的“君子兰文化”。既与浙能集团文化建设保持一致性，又与公司所在地兰溪市市花之兰花相结合；既与中华文化的君子之德、兰花之品相融合，又与新时代廉洁文化建设融通，从而在思政工作、品德教育方面开辟新路径，同时也展现出“君子兰香”的浙能兰电之“君子兰”文化风格和特色，让员工在潜移默化中思想通透、立场坚定。

党的十八大以来以习近平同志为核心的党中央，从治标入手，把治本寓于治标之中，一体推进“三不腐”，把不敢腐的震慑力、不能腐的约束力、不想腐的感召力结合起来。浙能兰电尊重文化创建历史，步步推进形成独具行业特色与地域特色的“君子兰文化”，目的在于以文化洗涤党员干部的心灵、摆正政治立场的同时，让党员干部因敬畏而“不敢”、因制度而“不能”、因觉悟而“不想”，真正实现“君子兰香”。这样的廉洁教育、廉政实践，融合在文化建设体系中，既形成兰电清廉文化，也合成兰电综合性的特色文化。

社会主义新时代，自有社会主义新特色；社会主义国有企业，也自有社会主义国有企业的风貌。浙能兰电的文化建设，与每个时期的主题思想教育紧密结合，又在传承中华文化基础上，融入红色文化教育，形成浙能兰电特色的红色管理、红色教育，而且教育中寓管理，管理中寓教育，重在培养又红又专的火力发电专业人才，既满足企业不断发展的要求、满足企业对火力发电各领域的科技研究和匠心独运的需要，又体现出文化自信的强烈元素、文化强企的自觉意识、主动承担新文化使命的匠者担当，从而为本行业（火电行业）、本集团（浙能集团）源源不断输送优秀人才。浙能兰电，君子兰香，文化强企。

在这个快节奏、瞬息万变的时代，企业建立的文化不再是一个抽象的概念，而是企业持续发展、创新和竞争优势的核心驱动力，也不会仅仅停留在口号和标语上，而是成为企业全体员工的共同信仰和行为准则，成为企业持续发展的不竭动力。

当然，本书所探讨的企业文化理论和实践只是其中的一部分，还需要不断丰富和完善。我们衷心希望本书能为企业管理者、学者和关注企业文化的人士提供有益的启示和帮助，期望每一位读者能从本书中获得启发，深入思考企业文化的价值和意义，并将其应用于实际工作中，能够更多地涌现出中国式“文化强企”的榜样。

目录

CONTENTS

总论：20 年积淀，赋能企业发展

浙江能源集团旗下浙江浙能兰溪发电有限责任公司（以下简称“浙能兰电”）于 2004 年 6 月成立。20 岁的国有企业，走过创业期、成长期，迈向成熟的发展期；20 年的征程，展现了浙江省“八八战略”的能源建设成就、体现了科技强国新时代的火力发电新成果。在文化自信与文化强国旗帜下，浙能兰电 20 年文化建设中谋求企业发展（思想文化、科技文化、质量文化、人才文化建设等），为新时代文化强企探索了新路径、新方式，为中国式现代化建设探索了企业经营与发展的新模式、新内涵。总结 20 年的努力奋斗，浙能集团通过文化赋能，经历了宝剑锋从磨砺出的艰辛，在道路自信、理论自信、制度自信、文化自信中，实现了强企目的。得出的重要结论是：管理最根本的对象是人，强企最核心的动能是人才、赋能最重要的方式是人文化成，发展最终目标是得人心强效益。

2003 年，时任浙江省委书记习近平作出了“发挥八个方面的优势”“推进八个方面的举措”的决策部署，正是在这“八八战略”指引下，浙能集团作出了建设“浙能兰电”的规划。电能资源是中国现代化建设不可或缺的，其中火力发电是重中之重：全国发电量火电占 72%，水电占 18%，另外还有核电 4%、风电 4.5%、太阳能 1.5%，地热电、潮汐电、生物电也在起步中，浙能兰电就是火力发电企业。但不可否认，发电效益、发电能量、发电业的污染等都不容忽视，这就需要发电企业走科技发展的清洁高效之路。科技强企的关键性要素是人才，是镕铸文化，由文化强大人才内心、纯洁人才思想，由人才实现科技发展、文化强企。浙能兰电20年聚焦于此，在火力发电技术领域创造了突破性的核心成果。

20年磨一剑，在管理文化方面，浙能兰电不仅在生产管理、质量管理、流程管理等常规管理方面创新出“兰电特色”，更重要的是在教育管理方面构建了兰电教育（人才培养的校园）管理、兰电文化管理（君子思想建设、兰花品质培育），形成浙能兰电管理的文化风格、本土特色、红色价值，保障了浙能兰电队伍20年的纯洁与坚强。

20年磨一剑，在科技文化方面，不仅涌现了自力更生、艰苦奋斗出来的中高级科技人才，形成了“兰电科技群”，还开发了一批中高端科技成果，体现了中国特色的科技强企、科技出人才的“兰电科技风”，同时在火力发电、生态环保等领域创造出属于浙能兰电的奇迹，成果丰硕、创新突出，在质量强企、实业强企上作出公司特有的贡献。

20年磨一剑，在企业文化方面，建设成“君子兰文化”，展现出中国文化风格的“君子精神”“兰花品质”，体现了“兰电人”的兰花之美、君子之德，践行了强国时代的文化自信。20年呕心沥血，宝剑锋从磨砺出，打磨出了浙能兰电文化强企之剑。

管理文化之剑、科技文化之剑、企业文化之剑，三剑合一而成浙能兰电宝剑，这柄物华天宝之剑，一开始就对中华国学文化、时代红色文化充满自信，这是兰电人的文化自信、兰电人的精神内核，是兰电人20年磨成的文化强企之剑。兰电文化的基础是浙能集团提出的企业文化，其企业愿景是打造一流现代综合型能源供应商；其企业精神是“双让”精神：让事业精彩，让生命闪光；其企业使命是“三为”使命：为员工谋求幸福，为社会创造财富，为发展提供动力；其企业价值观是“双立”内涵：以德立人，以能立业。在兰电人自己编写的《企业文化手册》中，还归纳了系列核心理念：即企业发展核心理念：人本、科学、创新、一流；企业文化核心理念：家园、校园、公园“三园”文化；企业管理核心理念：引领先进、系统推进、持续改进；企业文明生产核心理念：优化、美化、文化“三化”；企业品位提升核心理念：正气、大气、朝气“三气”。很显然，兰电人从不忘记企业的初心是能源之能（电能），也深深懂得所在地的兰花之品（君子品质），德能结合构建成独具本土特色的“兰电能量”，成为打磨“兰电文化”的能量、能源、能力，从而实现“文化强企”。

20 年青春闪耀，20 年技术探索，20 年绿色追求，兰电人把一家火力发电企业的所有污染源变成环保先锋，废水采用“一水多用，污水回用，循环利用”；超低排放改造后，烟气中烟尘、二氧化硫、氮氧化物浓度优于天然气机组排放水平，所有环保设施都经国家环保部门验收通过，为浙江省最大内陆绿色电厂。其中，质量、安全、环保、能源、计量、党建“六位一体”，兰电人付出巨大努力。总结提炼之，兰电企业文化建设之基本路径如图 0－1 所示。

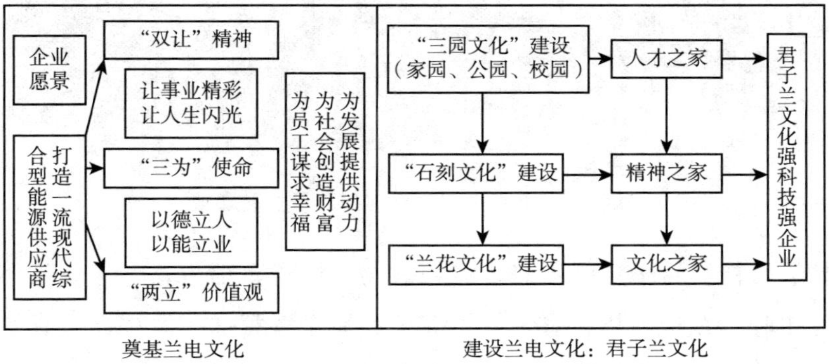

图 0－1　兰电文化强企路径示意图

从家园文化到公园文化到校园文化，再到石刻文化，兰电一直在努力建设和谐、温馨、繁荣的企业之家，教育人、培养人、成就人的人才之家，达到优化、美化、文化的发展之家，而核心就是建设好美丽、美德、美育的兰电之家。兰电人之孜孜不倦追求的是，既具中华传统文化的君子精神，也具现代廉洁之风的红色精神，还具兰花品质的典雅精神。

无论是君子精神还是兰花品质，除和谐、真诚、高贵等柔韧文化品质外，还要有坚毅、刚强、敢当的硬核内涵。这就是“石刻文化”建设的根本原因。当人们惊叹于中华传统的石刻文化——遍布全国的石碑、画像石、摩崖石刻和岩画时，兰电人悄悄在创造着新时代的兰电石刻文化，赋予了石刻文化求真求实、敢拼敢冲的时代内涵。

兰电人在文化建设上 20 年不间歇努力，在高贵典雅中展现出君子精神、兰花品质。20 年努力奋进，建设成独具特色的“君子兰文化”。公司在厂区设立兰花雕塑，如图 0－2 所示。

图 0－2　浙能兰电厂区内的君子兰花雕塑

君子精神：君子自强不息、厚德载物；君子重信重义、正气浩然，君子仁爱知耻、百折不挠，君子修道养德、博学睿智——风姿高雅真君子。

兰花品质：兰花典雅圣洁、清新脱俗，兰花坚忍顽强、忠贞不渝，兰花贤德爱国、重情自信，兰花淡泊名利、朴实谦和——幽香满园真君子。两者结合，恰与兰花中的一个品种在内涵上吻合，这就是君子兰。

君子兰有两层意义，其一，兰花的一种，特立傲雪、卓尔不凡，象征坚强刚毅、端庄典雅和品德高尚，优雅中显高贵，坚韧中得繁荣。其二，君子精神与兰花品质融合，“气如兰兮长不改，心若兰兮终不移”，展现出中国君子的理想人格与文化志趣。

兰电人，真君子；兰电人，心若兰。浙能兰电正是拥有了“君子兰文化”，有能源、有能量、有能力打破了一道又一道思想与现实封锁，培养出一批又一批红色专业人才，攻克了一个又一个技术难关，创造出“兰电奇迹”，既有传统君子之风，又有空谷兰花之美，将优秀国学文化（花中四君子之兰花文化）、浙能企业文化、强国人才红色文化无缝对接、有效融合，走出一条独具中国特色的、浙能兰电风格的科技强企、文化强企之路。

翻开公司画报《浙能兰电》，兰电人开篇就自豪地写着：“昔日的这片土地，一派田园风光：阡陌交通，芳草鲜美；而今这片土地上，浙能兰电巍峨耸立：英姿飒爽，魅力四射！”根据浙江省“八八战略”，浙能兰电这个 2003～2007 年浙江省“五大百亿工程”之一的项目于 2004 年 6 月 15 日开工建设（2003 年 6 月立项），自此，兰电人“勤劳与勇敢完美结合，睿智与严谨相互辉映”，开启了新世纪新征程。如今 20 年了，“一次次风雨来袭，一次次雨过天晴，兰电人在风雨中亮出铮铮铁骨”，在这 1800 亩土地上，敢教日月换新天，在电力供应危难时刻迎难而上，在祖国与人民需要时候不断奉献，年可供 150 亿千瓦时发电量，始终满足浙江电网特别是浙西南地区快速增长的电力需求，成为浙西南受端电网负荷中心大型骨干支撑电源，无论遇到怎样的艰难险阻，都能保障生产、保证供电。

20 年奋斗，浙能兰电获得过中国建筑工程鲁班奖、中国电力优质工程、多台次机组获得全国发电企业可靠性 A 级（金牌）机组、全国先进基层党组织、全国工人先锋号、全国青年安全示范岗、全国企业文化创新优秀单位、全国安全文化建设示范企业、全国发电企业最美工会、浙江省建设工程“钱江杯”、浙江省重点建设立功竞赛先进集体、浙江省抗击雨雪冰冻灾害先进集体、浙江省标准创新型企业 、浙江省文明单位、标准化良好行为 AAAAA 企业、电力安全生产标准化一级企业……兰电人获得过省五一劳动奖章、全国职工技能大赛金牌、银牌，全国技术能手、全国三八红旗手、全国无偿献血奉献奖金奖、中央企业技术能手、全国电力行业新闻宣传工作先进个人、浙江省万名好党员、省属企业最美员工……时任浙江省委书记习近平曾向时任浙能兰电董事长柯吉欣颁奖。

在这些光彩夺目的成就中，有两个词在其中发挥着极其重要的作用，一是“人心”，二是“文化”，构建出既有浙能集团风格又有兰溪地方特色的“兰电人文”。

所以，兰电人用充满诗意的语言这样描述：

兰江之畔，沃土田野作舞台；

文化同行，传承如兰气质。

以激情为乐，用青春做伴，
舞出真我的风采，
唱响最动人的和谐之音，
从此点亮我们的目光！

正是20年的文化孕育、20年的人文熏陶、20年的人心洗涤，赋予了兰电人厚积薄发的能源与能量，“春风浩荡暂徘徊，又踏层峰望眼开”，20年企业发展，每一步都很踏实，每一步都很从容，因为心中有理想，因为文化可赋能。正因为如此，兰电人给浙能兰电的吉祥物取了“兰兰”与“能能”之名；正因为如此，浙能兰电走出了一条文化强企的成功之路，形成了新时代中国式现代化的企业发展模板。

第一章　一张白纸绘新图，八八战略结新果

世上本没有路，任何一条路都是人走出来、修起来的。20 年前，本没有“浙江浙能兰溪发电有限责任公司”（以下简称浙能兰电），是浙能集团在浙江省委、省政府与电力系统的共同努力下，为解决电力紧张、促进电力发展、平衡浙江经济而设立的项目，经过一年的筹备（2003 年 5 月底项目开始比选定址），于 2004 年 6 月 16 日正式注册登记。这一年，在浙江省金华市兰溪市灵洞乡的大地上，规划、建设这样一家发电公司，一张白纸绘新图，而背后真实的原因，是浙江省出台的“八八战略”。

第一节　冲破困境促发展，浙西燃煤电厂筹建

改革开放以来，浙江经济迅猛发展，但随之电力紧张的问题也凸显出来，世纪交替之时，“电荒”现象不时出现，“拉闸限电”成为常态，连居民生活用电都无法保障。而鉴于当时的一些限制，上马火电项目很难获批。恰在这时，时任浙江省委书记习近平作出了浙江进一步发挥八个方面优势、推进八个方面举措的“八八战略”的决策部署，并于 2003 年 7 月举行的中国共产党浙江省委员会第十一届四次全体（扩大）会议上正式通过。借此东风，浙能兰电项目得以落地，浙西燃煤电厂开始筹建。

一、拉闸限电，经济飞速发展电力紧张

电力行业，作为国家经济的重要支柱，其发展状况直接关系到国民经济的稳定运行。20 年前，电力行业的运行机制中计划经济的痕迹较重，其中电力项目审批制的弊端尤为突出；同时，电力企业缺乏自主决策权，无法成为真正的市场竞争主体。为了打破这种局面，国家出台了一系列改革电力投融资体制和项目审批制度的政策，《电力体制改革方案》（国发〔2002〕5 号）明确提出要“充分发挥市场配置资源的基础性作用，改善政府宏观调控，改革电力项目审批办法”。这一政策的出台，标志着电力行业开始向市场化方向迈进。然而，改革并非一蹴而就，尽管政策已经明确，但在实际操作中仍然存在着诸多困难和阻力。一方面，政府部门需要从繁琐的审批事务中解脱出来，更好地发挥宏观调控作用；另一方面，企业需要加强自身实力，提高自主决策能力，成为真正的市场竞争主体。

1. 惊人的电力短缺史

2002 年以来，浙江再次出现严重的电力短缺问题，这种短缺的情况是由多方面原因造成的。随着电力体制改革的推进，旧的电力体制已经无法满足市场经济的需求。GDP 的发展与增幅远远超出预期，导致原电力规划中预测的最高负荷和用电量的增速远远低于实际增速。

在此之前，全国电力供应出现了暂时过剩的情况，这直接导致了保守的电源建设规划，造成发电装机投产速度严重滞后于实际的负荷和用电量增长速度。在浙江电网 2001 年到 2004 年的四年间，除秦山核电外的投产装机年均新增量均不超过 60 万千瓦，而同期的 GDP 和最高负荷、用电量的增长率均超过两位数。这种增长速度的巨大差异导致了惊人的电力短缺现象的出现。

与此同时，电源建设的审批过程也拉长了电源建设周期。电力供应短缺一旦出现，再来考虑新的电源建设就显得为时已晚。如果项目能够提前三年开工建设，浙江就不会出现如此大的电力缺口。

这已经说明，仅仅依靠一级政府审批来预测和平衡全国的电力供需是

十分困难的。当然，浙江省面临的电力短缺问题是由多方面因素共同造成的。要解决这一问题，需要从多个方面入手，包括改革电力项目审批制度、加强电力需求预测、优化电源建设决策等。只有这样，才能确保浙江省及全国的电力供需平衡，保障经济社会的可持续发展。

2. 办电新政的提出

电力供应紧缺不仅制约了浙江的经济发展，更对居民生活和企业运营带来了不小的影响。而浙江的领导层已经意识到了问题的严重性，他们坚定地认为，电力的发展必须先行，才能推动浙江经济的持续增长。浙江省每缺一度电，就会对 GDP 造成 8 元钱的损失，这是一个触目惊心的数字，它揭示了电力供应对浙江经济的重要性。为了打破这一瓶颈，2003 年 4 月，浙江的领导层提出了“围绕中心、电力先行、适度超前、积极平衡”的十六字方针，这一方针的核心思想是电力建设必须适度超前，以适应未来电力需求的快速增长。

在实施这一方针的过程中，浙江面临了诸多挑战。电源项目的前期工作就是一个典型的例子，审批环节长、政策处理难、主设备订货时间紧等问题层出不穷，这使得电源项目的推进变得异常困难。但浙江省并没有因此而气馁，他们以“重兵布阵、全线铺开”的策略，积极应对这些挑战。2003 年 4 月，新一届浙江省委财经领导小组成立后召开的第一次会议，就明确了电力发展的重要性，并提出了具体的方针和目标。在接下来的几年里，浙江省电力建设在“适度超前、积极平衡”的方针指导下，取得了显著的成绩。电力装机容量大幅增加，电力项目开工和储备数量均创历史新高。

浙江经济发展迅速，对电力的需求持续旺盛。浙江省原计委在推动电力建设方面，有着明确的路径：加强前期工作是加快电源建设的核心。前期工作完备，项目报批才有保障，建设速度也才能稳定。然而，最不可控的因素在于主管部门的审批，漫长的审批过程常常使主政者期望的电力建设适度超前变得困难重重。在“全国一盘棋”的大背景下，地方政府需承担起促进本地经济发展的重任。

原国家电监会发布的监管报告显示，截至 2012 年初，全国单机 100

兆瓦以上的未核准发电项目约 100 个，装机容量约 3500 万千瓦。漫长的审批束缚了地方快速发展电力的手脚，使得地方对此抱怨颇多。部分人认为，电力项目审批的链条过长，每一个项目都要经过全国的平衡，三五年都批不下来。为了解决这一问题，业界对电源项目进行了深入研究，并形成了一整套理论和方案。然而，尽管电力体制改革关注了电力交易环节，但电力投资环节依然受制于计划控制和政府审批，其关注度亟待提高。

二、扛住压力，浙西燃煤电厂选址

1. 高瞻远瞩，布局深远

缺电对 GDP 造成的损失，严重威胁着经济发展。为了打破这一瓶颈，决策者们深知，必须采取果断行动。回忆起当年的情景，有领导干部坦言："窝电总比缺电好。"就当时情况而言，这是一种策略，更是对现实的深刻理解。新一届浙江省委财经领导小组在省委直接领导下，在已经基本明确的"八八战略"思想下，电力发展问题被置于核心地位，浙江的电源建设不再是选择题，而是必答题。它被视为经济工作的当务之急，需要适度超前、积极平衡、重兵布阵、全线铺开。当时的主要目标是：确保 1000 万千瓦、争取 1200 万千瓦电力装机建成投产；确保 1000 万千瓦、力争 1200 万千瓦电源项目开工建设；确保 1000 万千瓦、1200 万千瓦储备电源项目的前期工作。这一决策，无疑为浙江电力建设注入了强大的动力。

这一电力战略布局旨在使浙江省电力建设实现超常规发展，以满足电力需求的快速增长。这不仅是对现有电力短缺的回应，更是对浙江未来经济发展的深思熟虑和战略布局。如今回望，可以清晰地看到，当年的决策者们是何等高瞻远瞩，他们的远见卓识和坚定决心，实现了以电力建设为引擎，不仅解决了电力短缺的问题，更为浙江经济的持续繁荣奠定了坚实的基础，推动着浙江经济的快速发展。

2. 根于实际，敲定方向

在 2003 年的浙江省电力工作会议上，省领导提出了新的招标要求，对大型电源项目的选择不再仅仅是预先指定，而是通过竞争来确定。这一变革强调了投资软环境的重要性，意味着各大发电公司不仅要关注硬件设施，还要在投资环境上展开竞争。

全国各大发电公司瞄准了浙江电力市场，而浙江省内的浙能集团也有平等的机会参与竞争。但最终谁能拿到项目，关键在于各自的竞争力。前期工作是否到位、条件是否优越、推进是否切实，都是决定胜负的重要因素。

为了解决省内电源点分布不均的问题，浙江试行了厂址比选。浙西大型燃煤电厂选址经省有关领导、专家的实地考察，论证分析和综合打分比选，确定金华兰溪市灵洞乡石关村为浙西电厂建设厂址。电厂选址采用“比选制”在浙江省尚属首次。

此前，浙江省主力电源的大型火力发电厂多分布在浙北、浙东沿海、沿航道等地，多为大型港口煤电厂，导致浙西、浙中区域电网缺少大型火电厂支撑，电网运行调度困难。因此，浙西电厂的建设被视为缓解浙西、浙中区域供电紧张状况的关键。筹建中的浙西电厂计划建设 4 台 60 万千瓦机组，总投资约 100 亿元。预可行性研究报告推荐兰溪灵洞石关厂址为首选厂址，龙游童家北厂址为备选厂址。

此次招标不仅是为了选定合适的厂址，更是为了推动浙江省电力行业的持续发展，确保电力供应的稳定性和安全性。通过竞争方式选定大型电源项目，将有助于优化资源配置，提高电力行业的整体水平，为浙江省的经济发展提供稳定可靠的电力保障。

3. 确定项目，选址开展

经过比选，金华市的兰溪以高出衢州的龙游 5.1 分的优势中选，浙西电厂由此落户兰溪。这一决策不仅基于分数上的优势，更是基于对两地实际情况的综合考量。兰溪具备丰富的水资源和较好的燃料供应条件，岩土工程和环保条件也相对优越，这些都是电厂建设的重要考量因素。在选址过程中，两地展开了激烈的竞争，而主管部门一直无法作出决定。最终，在省领导的推动下，浙西电厂厂址通过比选的方式得以确定。

省领导强调要制定好“竞争择优”的游戏规则，并让专家、业主单位和电网公司来参与评分，政府部门并不参与其中。为了确保比选的公正性和专业性，浙江省特地制定了《浙西厂址比选评分办法》。根据这一办法，电厂厂址的选择由专家、业主方浙能集团和浙江省电力公司三家分别对厂址的“水资源供给、燃料供应、岩土工程、环保条件”等项进行评分，以分数高低来择优确定。满分为100分，其中专家的评分占50%，投资方（浙能集团）占30%，电网方（浙江省电力公司）占20%。这种评分机制的引入使得选址工作更加科学和客观，避免了人为因素的干扰。

厂址确定后，地方政府合理承诺将相关事项转为合同条款，为电厂建设锁定前期成本。这一举措有效改善了投资软环境，进一步加快了电厂的前期工作和建设进度。由于前期工作的顺利进行，电厂建设的总体造价也得到了降低。据估计，这一决策为该项目节约了3亿元的投资，并使电价降低了0.015元/(kW·h)。

浙西电厂的成功选址和建设对浙江省的电力供应带来了显著的影响。它不仅缓解了浙西、浙中区域的供电紧张状况，还为当地带来了显著的经济效益和社会效益。随着电厂的建成投产，当地的电力供应得到了保障，推动了相关产业的发展，创造了更多的就业机会。同时，电厂的建设还改善了当地的基础设施条件，提高了居民的生活质量。

浙西电厂的成功选址和建设充分体现了浙江省在电力工作中的创新和务实精神。面对电力短缺的问题，浙江省委和省政府采取了一系列切实有效的措施，通过科学合理的选址和建设工作，成功地解决了问题。这一成功经验为全国的电力发展提供了宝贵的经验和借鉴。它证明了政府在推动电力发展中的重要作用，同时也强调了科学决策和创新精神在解决实际问题中的价值，这也是“八八战略”结出的一项硕果。

三、矢志奋斗，浙能兰电项目筹建

1. 历史见证，兰电项目筹建

自2003年5月起，浙能兰电项目筹建工作正式启动。浙江省在当月主持召开了浙西电厂工程初步可行性研究报告审查会，经过慎重评估，最终确定金华兰溪市灵洞乡石关村为浙西电厂的建设厂址，这一决策为兰溪电厂的建设奠定了坚实的基础。

在接下来的一个月里，省政府紧锣密鼓地组织了一系列重要会议。6月4日，省人民政府召开现场办公会，会议明确指出电厂的建设目标和时间表。会议强调，兰溪电厂首台机组必须在2007年投产，而全部4台机组也必须在2009年完成建设并实现发电。这一目标为筹建工作指明了方向，也展现了政府对项目的坚定决心。随着决策的落地，浙能集团迅速响应。

6月10日，浙能集团浙能人〔2003〕124号文件决定成立浙能兰溪发电厂筹建处。随后，经过一系列的组织和人事安排，6月27日，浙能人〔2003〕146号文件正式确立了筹建处的领导班子，各项筹建工作得以有序展开。

7月3日，对于浙能兰电项目而言是一个重要的里程碑。这一天，"浙江浙能兰溪电厂筹建处"和"兰溪市浙能兰溪电厂建设领导小组办公室"在灵洞乡石关村正式挂牌。这标志着项目的组织架构已经搭建完毕，筹建工作进入实质性阶段。

在随后的几周里，筹建工作持续推进。7月4日，浙能生临〔2003〕153文决定成立"浙能兰溪电厂工程设备招标领导小组"，负责设备的采购和招标工作。仅仅一周后，7月22日，筹建处首期《简报》编辑出版，及时向外界传递了项目进展的最新动态。

在报告审批方面，7月22日，浙江省以浙计基础〔2003〕543号文件向国家发改委上报了《关于要求审批浙江浙能兰溪发电厂项目建议书》的请示。这一举动标志着项目已经进入国家层面的审批流程。

在各级领导的关心和支持下，筹建工作进展顺利。7月24日，省能源集团公司领导到工地现场办公，为解决实际问题提供了强有力的支持。8月8日，金华市分管副市长也专程到工地现场办公，为项目的推进提供指导和帮助。

8月21日，是一个值得纪念的日子。这一天，"浙能兰溪发电厂主机设备合同"正式签订。这一关键步骤的完成意味着项目的设备采购工作已经取得实质性进展。出席签字仪式的有浙江省副省长、四川省副省长等领导，他们的出席进一步强调了项目的重要性。

随着时间的推移，筹建工作逐渐进入高峰期。9 月 1 日，浙能兰电筹〔2003〕16 号文决定成立“浙能兰溪发电厂筹建处招标领导小组”，确保各项招标工作能够顺利进行。仅仅一天后，9 月 2 日，浙能党〔2003〕24 号文决定建立中共浙能兰溪电厂筹建处总支部委员会。这一组织架构的完善为项目的党建工作和思想建设提供了坚实的保障。

9 月 12 日，“四通一平”场地平整施工标发标，标志着项目的施工建设即将启动。9 月 19 日，时任浙江省委书记、省人大常委会主任习近平在兰溪市考察调研时指出：要切实做好浙能兰溪电厂的前期工作，争取早日建成电厂。

2. 矢志奋斗，不忘初心

终于，浙江浙能兰溪发电有限责任公司矗立于婺江之畔，兰花之乡。自 2004 年筹建以来，浙能兰电始终坚守初心，砥砺前行，逐步发展成为一流的现代化发电企业。面对浙江经济的快速发展和电力供应日趋紧张的形势，浙能兰电作为浙江省 2003 ~ 2007 年“五大百亿工程”之一，肩负起了缓解电力紧张、优化电源结构的重要使命。在石关村这片热土上，浙能兰电人以坚定的信念和不懈的努力，书写了一段矢志奋斗的辉煌历程。

在筹建过程中，浙能兰电人克服重重困难，以超临界大型燃煤发电机组的建设为突破口，推动技术创新和管理创新。1 号机组于 2006 年 3 月首次并网发电，同年 4 月投入商业运行，比原计划提前 616 天；2 号机组于 2006 年 7 月首次并网发电，同年 8 月投入商业运行，比原计划提前 281 天；3 号机组于 2006 年 11 月首次并网发电，同年 12 月投入商业运行；4 号机组于 2007 年 4 月首次并网发电，同年 5 月投入商业运行。这一系列成果不仅彰显了浙能兰电人的拼搏精神，也创下了国内超临界大型燃煤发电机组建设的新纪录。

如今，浙能兰电已成为浙江省最大的内陆电厂，为地区经济发展提供了坚实支撑。回望来路，浙能兰电人始终坚守初心、勇担使命。面向未来，浙能兰电将继续砥砺前行，为地区经济和社会发展贡献更多力量。

第二节　发挥优势补短板，浙江规划八八战略

山重水复疑无路，柳暗花明又一村。“电荒”的出现，从另一个角度说明了浙江省改革开放促进经济迅猛发展的速度与力量，当然也无可奈何地制约着社会进步与经济发展。当时的浙江省委、省政府，提出发挥优势补短板，全局规划出战略。正是这个“八八战略”，推动了浙江的能源发展，而浙能兰电，则是这一战略的直接成果。那么就有必要回顾一下“八八战略”产生的前因后果及具体内容。

一、取长补短，浙江构建新发展格局

1. 打破旧桎梏，引领新格局

一方水土养一方人，浙江因江得名，而江则以潮闻名。那奔腾不息的钱江潮，正象征着这片土地上的人民坚韧不拔的精神。这也是习近平总书记对浙江一直以来的殷切期望——“干在实处永无止境，走在前列要谋新篇，勇立潮头方显担当”。总书记不仅这样要求，更是亲身力行，始终如一。回望过去，21 世纪初，浙江从资源小省蜕变为经济大省，但随之而来的是“成长的烦恼”。产业层次低、资源环境压力大、发展不平衡等挑战，让传统的粗放型增长模式面临瓶颈。

在深入调研的基础上，2003 年 7 月，时任浙江省委书记习近平作出发挥“八个方面优势”、推进“八个方面举措”的重大决策部署，这就是被称作“八八战略”的浙江省域发展总体方略。“进一步”“加快”“推进”……“八八战略”中的高频词，传递勇立潮头、接续改革的精气神。如果说，作为顶层设计的“八八战略”构建了省域发展的四梁八柱，那么开篇第一条就像那根最粗壮的大梁——“进一步发挥浙江的体制机制优势，大力推动以公有制为主体的多种所有制经济共同发展，不断完善社会主义市场经济体制。”这一战略部署，为浙江的经济发展指明了

方向。

在“八八战略”的指引下，浙江开始大胆探索公有制与非公有制经济的融合发展。一方面，继续巩固和发挥公有制经济的主体作用，特别是在基础设施、公共服务等领域，确保经济发展的基础稳固。另一方面，鼓励和支持非公有制经济的发展，为其提供更多的政策支持和市场机会。

这一政策导向的转变，激发了浙江经济的活力。许多中小企业和民营企业迅速崛起，成为推动浙江经济发展的重要力量。这种公有与非公有经济的互补与融合，不仅提升了浙江的经济发展水平，还为社会创造了更多的就业机会。

除了推动公有与非公有经济的共同发展，浙江还在体制机制方面进行了大胆的创新和尝试。在行政审批制度方面，浙江率先推行简政放权，简化审批流程，提高行政效率。这为企业的发展提供了更多的便利，降低了制度性交易成本。此外，浙江还积极探索新型的财政税收政策，为企业提供更多的财税支持。特别是在中小企业和科技创新领域，推出了一系列针对性的税收优惠政策，极大地激发了市场主体的创新活力。

通过这些体制机制的创新，浙江成功地构建了一个更加开放、包容和高效的市场环境，不仅吸引了大量的国内外投资，还催生了一大批富有活力的市场主体。这些创新举措为浙江的经济社会发展注入了强大的动力。

2. 腾笼换鸟，凤凰涅槃

自改革开放以来，浙江凭借着敢为人先、勇于创新的精神，大力发展民营经济，实现了经济的快速发展。然而，随着国内外经济形势的变化和资源环境压力的加大，浙江的经济发展面临着一些瓶颈。在这样的背景下，“腾笼换鸟、凤凰涅槃”思想的提出，为浙江的经济发展指明了方向。

“腾笼换鸟、凤凰涅槃”是一个形象生动的比喻，它描绘了浙江经济发展方式的转变。其中，“腾笼换鸟”指的是通过产业转型升级，将传统产业转移出去，引进和培育新兴产业，实现经济结构的优化和产业的升级；“凤凰涅槃”则比喻通过自主创新和科技进步，实现企业的再生和经济的转型发展。

为了实现“腾笼换鸟、凤凰涅槃”，浙江采取了一系列具体的政策和措施。首先，加强自主创新，提高科技创新能力。浙江出台了一系列政策措施，鼓励企业加大科技研发投入，培育和引进创新型人才，加强知识产权保护，推动产业向高端化、智能化、绿色化方向发展。同时，浙江还建设了一批高水平的科研机构和创新创业平台，为企业的创新发展提供了有力支持。

其次，推进经济结构调整，优化产业布局。浙江制定了一系列产业规划和政策，引导产业集聚、企业集群、资源集约，培育新的经济增长点。通过加强企业兼并重组和淘汰落后产能，提高产业集中度和竞争力。同时，浙江还大力发展新兴产业，如数字经济、智能制造等，推动传统产业改造升级和新兴产业发展壮大。

再次，深化改革，扩大开放。浙江深化行政管理体制改革，简政放权，优化营商环境，激发市场活力和社会创造力。同时，扩大对外开放，积极参与国际竞争与合作，引进先进技术和管理经验，拓展国际市场。通过深化改革和扩大开放，浙江进一步提升了经济发展的活力和竞争力。

最后，浙江还注重加强生态环境保护，推动绿色发展。通过加大环保投入，严格环境监管，推广清洁能源等措施，推动经济发展与环境保护相得益彰。浙江将生态文明建设贯穿于经济发展的全过程，实现了经济与环境的协调发展。

在“腾笼换鸟、凤凰涅槃”思想的指引下，浙江的经济发展取得了显著成效。经济持续健康发展，产业结构不断优化，创新能力显著增强，生态环境明显改善。同时，浙江还培育了一批具有国际竞争力的企业和品牌，成为全国乃至全球的制造业高地和创新创业热土。

回首过去，浙江走过了一条不平凡的发展道路。展望未来，浙江将继续保持创新活力、持续推动经济高质量发展、努力打造富强民主文明和谐美丽的社会主义现代化强省。“腾笼换鸟、凤凰涅槃”思想将继续引领浙江在新的历史起点上谱写更加辉煌的篇章。

二、改革开放，八大优势八大举措

1. 干在实处，走在前列

2003年，时任浙江省委书记习近平作出了“发挥八个方面的优势”“推进八个方面的举措”的决策部署，简称“八八战略”。这一战略在当时的情况下，具有重要的指导意义和现实价值。经过多年的实践和发展，“八八战略”已经成为推动浙江高质量发展的重要引擎。

（1）进一步发挥体制机制优势，大力推动以公有制为主体的多种所有制经济共同发展，不断完善社会主义市场经济体制。“八八战略”提出要进一步发挥浙江的体制机制优势，加快推进市场化改革进程。通过不断深化国有企业改革，鼓励和支持非公有制经济发展，加强市场体系建设等措施，推动了浙江经济的快速发展。同时，不断完善的市场经济体制也为浙江的经济社会发展提供了更加公平、公正、公开的环境。

（2）进一步发挥区位优势，主动接轨上海、积极参与长江三角洲地区合作与交流，不断提高对内对外开放水平。“八八战略”强调要充分发挥浙江的区位优势，积极融入长三角一体化发展格局中。通过加强与上海的合作交流，推动浙沪两地产业协同发展；加强与长江沿线城市的合作交流，促进区域协调发展；扩大对外开放领域和规模，提高利用外资的质量和效益等措施，促进了浙江经济的转型升级和国际化进程。

（3）进一步发挥块状特色产业优势，加快先进制造业基地建设，走新型工业化道路。“八八战略”提出要充分发挥浙江的块状特色产业优势，大力发展先进制造业。通过加强技术改造和创新驱动发展；优化产业结构；培育知名品牌和龙头企业等措施，推动了浙江传统产业的升级换代和高新技术产业的发展壮大。同时，新型工业化道路也为浙江的经济增长注入了新的动力和活力。

（4）进一步发挥城乡协调发展优势，加快推进城乡一体化。“八八战略”强调要充分发挥浙江的城乡协调发展优势，加快推进城乡一体化进程。通过加强农村基础设施建设、推进农业现代化、加强城乡统筹规划等措施，促进了城乡之间的资源共享和互动发展。同时，城乡一体化也为农民增收致富提供了更好的保障和支持。

（5）进一步发挥浙江的生态优势，创建生态省，打造“绿色浙江”。浙江的生态环境是其最宝贵的财富之一，拥有得天独厚的自然条件和丰富的生物资源。为了保护和利用好这一资源，浙江省提出了创建生态省、打造“绿色浙江”的宏伟目标。这一目标的实现需要加强生态保护和环境治理，推进绿色发展，促进经济与生态的良性循环。同时，还需要加强宣传教育，增强全社会的环保意识和生态素养，形成人人关心、支持、参与生态保护的良好氛围。

（6）进一步发挥浙江的山海资源优势，大力发展海洋经济，推动欠发达地区跨越式发展，努力使海洋经济和欠发达地区的发展成为浙江经济新的增长点。浙江是一个海洋资源大省，拥有漫长的海岸线和广阔的海域。为了充分利用这一资源优势，浙江省大力发展海洋经济，推动海洋产业的发展。同时，浙江省还积极推动欠发达地区的跨越式发展，加大对欠发达地区的扶持力度，为其提供更多的发展机遇和平台。这些举措的实施将有助于促进浙江经济的全面发展，增强其综合实力和竞争力。

（7）进一步发挥浙江的环境优势，积极推进以“五大百亿工程”为主要内容的重点建设，切实加强法治建设、信用建设和机关效能建设。浙江的环境优美、空气清新，是一个宜居宜业的省份。为了保持和提升这一环境优势，浙江省积极推进以“五大百亿工程”为主要内容的重点建设，加大环境保护和治理力度。同时，浙江省还注重加强法治建设、信用建设和机关效能建设，为经济发展和社会进步提供有力保障。这些举措的实施将有助于提升浙江的综合环境质量，增强其吸引力和竞争力。

（8）进一步发挥浙江的人文优势，积极推进科教兴省、人才强省，加快建设文化大省。在发挥人文优势方面，浙江积极推进科教兴省、人才强省战略。通过加大科技创新、教育改革和人才引进培养工作力度；同时推进文化事业和文化产业发展、建设诚信社会和法治政府、营造良好的社会环境。这些举措的实施为浙江的经济社会发展提供了强有力的人才保障和智力支持。

2. 战略引领，创新发展

在“八八战略”的指引下，浙江坚定不移地推进党的建设，以严明的纪律和过硬的作风，打造了一支忠诚、干净、担当的党员队伍。通过强化思想建设，确保了党的路线方针政策在浙江得到不折不扣地贯彻执行；加强组织建设，充分发挥了基层党组织的战斗堡垒作用；作风建设和反腐倡廉建设同步推进，树立了清正廉洁的良好形象。这一系列举措不仅提高了党的执政能力和领导水平，更为浙江的经济社会发展提供了坚强的政治保障。

“八八战略”高度重视加强软环境建设，提出建设平安浙江、法治浙江。这一战略的实施，为浙江的经济发展和社会稳定提供了有力保障。“八八战略”强调，一个地区的长远发展，不仅要看经济数据的增长，更要看社会环境的和谐稳定。因此，浙江在实施“八八战略”的过程中，始终把平安和法治作为发展的重要基石。通过深入推进法治建设，严厉打击各类违法犯罪活动，浙江逐渐成为全国最具安全感的省份之一。同时，浙江还注重文化的传承与创新。通过对“红船精神”的总结提炼，以及对与时俱进的“浙江精神”的弘扬，浙江的文化软实力得到了显著增强。这种精神力量，不仅为浙江的经济社会发展提供了强大的精神支撑，也使得浙江在全国乃至全世界范围内都具有了深远的影响力。

“八八战略”提出推进生态省和绿色浙江建设，部署“千村示范、万村整治”工程，开启环境污染整治行动，引领浙江走进生态文明新时代。这一战略的实施，推动了浙江的生态文明建设，加强了环境保护和生态修复工作，推广绿色生产生活方式，实现了经济发展与环境保护的良性循环。“八八战略”还强调创新驱动发展，通过加强科技创新和人才引进培养，推动经济高质量发展。这一战略的实施，为浙江的经济社会发展提供了新的动力和支撑。

总之，“八八战略”是浙江省委在全面分析省情基础上作出的重大战略决策部署，是贯彻落实科学发展观的生动实践，是推进浙江改革开放和现代化建设的总纲领，也是引领浙江发展的总抓手。“八八战略”所提出的奋斗目标和战略举措都得到了很好的实现和落实。“八八战略”在引领浙江发展的过程中所取得的巨大成就和实践经验也为全国其他地区提供了宝贵借鉴和启示意义。

三、战略落实，火电业结出新成果

回望2003年，时任浙江省委书记习近平同志在杭州考察时提出“宁肯电等发展，不要发展等电”的重要嘱托。20年来，浙江电力人始终牢记“电等发展”重要嘱托，忠实践行“八八战略”，与社会用电需求竞速长跑。在“八八战略”的指引下，浙江省的火电企业积极探索新的技术和设备，推动火电技术的升级和创新。

1. 技术创新与升级

在“八八战略”的指引下，浙江省的火电企业正在经历一场深度的技术创新与升级变革。他们积极寻求突破，致力于实现更高的发电效率、更低的污染排放，以及更强的经济效益。

浙江省的火电企业，不再满足于当时的燃煤发电技术。他们深知，要实现可持续发展，必须进行技术和设备的升级。于是，他们引入了先进的各种先进技术，不仅提高了发电效率，降低了环境污染，更为企业带来了显著的经济效益。

然而，技术创新与升级并非易事。这需要大量的资金投入、技术积累和人才培养。浙江省的火电企业在这方面做得相当出色。他们与科研机构、高校紧密合作，共同研发新型的清洁能源发电技术。这种产学研的合作模式，不仅加速了技术的研发进程，更为火电行业的可持续发展提供了有力的支撑。

浙江省的火电企业通过技术创新与升级，不仅提高了自身的竞争力，更为中国的火电行业树立了一个新的标杆。他们的探索与实践，充分证明了技术创新与升级是推动火电行业可持续发展的关键。未来，浙江省的火电企业将继续深化技术创新与升级，积极探索更高效、更环保、更经济的发电技术。

2. 绿色发展与环保理念

在浙江省，许多火电企业正在用实际行动践行“绿水青山就是金山银山”的重要思想，这一实践正是对“八八战略”中绿色发展理念的生动体现。这些企业不仅关注经济效益，更致力于在环保方面做出显著的成绩，成为绿色发展的典范。

作为能源产业的重要部分，火电企业深知自身对环境的影响，但他们选择了一条与众不同的道路——坚定地走向绿色发展。在生产过程中，这些企业投入大量资源进行环保治理，运用先进的脱硫、脱硝、除尘等技术，确保每一缕排放的烟气都符合国家标准。这不仅是对国家的承诺，更是对未来的责任。然而，绿色发展的道路并非一帆风顺。面对技术更新、设备改造的巨大投入，浙江省的火电企业展现出了前瞻性和决心。他们知道，清洁能源是未来的趋势，也是企业可持续发展的必由之路。因此，他们大力推广清洁能源的使用，降低煤炭消耗，从而减少温室气体排放。

难能可贵的是，这些企业不仅仅满足于内部的环保治理，他们还深知，绿色的价值不仅仅在于自己，更在于对社会的贡献。因此，这些企业积极参与环保公益事业，通过各种渠道宣传环保理念，增强公众的环保意识。他们希望每一个人都能意识到，保护环境就是保护我们共同的未来。此外，浙江省的火电企业还与政府、社会组织密切合作，共同推动浙江省的生态文明建设，用实际行动证明了企业与政府、社会的合作是推动绿色发展的重要力量。这种跨界合作模式为浙江省乃至全国的绿色发展提供了宝贵的经验和启示。

浙江省火电企业的实践充分证明，绿色发展与环保理念并非矛盾，而是相辅相成的。只有坚持绿色发展，才能实现经济与环境的双赢。这不仅是对“八八战略”的践行，更是对未来的承诺。随着全球环境问题日益严重，绿色发展已成为各国共同的目标。浙江省火电企业的实践为全球的绿色发展提供了有益的参考和借鉴。他们的成功不仅仅是个别企业的成就，更是对整个行业的启示和鞭策。

3. 对外开放与合作

在“八八战略”的指导下，浙江省的火电企业不局限于省内市场，而是积极开展对外交流与合作，寻求更广阔的发展空间。这种开放合作的态度，不仅提高了企业自身的竞争力和影响力，更为中国电力行业走向世界奠定了坚实的基础。

浙江省的火电企业深知，要想在激烈的国际市场竞争中立足，必须有先进的技术和管理经验。因此，他们积极与国内外企业展开合作，引进先进的火电技术和设备，提升自身的生产能力和效率。这种合作模式实现了资源共享、优势互补，为企业带来了显著的效益。

除了引进技术，浙江省的火电企业还注重人才培养和团队建设。他们明白，人才是企业发展的核心动力，只有拥有一支高素质、专业化的团队，才能在对外开放与合作中取得更大的成功。因此，企业不断加强对员工的培训和教育，提高他们的专业技能和国际化视野。同时，还积极吸引国内外优秀人才加入企业，为企业注入新的活力。

对外交流与合作的不仅仅是技术和人才，更是市场和品牌。浙江省的火电企业通过与国内外企业的合作，开拓了海外市场，扩大了市场份额。他们在国际舞台上展示了中国火电企业的实力和品牌形象，赢得了国际市场的认可和赞誉。

通过对外开放与合作，浙江省的火电企业实现了从传统火电向清洁能源转型的成功转变。这种转变不仅提升了企业的竞争力和经济效益，更体现了企业对环保的关注和责任担当。在国际能源市场的竞争中，浙江省的火电企业以开放合作的态度和先进的技术实力，为中国电力行业赢得了尊重和地位。

浙江省火电企业的对外开放与合作实践指出，只有坚持开放合作、不断创新、追求卓越，才能在激烈的国际竞争中立于不败之地。希望更多的中国企业能够以浙江省的火电企业为榜样，勇敢地走向世界舞台，为国家的繁荣和民族的振兴作出更大的贡献。同时，也期待中国电力行业能够在国际市场上发挥更大的作用，为全球能源事业的发展作出积极的贡献。

第三节　火电事业出韬略，兰溪灵洞绘新图

一、上级决策，企地合作共建兰电

历史的车轮滚滚向前，浙能兰电的崛起正是中国电力工业发展史上的一篇华章。回溯往昔，在上级的英明决策下，浙能兰电走上了企地合作共建的道路，以独特的合作模式，书写了地方与企业在共同发展中携手共赢的辉煌篇章。

1. 企地合作共建浙能兰电

自2003年以来，浙能兰电项目作为一项重大工程，经历了多个关键节点和发展阶段。从初步确定厂址到首台机组投产，浙能兰电项目见证了企地合作、共建共赢的坚定决心和不懈奋斗。2003年5月26日至30日，浙江省发展计划委员会（以下简称省计委，即现在的发改委）主持召开了浙西电厂工程初步可行性研究报告审查会，这标志着浙能兰电项目正式进入前期筹备阶段。这一阶段的工作涉及多个方面，包括选址、可行性研究、初步设计等。在选址过程中，经过深入研究和评估，金华兰溪市灵洞乡石关村被确定为浙西电厂的建设厂址。这一决策不仅体现了对地理位置和自然条件的综合考虑，更体现了对地方经济和社会发展的长远规划。在前期筹备阶段，企业和政府紧密合作，共同推进项目进展。在可行性研究阶段，专家们对项目的工程技术、经济和社会效益等方面进行了全面评估。经过充分论证和评估，浙能兰电项目的可行性得到了充分肯定。

6月4日，省人民政府在浙西电厂建设厂址召开了现场办公会。会中，分管副省长用坚定而有力的声音，明确提出了浙能兰电的建设目标。他指出，首台机组要在2007年投产，4台机组则需在2009年全部建成发电。这一决策不仅展现了政府对电力建设的坚定决心，更体现了对地方经济和民生福祉的深度关切。这一刻，时间仿佛凝固，每一句话都承载着厚重的期望与责任。随后，省能源集团公司迅速响应，发文决定成立浙能兰

溪发电厂筹建处。这一行动，明确了建设主体的使命与担当，为项目的顺利推进奠定了坚实基础。自此，各级领导和相关部门对浙能兰电项目投来了高度关注的目光，纷纷给予支持和指导。省能源集团公司领导多次亲临工地现场办公，解决实际问题，为项目排忧解难。金华市分管副市长也专程到工地办公，推动项目进展，为地方经济注入新的活力。

自 7 月 22 日省计委向国家发改委提交关于浙江浙能兰溪发电厂的项目建议书以来，这一项目便正式启动了国家层面的审批流程。这一关键步骤标志着浙能兰电项目已经从构想阶段步入实施阶段，对于项目的最终落地具有决定性的意义。在随后的 8 月 21 日，浙能兰溪发电厂主机设备合同的签订，成为项目建设的又一重要里程碑。这一合同的签订不仅意味着设备采购和安装的计划已经明确，而且意味着项目已正式进入实质性建设阶段。这一关键节点也意味着项目从纸面走向了实地，从理论走向了实践。

2. 领导重视促进项目落地

在整个项目推进过程中，各级领导的关注与支持始终是不可或缺的。领导的关注与支持，无疑为项目的顺利进行提供了强大的动力。9 月 12 日，“四通一平”场地平整施工标发标，这标志着项目已全面进入实质性施工阶段。在完成场地平整、通水、通电、通道路等一系列前期准备工作后，施工队伍进场，开始进行基础施工和设施建设。这一阶段是项目从蓝图变为现实的决定性时刻。9 月 19 日，时任浙江省委书记习近平同志在兰溪市考察调研时指出：要切实做好浙能兰溪电厂的前期工作，争取早日建成电厂。

企地合作始终是推动项目发展的关键因素。省能源集团公司与金华兰溪市政府之间的紧密合作，无疑是推动项目进展的重要力量。双方在政策支持、土地征用、环境保护等方面进行了深入沟通和协作，确保了项目的顺利进行。这种合作模式不仅有助于项目的推进，更为企地合作树立了典范。

在上级的决策引领下，浙能兰电从规划之初便坚持创新驱动，大胆采用企地合作模式。通过与地方政府的紧密合作，实现了资源共享、优势互补，共同打造电力行业的标杆。在企地合作共建的过程中，浙能兰电充分发挥地方政府在政策、土地等方面的优势，以及企业在技术、资金、管理等方面的长处。双方共同努力，克服了重重困难，使得浙能兰电在短时间内完成了从无到有、从小到大的华丽转身。如今，浙能兰电已成为华东地区重要的电力供应基地，为浙江省乃至全国的经济社会发展提供了坚实的能源保障。与此同时，企地合作共建的模式也取得了显著成效，实现了经济效益与社会效益的双赢。

站在新的历史起点上，浙能兰电将继续秉承企地合作共建的理念，不断探索创新，为推动电力行业的可持续发展贡献力量。

二、政策支持，文件频出项目顺利

1. 项目初建，各方支持

浙能兰电项目的建设面临着重重困难。首先，电源项目前期工作涉及众多审批环节，政策处理难度大。此外，主设备订货时间紧迫，也对项目的实施提出了更高的要求。然而，在浙江省原计委的指导下，各方紧密合作，加强前期工作，确保了报批的顺利进行。尽管面临审批难题和重重压力，浙江省委、省政府展现出了极大的决心和行动力。领导们深知，只有加强前期工作，才能确保电力建设的速度和质量。为此，省委省政府与各相关部门密切沟通、层层攻关，力求加快项目审批进度。2003 年 6 月 4 日，省能源集团公司和兰溪市人民政府经过友好协商，签订了《关于加快浙能兰溪电厂“四通一平”工程建设协议书》。2003 年 6 月 26 日，省重点工程建设领导小组办公室批准了“关于浙能兰溪电厂工程设计招标及主机设备采购方式的请示”报告。2003 年 7 月 4 日，省能源集团公司以浙能生临〔2003〕153 发文，决定成立“浙能兰溪电厂工程设备招标领导小组”，开始公开、公正、公平招标。

在努力推进浙能兰电建设的过程中，浙江省政府展现出了前瞻性和创新性。他们不仅着眼于满足当前的电力需求，更期望通过超前布局，为未来的经济社会发展奠定坚实基础。正是这种敢于担当、积极进取的精神，使得浙能兰电项目在短时间内取得了突破性进展。2003 年 7 月 10 日，省国土资源厅以浙土资函〔2003〕174号批准了浙西发电厂项目建设用地总体规划。2003年7月22日，省计委以浙计基础〔2003〕543号文件向国家发改委上报《关于要求审批浙江浙能兰溪发电厂项目建议书》的请示。建议书的规范性和全面性，得到了国家发改委的较高评价。2003年8月4日，浙江省环境保护局以浙环建函〔2003〕221号发文，同意浙能兰溪发电厂工程环境影响评价执行标准。2003年8月6日，省计委下发浙计基础〔2003〕588号《关于浙能兰溪发电厂"四通一平"工程项目建议书的批复》文件，正式批准浙能兰溪发电厂"四通一平"项目建议书。2003年8月21日，国家电力规划设计总院下发《浙能兰溪电厂工程试桩大纲审查意见》。2003年9月3日，省计委以浙计设计〔2003〕204号下发《关于浙能兰溪电厂厂区总平面布置和"四通一平"工程初步设计的批复》文件；9月5日，浙江省地震局以浙震工函〔2003〕35号下发《对浙能兰溪发电厂工程场地地震安全性评价报告的批复》文件；9月8日，省能源集团公司以浙能计〔2003〕277号下发《关于浙能兰溪发电厂工程发电用煤煤源和煤质的批复》文件；9月17日，国家环境保护总局环境工程评估中心以国环评估纲〔2003〕212号下发《关于浙江浙能兰溪电厂新建4×600MW燃煤机组工程环境影响评价大纲的评估意见》文件；9月24日，浙江富兴电力燃料有限公司以浙富电燃开函〔2003〕44号下发《关于提供浙能兰溪电厂燃煤价格的函》；9月25日，省国土资源厅以浙地灾函〔2003〕13号下发《关于要求对浙江浙能兰溪发电厂兰溪市石关厂址、碧霞宫灰场工程建设用地地质灾害危险性评估报告审查认定的函》；9月27日，省水利厅以浙水政〔2003〕88号下发《关于浙能兰溪发电厂工程水资源论证报告书的批复》文件……各级部门的文件频频下发，可见对这一项目的重视。正是各方共同努力，劲往一处使，浙能兰电项目才得以顺利进行。

1月9日，中国国际工程咨询公司以咨能源〔2004〕60号向国家发展和改革委员会上报了《关于浙江浙西电厂工程项目建议书的评估报告》；2月7日，省劳动保护科学研究所编制的《浙能兰溪发电厂工程劳动安全卫生预评价报告》通过专家组的评审；4月7日，浙江省能源集团有限公司、浙江东南发电股份有限公司、兰溪市电力发展投资有限公司、中国电力工程顾问集团公司四家单位签订了《合作建设浙江浙能兰溪发电厂工程投资协议书》；6 月 16 日，省发改委以浙发改设计〔2004〕171 号下发了《关于浙能兰溪发电厂铁路专用线初步设计的批复》文件；也是这天，浙能兰电公司正式注册成立。

2004 年 2 月 5 日，第一批 56 名运行员工接受了为期一年的专业培训，为电厂未来的运营做好了人才准备。培训计划的实施不仅提高了员工的专业技能，也为项目的可持续发展提供了人才保障。2 月 20 日，兰溪市部分人大代表考察了浙能兰溪发电厂的防洪工程，从而增强了公众对项目的了解和信任，为项目的顺利实施营造了良好的社会氛围。3 月 8 日，省分管副省长到浙能兰溪电厂视察，对项目的进展给予了高度关注和肯定。3 月 30 日，省发改委在杭州主持召开了浙能兰溪电厂铁路专用线初步设计审查会。这一审查会的召开确保了铁路专用线的初步设计与项目需求相匹配，为后续的施工和运营做好了准备。铁路专用线的建设对于电厂的物流运输和能源供应具有重要的战略意义。

浙能兰电电厂保安中队于 4 月 29 日正式成立，为电厂的安全保卫工作提供了组织保障。这一举措确保了电厂运营的安全稳定，为项目的长期发展提供了有力支持。

2. 领导重视，政策支持

省委省政府及相关部门先后关注项目运行情况。2004 年 6 月 30 日，省发改委领导在省能源集团公司领导陪同下，莅临电厂建设工地考察。此次考察是对项目进展的实地了解，有力地推动了项目的顺利进行。7 月 19 日，省政协、省总工会领导慰问了工地上的电力建设者，体现了对建设者的关心和鼓舞，更是对项目的肯定与支持。7 月 28 日，首批 53 名运行人员结束了在华北电院的第一阶段理论学习后，随即分赴嘉兴、台州电厂进行跟班实习；8 月 26 日，第一批 12 名应届大学毕业生到公司报到，为电厂注入了新的活力……

2004 年 9 月 3 日，浙能兰溪发电厂工程施工组织总设计审查会在金华召开。这一审查会的目的是确保工程的施工组织设计符合标准和要求，为后续的施工工作提供指导和依据。省能源集团公司原则通过了《浙能兰电工程施工组织总设计》，这标志着工程的设计方案得到了官方认可，为项目的进一步实施提供了依据。9 月 14 日，电厂安装工程的招标开标在省重点工程交易中心进行。经过严格的评审和筛选，浙江省火电建设公司中标，这为电厂按计划投运奠定了坚实的基础。中标公司的专业能力和经验为项目的顺利进行提供了保障。随后在 9 月 28 日，首台机组第一根锅炉钢结构开吊，这标志着主体工程正式开工建设。这一里程碑事件是项目实施的重要节点，也是对前期工作成果的肯定。如图 1－1 所示。

图 1－1　浙能兰电首台机组第一根锅炉钢结构开吊

2004 年 12 月 30 日，水利部以水函〔2004〕318 号文批复同意电厂新建 2×600MW 燃煤机组水土保持方案。这一文件的批复是对项目环境影响的认可，确保了项目在推进过程中能够符合环境保护的要求。

政策的支持为项目的顺利实施提供了指导和依据。各级政府和相关部门出台了一系列与浙能兰电项目相关的政策，明确了项目的方向和目标，为项目的实施提供了具体的指导和依据。这些政策不仅涉及项目的整体规划，还涵盖了土地征用、环境保护、资金保障等方面，确保了项目的合法化、规范化和可持续性。相关文件的频出为项目的顺利实施提供了必要的保障和支持。在政策的推动下，各级政府和相关部门陆续出台了一系列与浙能兰电项目相关的文件。这些文件包括但不限于施工组织总设计审查、工程招标、水土保持方案批复等，为项目的顺利实施提供了具体的指导和依据。文件的频出不仅体现了政府对项目的重视和支持，更为项目的实施提供了必要的保障和支持。

此外，各级政府和相关部门的参与和指导也是浙能兰电项目顺利推进的关键因素。从项目的前期筹备到施工建设，各级政府和相关部门都给予了高度的关注和指导。他们通过实地考察、会议研讨等方式，对项目的进展进行了跟踪和评估，及时发现和解决项目实施过程中遇到的问题和困难。这种参与和指导不仅加强了政府与项目实施单位的沟通和合作，更为项目的顺利推进提供了必要的保障和支持。

三、打桩奠基，浙能兰电公司发展

1. 打桩奠基，公司运行

浙能兰电，历经 20 载春秋，现已成为兰溪市乃至全省的一道亮丽风景线。回首 2004 年 6 月 16 日，浙能兰电公司正式成立，从此翻开了电力行业崭新的一页。浙能兰电，规模宏大，实力雄厚，肩负着为兰溪市乃至全省提供稳定、高效电力的重任。四台 60 万千瓦国产超临界燃煤发电机组，如四座巍峨的山峰，矗立在兰溪大地之上，守护着万家灯火。脱硫设施的同步建设，使浙能兰电公司在环保领域也走在了前列，展现了一个现代化企业的担当与作为，如图 1－2 所示。

2004 年 1 月 15 日，厂址区域首根打桩取得成功。这是浙能兰电项目的一个重要里程碑，标志着项目主体工程的开始。打桩，看似简单的两个字，却是整个工程项目的基石。每一根桩都承载着项目的重量和期望，是项目稳定性和安全性的重要保障。对于浙能兰电项目来说，首根打桩的成功不仅是一个技术上的突破，更是对整个项目团队的鼓舞和肯定。这根桩

图 1－2　浙能兰电厂址区域首根打桩成功

的背后，是无数次的试验、调整和努力。从选择合适的桩型、材料，到精确地定位和施工，每一个环节都需要经过严密的计算和精心的准备。它的成功意味着项目团队在技术、经验和协作上的优势得到了充分的体现。更为重要的是，首根打桩的成功为后续的建设工作提供了可靠的支撑。它证明了项目的技术可行性和团队的执行力，为项目的进一步推进扫清了障碍。从这一刻起，浙能兰电项目正式拉开了主体工程的序幕，向着既定的目标稳步前进。

回首过去，这根桩不仅是一个物理上的支撑点，更是浙能兰电项目精神的象征。它见证了团队的拼搏与付出，也预示着项目的光明未来，也为后续的建设工作提供了可靠的支撑。为了确保项目的顺利实施，相关部门出台了一系列重要文件和政策。

2. 三年基建，实现供电

2004 年浙能兰电公司成立后，进行公司运营与发展阶段。其中，2004～2007 年里，重点是电厂基建，边建边生产；到 2007 年，公司转向电力生产与供应。

2005 年 1 月 21 日，2 号锅炉第一根大板梁的吊装就位，标志着兰电工程的重大进展。这一里程碑事件提前拉开了两台机组设备安装同期施工的帷幕，为后续的施工工作奠定了基础。这表明公司在工程进度管理方面的高效和专业，也增强了投资者和合作伙伴对项目的信心，如图 1－3 所示。

图 1－3　2 号炉第一根大板梁吊装就位

2005 年 1 月 31 日，公司成功召开第一届工会会员代表大会，进一步加强了公司的组织建设和员工福利建设。这次会议有助于提升员工的归属感和工作积极性，从而为公司的长期发展提供了动力。2 月 28 日，公司第二次股东会暨一届二次董事会在杭州顺利召开。这次会议对于公司的战略规划和决策具有重要意义，确保了公司在运营和发展方面的正确方向。3 月，省能源集团领导在兰溪召开的基建工作会议上强调了基建人员应具备的“苦、拼、精、高”四种境界，为基建工作的顺利进行提供了强大的精神动力，激发了员工的工作热情和奉献精神。3 月 29 日，公司职工思想政治工作（企业文化建设）研究会的成立，对于提升员工的思想觉悟和企业文化建设具有积极意义。这有助于培养员工的价值观和企业认同感，进一步增强公司的凝聚力和竞争力。4 月 8 日，电厂工程项目获得国家发改委的核准，为项目的合法化和顺利推进提供了保障。这一核准标志着公司在项目规划和执行方面的工作得到了国家的认可和支持，增强了项目的可靠性和吸引力。8 月 20 日，1 号机组 DCS 临时受电一次成功，是项目技术方面的重要突破。这一成就证明了公司在电力设备安装和调试方面的专业能力，为后续机组的稳定运行奠定了基础。12 月，浙能兰溪发电厂铁路专用线正式开通和浙能兰电煤场正式进煤，是项目物流和供应链管理方面的重大进展。这两个事件确保了项目的物料供应和运输通畅，为项目的连续施工和最终完工提供了保障。

2006 年 4 月，公司召开第一届职工代表第二次全体会议，进一步加强了员工参与企业管理的渠道和力度。这次会议对于提升员工的工作积极性和归属感具有重要意义，促进了公司的民主化管理进程。4 月 19 日，1 号机组顺利通过 168 小时满负荷试运行。7 月 24 日上午 11 点 05 分，浙能公司首列自备列车满载着 2100 吨电煤驶进了浙能兰溪发电厂，标志着公司的煤炭供应链管理取得了重大突破，确保了发电所需的燃料供应。7 月 15 日 19 点 40 分 08 秒，2 号机组首次成功并网发电。这一成就标志着浙能兰电项目的建设进入了一个新的阶段，为后续机组的稳定运行奠定了基础。7 月 25 日上午，公司举行创建“青年安全生产示范岗”、争创“青年文明号”和争当“青年岗位能手”系列活动启动仪式，激发了青年员工的工作热情和创新精神，为公司的可持续发展注入了新的活力。8 月 9 日，1 号机组顺利通过了中国电力建设企业协会组织的达标投产预检查，证明了浙能兰电项目在技术和运营方面的专业水平，提升了公司在行业内的声誉和竞争力。8 月 23 日 20 时 28 分，2 号机组顺利通过 168 小时满负荷试运行，提前投入商业运行，并同步投运脱硫设备，标志着浙能兰电项目取得了又一重要成果，为环保和可持续发展作出了贡献。

2007 年 5 月 22 日，四号机组顺利通过 168 小时满负荷试运行，转入商业运行。这一刻，浙能兰溪电厂四台机组的全面建成，不仅使该电厂成为浙江省内最大的内陆绿色电厂，更为兰溪市乃至全省的经济发展注入了强大动力。在浙西南受端电网负荷中心建设浙江浙能兰溪发电厂这一大型骨干支撑电源，不仅满足了浙江电网特别是浙西南地区快速增长的电力需求，更对改善电网的运行状况、提高电网运行的安全性、经济性、可靠性具有重要意义。特别是优化了浙西地区的电源结构，为地方经济的持续发展提供了强大的能源保障。

浙能兰电，浙能之骄子，自成立之初，便承载着兰溪电力建设的希望与梦想。一支专业化的施工队伍，历经风雨，磨砺成锋。他们以丰富的电厂基建经验，为浙能兰电的崛起奠定了坚实基石。浙能兰电，见证了浙江省“五大百亿工程”的辉煌，形成了浙能兰电特色的企业文化，如同春风化雨，滋润着每一位员工的心田，激发着员工的工作热情。兰电人并未止步于此，以创建资源节约型、环境友好型、成本领先型企业为目标，不断探索前行。节能环保、烟气超低排放、供热改造等措施的实施，为兰溪市及周边地区带来了显著的节能降耗、环境保护效果。金华、兰溪共有11家企业因此停用自备小锅炉，浙能兰电的影响力可见一斑。

在历史的长河中，浙能兰电的发展有序展开，如同一幅壮丽的画卷。它记录了兰电人的奋斗与拼搏，也见证了我国社会主义现代化建设的辉煌成就。而今，站在新的历史起点上，兰电人继续肩负使命，砥砺前行，书写更加辉煌的未来。

第二章　乡野沃土起高塔，五湖四海聚英才

冬起的时候春兰花开，冬盛的时候君子兰开，悄然传递着春的气息。所谓“疾风知劲草，岁寒见后凋”（范晔《后汉书》）。每一桩伟业，都有一个开始；每一位成功者，同样都有一个开始。浙能兰电注册登记的那一天，就意味着项目成功启动，开始公司化运营。兰溪人不经意间看到在灵洞乡的土地上，悄然崛起了一个大烟囱，高耸入云，四座巨大高塔先后矗立起来，整个工地一片繁忙；人们还看到，一批批头戴安全帽来自五湖四海的年轻人进场管理或施工，终于从新闻中明白，这是一家省里投建的电厂。欣喜之余也隐隐有些担心，会不会有污染啊！直到看到四座高塔上大书“冷却水塔”四个大字，这才明白冒出的缕缕“白烟”，其实是水蒸气，知道这是一家绿色环保的火力发电厂，踏实了、开心了。浙能兰电从一开始就注重企地和谐共建，为后来的企地联合发展奠定了基础。兰电兰花香，浙能开新枝。

第一节　灵洞建冷却塔，浙能兰电公司成立

2004 年的那个初夏，浙能兰电发生着许许多多的变化：6 月 1 日 1 号烟囱基础浇筑完成；6 月 3 日，电厂主厂房开挖工作全部结束；6 月 10 日，电厂冷却塔 A 标段开工建设；6 月 15 日，电厂 1 号机第一方混凝土开始浇注，也是在这天，工程里程碑进度及一级网络计划初稿编制完成；

6月16日，“浙江浙能兰溪发电有限责任公司”正式注册，当日，省发改委以浙发改设计〔2004〕171号下发了《关于浙能兰电铁路专用线初步设计的批复》，5天后电厂冷却水塔标段开工建设，又一天后，电厂主厂房区域、烟囱区域的电气接地工作基本完工，共完成接地6000多米，满足主厂房、烟囱土建施工的需要……浙能兰电呱呱坠地，初一亮相，便是一系列工程开建，开局良好，预示着浙能兰电如君子兰香飘大华东。

一、专业化施工，电厂基建有序展开

根据省委、省政府的总体要求以及“浙能兰溪电厂建设要按超常规思路，两条腿走路”的指示精神，浙能兰电筹建处在省能源集团公司的领导下，在各级政府及所在地兰溪市政府的大力支持下，对政策处理、项目报批、设备招标、施工准备及“四通一平”、主厂房打桩、主厂房土建开挖等各项工作进行了有效推进。

筹建处的工程技术、管理人员，来自五湖四海，他们的工作背景和习惯都有所不同，但目的是相同的，那就是早日建成浙能兰电。为此，筹备中的浙能兰电努力营造宽松、民主的工作气氛，合理安排劳动岗位，充分提供发挥员工潜能的机会和条件，为员工实现其自身价值创造条件，使员工在工作中发挥最大能量。同时十分尊重人的能力，确立“能力、业绩本位”的价值观和文化理念，做到人尽其能、人尽其长、人尽其用。

2003年10月18日，一声“开工”令下，浙能兰溪电厂“四通一平”工程如期动工。主厂房区域场地平整工作于2004年2月15日全部结束，累计完成挖土、回填100余万立方米；35kV施工用电线路于2003年12月开始组织施工，2004年4月20日完成42基铁塔架设，并通过了竣工的预验收，具备通电的条件；10kV线路于2003年12月完成政策处理并进入施工阶段，12月底正式通电，为各项工程的施工创造了有利的条件；取水泵房于2004年3月底投入使用；厂区环网完成约60%的工作量；施工生活用水管线、厂区环线安装完成，排涝渠开通，排涝泵房施工结束并通过预验收，保证了安全度汛……有几个场景值得记录。

其一，雨夜奋战排险情。2003 年 12 月的一天凌晨，工程打桩现场大雨滂沱，一片汪洋，地平线上的高土堆已开始稀散，一台国内最先进、价值逾千万元的全程护筒旋挖钻孔灌注桩机随时有倒塌的危险。工程部员工从睡梦中爬起冲进大雨中，深一脚、浅一脚地走进泥泞的打桩现场，虽然冻得直打哆嗦，但还是合力将高达 20 余米的打桩机筒壁卸放到地面，一夜无眠的工程部战士们早已全身湿透。

其二，众人划桨开大船。经多方调研和论证，并经公开招标，选用了拥有旋挖工艺和先进设备的桩基建设单位进行施工。2004 年 1 月 15 日烟囱桩开工，至 4 月 11 日，主厂房区域打桩工程基本结束，共完成打桩 3000 余根。从 4 月 17 日起，冷却水塔区域打桩开始。4 月 28 日上午，主厂房土建工程开挖，标志着电厂建设已经从前期准备工作转移到主体土建施工阶段，为下一步主厂房混凝土浇筑打下坚实基础。2004 年 6 月 15 日，一号机组主厂房第一方混凝土浇筑，浙能兰溪电厂基建正式开工，秉承电力建设的优良传统，奉行“高效、稳健、和谐、精致”的企业精神，全面均衡地推进工程建设。自此，工地上洒下了全体建设者的辛勤汗水，记录了全体建设者的日夜操劳！2005 年 1 月 27 日，一号机重达 60 吨的首根锅炉大板梁顺利就位，标志着工程已进入全面施工高峰；2 月 22 日，一号机组 J 大板梁顺利吊装就位，标志着该机组锅炉钢结构吊装基本结束，累计完成钢结构吊装 4200 吨；3 月 17 日，长度为 1 公里的铁路大件运输专用线全线贯通；5 月 16 日，浙能兰电工程标志性构筑物之——两根 210 米高的烟囱全部结顶。于 9 月份正式进入调试阶段，9 月 15 日，一号机组厂用电系统临时倒送电一次成功；10 月 31 日，一号机组锅炉水压试验一次成功，这也是浙江省第一台超临界锅炉顺利完成 39. 2MPa 的水压试验；11 月 15 日，一号机组汽机扣缸成功，标志着该机组汽轮机本体安装工程基本完成；12 月 20 日，煤场正式进煤，标志着 2005 年“四大目标”顺利实现。如图 2 - 1 所示。

其三，推着火车抢生产。到了首台翻车机实物试车的一天，悠悠兰江畔的冬天傍晚有些寒冷，很多人都没有下班，他们都想见证这一个历史时刻。“开始接车皮，进翻车机!”随着指令的下达，工作人员迅速各就各

图 2－1　浙能兰电煤场于 2005 年底正式进煤

位。然而，调试用的火车皮停在了接车区外，火车机车却早已开走。望着装满燃煤、庞然大物般的火车皮，现场顿时安静得让人窒息，只听见调试负责人语气坚定地说“我们一起推吧！”大家自觉自发来到火车边，有的手推，有的肩顶，火车依然纹丝不动；“一、二、推”，“一、二、推”……大家齐声呐喊、齐心协力，火车蜗牛般开始缓缓挪动；一步、两步、三步……汗水夹杂着雨水模糊了人们的眼睛，也润滑了坚硬的铁轨；闻讯而来人们不断增援、轮番上阵、众志成城。5 米、10 米、50 米……兰电人斗志和气势，功成必定有我的信念和担当，用自己的血肉之躯，书写了“火车是可以推的”壮举，硬生生把火车推到了接车区内，确保了试机成功，燃煤供应。

二、冷却塔开建，兰溪大地显新地标

冷却水塔开建的工地上，起初，是一道浅浅的弧线沿着大地的轮廓，穿过基岩的脉络，心满意足成就了圆；高空俯瞰，如一轮月，映照在星空下基建人的心间。终时，高达 150 米的冷却水塔拔地而起，蓝天勾勒出它婀娜的曲线，在基建人眼中，这是钢筋、混凝土创造出的艺术品，是兰溪大地的新地标。

由于灰溜溜的外表和顶部升起大量白色水蒸气，却常被误解为“大烟囱”。实际上，这里流动的是水而不是烟，冒的是气体也不是烟。燃料送到电厂后，经过筛选输送到锅炉燃烧，锅炉被加热后，锅炉内的水变成了高温水蒸气。水蒸气通过管道被输送到汽轮机，推动汽轮机旋转做功，发电机与汽轮机通过联轴器相连，从而带动发电机发电。而经过汽轮机做过功的水蒸气则被送入凝汽器，被冷却水冷却凝结成水，而吸收热量的冷却水通过冷却水塔传输给空气并散入大气。冷却水塔可以大大避免水资源浪费，实用且环保，是我国电厂设备队伍中的一员“猛将”，如图 2－2 所示。

图 2－2　建设中的 4 号冷却水塔

万丈高塔平地起。高塔的建成不是一朝一夕，它凝聚了参建各方的心血与努力，属于技术上高难度、质量上高标准、安全上高风险、进度上高速度的“四高”工程。作为生产区的“庞然大物”，施工任务重，安全风险高，在冷却水塔全程高空作业的施工过程中，浙能兰电始终坚持“安全第一，预防为主，综合治理”的安全生产管理方针，把筒壁混凝土强度控制作为现场把控的重中之重，每节模板拆除之前必须进行同条件试块试压工作，在试块强度达到规范规定强度后，开始模板拆除，防止坍塌，真正落实了“技术是大安全”的施工原则。

矗立最粗小蛮腰。随着火电厂的装机容量增大，需要建冷却能力更强的冷却水塔。冷却水塔的冷却能力受其面积和高度的直接影响，更高更大的冷却水塔才能满足需求。但是，高大的圆筒形冷却水塔结构既不稳定，建造成本也很高，而更稳定、更经济的双曲面塔正好解决了这两点。尺寸的增大，双曲冷却水塔的施工都需分段混凝土现浇，经历了多年的工程实践，这种结构的力学性能和防风性能得到了很好的检验，成为最普遍的冷却塔形式，因此沿用双曲面也是一种历史的惯性。实际上，工程实践中并不是完全按照几何形状去施工，其曲线形式和施工设计有所出入，实际的施工中曲面大多是用多段平面钢模板去逼近的。

浙能兰电冷却水塔施工工艺采用哈蒙三型电动爬模技术，该技术引进国内后在大型双曲线冷却水塔施工上得到了应用。本工程冷却水塔施工采用此工艺后，既保证了冷却塔施工的安全性，又能保证工期的要求。冷却水塔环基及池壁混凝土开裂是结构特殊性造成的质量通病，公司希望通过工程实践找出改进的办法。为此，在兰电工程施工中除常规混凝土外加剂外，采用了聚丙烯柔性抗裂纤维。通过现场工艺试验和实体试验调整施工及养护工艺，混凝土裂缝情况明显改善，环基部分已消除裂缝。钢筋混凝土冷却水塔属于结构高大、复杂的构筑物，长期处在潮湿和冷热交替的工作环境中——施工质量的优劣对其整体性及使用性至关重要。

“师傅，那不是大烟囱”。2005 年来兰电入职的新员工坐火车到兰溪后，搭了辆出租车直奔公司。出了城便远远地看到两个高耸的烟囱和四个高大的冷水塔。正当他在畅想自己美好未来的时候，出租车司机的一句话打断了他的思绪。“这四个大烟囱真大，我还没看过这么高，这么大的烟囱呢。将来发电了肯定冒很大的烟吧？我家就住在铁路对面，到时候肯定会受影响。”出租车司机一边快速地开着车，一边疑惑地问他，颇有“这烟都是你们制造出来的，我家将来都会被你们污染掉”的语气。他听出了司机的意思，便连忙解释：“这四个高高大大的不是烟囱啊，是冷水塔。远处那两个高高细细的才是烟囱，再说现在的大电厂都有除尘和脱硫设备，正常运行是不冒黑烟的，要不政府也不能审批、环保部门也通不过啊。”“噢，原来是这样，就是说那里面装的是水？”在听完他一连串的解释后，出租车司机补充问道。“是的，是盛水的，不过这水是循环的，就是兰江里的水经过处理后再引进来的，所以上面冒的是水蒸气。”他继续做着详细的解释，出租车师傅的脸上也渐渐露出了笑意。如图 2－3 所示。

图 2－3　浙能兰电的冷却水塔全景

三、各方齐努力，浙能兰电挂牌营业

就在主厂房第一方混凝土浇筑的第二天，2004 年 6 月 16 日浙能兰电在兰溪市工商局顺利完成企业设立登记手续，领取了工商营业执照，正式进入了营运，生产准备做到人员、培训 、制度、管理四个到位。

人员准备：2003年从应届大学毕业生中招聘运行人员12名，2004年从台州、萧山电厂中抽调运行人员充实运行队伍。为打造一支思想过硬、技术过硬的职工队伍，特别注重对生产准备人员的培训，一方面安排运行人员去华北电力大学接受为期一年的培训，另一方面安排运行人员到嘉兴电厂、台州电厂进行跟班实习、仿真机培训，以提高实际运行操作水平。2005年8月底又对返厂人员进行了有针对性的超临界机组学习培训，期间通过笔试、口试，确定了值长、操作员、巡检等岗位，12月下旬，1号机组集控运行人员已全部进岗，并参与机组调试工作。

技术准备：完成《500kV升压站运行规程》《600MW超临界机组化学运行规程》《600MW超临界机组集控运行规程》《脱硫运行规程》《除灰运行规程》《网控运行规程》的规程出版，完成《600MW超临界机组锅炉系统图》《汽机系统图》《电气系统图》《化水系统图》《除灰系统图》《脱硫系统图》的图纸出版，完成锅炉、汽机、电气、化学、除灰、脱硫的培训资料出版。

制度准备：共形成了《运行技术标准》《企业生产标准》等27个标准，制定了《电气设备管理制度》等20多份设备管理制度，为各项生产管理工作提供了依据，使生产、设备管理有章可循。

物资准备：生产阶段的备品备件配置清单已编写并经内部讨论，生产阶段所需的试验仪器 、仪表、工器具、阀门标示牌，已陆续采购；劳保用品已按规定发到职工手中；化学制药和试验设备已就位。

2004年初，筹建处组织开展了企业宗旨、精神、价值观、目标、口号等征集活动，共收到100多条有效信息，为公司企业文化建设提供了丰富的素材。公司党委成立后，提出2005年为公司的“企业文化年”，逐步有序地推进企业文化建设工作。推出标识系统、吉祥物系统，更新公司网站，印发画册、《行为守则》《安全手册》等，在办公环境和施工现场广泛应用标识和吉祥物，提出“高效、稳健、和谐、精致”的企业精神，加强宣传和引导，企业文化已得到广大职工的基本认同，建立起兰电特色企业文化的基本框架。以“和谐”为企业精神的核心，创造和谐兰电，整合公司生产管理、工程建设、政工党务、党风廉政、人事劳资、财务计划、文化建设、后勤保障等所有一切公司管理活动后形成人力、资金、技术、设备和制度的调和及平衡。而在基建生产期，“和谐兰电”还有更广的含义，包括与各参建单位、供应商、地方政府、当地社区之间的和谐相处。

自工程建设之日起，公司始终把环保作为工作重点，投资 18 亿元同步建设环保设施，为老百姓带来光明的同时，也不忘留青山绿水给子孙后代。对兰电而言，清新的空气，从不下毒手，对纯净的溪水，从不玷污，对宁静的环境，轻轻呵护。在兰电的工地外，青山常在，绿水长流；在兰电的工地上，花香幽幽，绿荫葱茏；人与自然的和谐无处不在。

工程进度管理紧紧扣住“突出关键路径、同步推进”，以一级网络计划为中心，通过月度施工计划为层次来确保进度的实现。以项目公司的月度工程协调会为主、以专项施工协调会为辅来解决进度上的偏差。工程全面展开，按总体网络计划按时或提前完成。本工程各参建单位的质量保证体系健全、有效，运转正常，行为规范，质量受控，达到国内同类电厂一流水平。2006 年 1 月 8 日，一号机组倒送电一次成功，为下一步系统调试、冲管和整套启动提供了强大的电源保证；2 月 7 日，一号机组冲管工作顺利结束，这标志着一号机组进入了整套启动阶段；2 月 28 日，一号机组汽轮机冲转达到 3000 转/分，成功实现汽机冲转的目标；3 月 2 日，浙江省首台自主开发、自主管理，自主建设超临界机组兰电一号机组首次并网发电；4 月 19 日一号机组通过 168 小时满负荷试运行，提前 616 天投产。

二号机组于 2006 年 8 月 23 日通过 168 小时满负荷试运行提前投产发电，并同步投运脱硫设备，且被认为是近年来高标准移交生产的最好机组之一；2007 年 7 月 20 日，四号机组移交仪式在杭州举行，标志着浙能兰电工程二期共四台机组建设全面结束，公司全面进入生产期。至 2007 年四台机组全部建成投产，浙能兰电成为省内首批采用 600MW 超临界机组并同步建设脱硫设施的最大内陆电厂，逐渐显现出其强大的经济效益和社会效益。

第二节　各方人才聚集，攻坚克难机组运转

2006 年 4 月 19 日，浙能兰电一号机组结束 168 小时满负荷试运行顺利投产，结束了浙中地区无大型电厂的历史。这是载入浙能兰电历史史册的一天，是浙能集团首台自建机组投产，也标志着浙江省电力建设掀开了新的篇章。从一片贫瘠的农田到一座现代化的大型火力发电厂耸立在兰溪江畔。浙能兰电科学推行新管理模式，摸索建立起业主自建电厂的管理体系，推出一个又一个亮点管理，秉承电力建设的优良传统，奉行“高效、稳健、和谐、精致”的企业精神，全面均衡地推进工程建设。

翻开浙能兰电的历史，可以看到这是一部写满奇迹的奋斗史，是一部充满激情的奉献诗篇。几十名工程管理者，一千个日日夜夜，四千名电建工人，讲述着一段段令人动容的故事，展现出一幅幅激动人心的画面。“众人划桨开大船”，浙能兰电打造 600MW 超临界机组人才基地，全面贯彻落实“大能源”战略。开拓创新、锐意进取的兰电人将把兰电巨轮驶向了一片全新的海域！

一、组起吊装，管理人才节约进度

浙能兰电是大型超临界火电项目，是一个集建设、运行、维护于一体的电厂。在浙江经济发展严重缺电的大背景下，在最短的时间内，用最经济的投资，把兰溪电厂建成高质量、高标准、高水平的优质工程和精品工程，推出一个又一个亮点管理。

1. 建立管理模式，规范管理接口

“强业主”，组建强有力的领导班子、精悍的管理队伍和高素质的职工队伍、由业主对项目前期开发、建设、生产经营全过程负责。在建设期，业主是项目建设中的唯一核心，其管理意志通过固化的管理手段（合同，体系文件，MIS 等）传递给各参建单位（包括监理）。

"大监理"，加大监理在工程设计、施工、设备制造、安装、调试全过程全方位的监督，特别是在安全、质量、进度等现场管理方面赋予其较大责权，业主的管理意图一般通过监理下传，执行反馈和现场情况，通过监理过滤、整合后传达给业主。

"广咨询"，借助社会中介力量及行业专家，对工程建设各个环节，如设计、设备选型、招投标、监造、施工工艺、调试、投资控制、项目融资、信息管理、法律事务等各个环节进行广泛咨询，提高业主决策的正确性和合理性。

2. 加强计划管理，确定"四大目标"

兰电工程一开始就是抢建工程。2003 年 6 月 4 日，浙江省分管副省长在浙能兰溪电厂建设厂址召开现场办公会，提出了首台机组在 2007 年投产发电、2009 年 4 台机组全部建成发电的总体建设目标。省能源集团公司自我加压。同年 8 月 21 日，在三大主机合同签订仪式上，省能源集团公司提出了兰电首台机组要在 2006 年底投产发电的要求。

为了认真贯彻落实省委、省政府和省能源集团公司加快兰电建设的要求，2005 年 5 月，公司在反复分析研究土建施工进度、设备供货及安装力量等情况后，及时调整基建期工程工作总体计划（P3 网络进度计划），果断地提出了力争年内实现"临时倒送电、锅炉水压试验、汽机扣缸、煤场进煤"四大目标。要实现这"四大目标"，需对以前制订的里程碑进度控制目标推倒重来，需对 200 多个密密麻麻的控制点一个个地往前移。为此，公司以积极的工作姿态，数次调整网络进度计划表，明确实施方案和时间，并把计划层层分解到各部门、各施工单位，同时指导所有参建单位重新排定网络进度计划。2005 年底，四大目标的实现为首台机组的提前投产发电奠定了坚实的基础。

3. 加强安全管理，确保工程安全受控

浙能兰电始终坚持"安全第一、预防为主"的方针，制订了工程安全目标，并进行横向和纵向分解，使安全始终处于受控状态。

一是健全安全领导机构。成立以公司总经理为主任、公司领导、总监和各参建单位项目经理等为委员的工程安全委员会，做到领导和管理人员“层层把关”、作业人员“分兵把守”。

二是完善安全管理制度。不断完善《浙能兰电安全工作管理规定》《浙能兰电文明施工管理规定》《安全文明施工奖惩办法》等一系列安全管理制度。

三是推进风险管理。编制了工程不可承受风险清单，把安全工作的重点放在危险源的分析预控、安全措施的审查落实、制度及体系的建立上，使安全保证体系和安全监督体系有机结合起来。

四是实行文明施工考核。各参建单位进场施工前与公司签订《安全文明施工协议》，并以合同金额的2%作为安全文明施工保证金，以合同总金额5‰作为安全考核基金，以经济手段来加强安全管理。积极开展安全文明施工优胜竞赛和先进安全工作者评选活动，每季度对各施工单位的文明施工情况进行一次考核，评出一个“安全文明施工优胜单位”，在安委会上予以表彰，并颁发证书和奖牌。

4. 加强质量管理，保证工程建设高质量

首先，编制工程质量标准，开展达标创优活动。先后编制出台了《浙江浙能兰电创优质高效工程规划》和《创优质高效工程实施细则》，用来指导工程实践。公司成立浙能兰电工程机组达标领导小组、工作小组及各专业工作组，并制订《2006年浙能兰电工程“达标创优”活动工作计划》，使达标创优工作更加有序。加强工程质量监督。对创优规划制定的建筑工程亮点项目和重点项目，实行每季度考核评比，根据考核结果嘉奖表现突出的施工单位。同时，加强工程建设的事前、事中和事后控制。对现场存在质量问题，及时组织各有关单位、部门查找原因并整改处理。

其次，推行“三标一体”管理体系，确保工程建设优质。相继出台了《管理手册》《程序性文件》18个、支持性文件35个。完成了体系文件2.1版的编写、换版工作及两次内审。2006年7月，通过了中国质量认证中心认证，同时还获得了国际认证联盟（IQNET）的国际互认证书。成为首家获此认证的浙能集团所属企业。

5. 加强进度管理，促进企业管理上台阶

一是运用网络技术、目标管理及 P3 软件等先进手段，以里程碑及一级网络计划为中心，通过月度施工计划为层次来确保进度的实现。

二是成立设备催交领导小组及设计联络会、联席会议制，加大对设备、图纸的催交力度，为机组提前发电提供了保障。在全行业设备交付严重滞后的背景下，浙能兰电公司的设备提前了 38 个月交付。

三是采用新技术、新工艺、加快工程建设。如在桩基工程中，首次运用德国全程护筒旋挖钻孔灌注桩施工技术，使工程进度比原计划提前了 3 个月；采用稳压方式冲管，缩短了机组调试时间；采用未穿发电机转子下汽机扣缸的新技术，使汽机扣缸一次冲转成功，汽机进度提前了 1 个月以上。

6. 加强造价管理，降低投资成本

第一，加强招投标管理。制定《招投标管理规定》，与兰溪市检察院共同开展预防职务犯罪工作，重点加强对招投标、物资采购、施工管理的预防管理，在高效稳健推进工程建设的同时，稳步打造百亿廉洁工程。自工程建设以来，在治理供应商贿赂方面实现了无苗头、无举报、无案件。

第二，推行“二优二新”（优化设计、优化施工方案、新工艺、新技术）。在总平布置、主厂房结构、集控布局、全厂控制策略、烟囱高度及型制等方面优化设计、优化施工方案，在桩基工程中采用德国的全程护筒旋挖钻孔灌注桩施工技术，不仅节约了工程投资，而且使建筑布置、设备匹配、系统工艺流程等更趋科学合理。同时，严格控制施工现场的设计更改、联系单，进行分级审批，以此来降低工程造价。

第三，创新管理手段。通过造价工程师、网络工程师、监理工程师、律师、财务顾问、注册会计师，加强造价控制管理、资金管理、企业管理，仅采用“买方付息票据贴现”这种支付方式，就节约利息支出 700 多万元。整个工程通过捆绑招标、全面预算、多种融资、执行概算已节约投资近 10 亿元。

7. 加强信息化管理，打造“数字兰电”

运用信息技术对工程项目进行管理，已经成为提高项目技术水平的重要手段和标志。兰电公司广泛应用数字信息手段，加强信息化管理，着力打造“数字兰电”。建成了涵盖生产、经营、办公的信息化业务支撑体系，创建了企业工作流程平台，开发了掌上兰电 APP，创建了兰电云盘，还成立了软件正版化工作领导小组，形成软件正版化长效工作机制，办公软件正版率 100%，不断提升信息管理相关制度的协调性和一致性。

二、以质拼速度，创业人才融合力量

2005 年 10 月 31 日，1 号机组锅炉水压试验一次成功。

2005 年 11 月 15 日，1 号机组汽机扣缸成功。

2005 年 12 月 20 日，第 1 列火车满载 2820 吨煤驶入兰电工地。

2006 年 1 月 8 日，1 号机组倒送电一次成功。

2006 年 2 月 7 日，1 号机组冲管工作顺利结束。

2006 年 2 月 28 日，1 号机组汽轮机冲转成功。

2006 年 4 月 12 日，1 号机组正式进入 168 小时满负荷试运行。

2006 年 4 月 19 日兰电 1 号机投入生产，比省政府要求的首台机组在 2007 年底投产发电首台机投产时间整整提早了 616 天。搞过工程的人都有经验，质量与进度在某种程度上是一对矛盾体，兰电建设者们是如何将这二者完美结合起来的呢？追寻浙能兰电成长的足迹，可以发现这个项目全面抢建成功是有其必然性的。兰电工程快速推进是基于科学管理为基础的，公司大胆采用“二优二新”，全面实现了安全、进度、质量、造价四大控制，公司的企业精神是“高效、稳健、和谐、精致”八个字，很好地阐述了公司的管理原则，一方面是高效而不冒进，要稳健，一步步脚踏实地推进；另一方面是和谐而不一团和气，而是狠抓管理，要精致管理，保证工程安全、质量和造价，进度的取得是不能用安全和质量作为代价，四台机组于 2007 年 5 月 22 日全部建成投产，四台机组均是一次性顺利通过满负荷试运行。

质量管理：高标准，严要求。“百年大计，质量第一”。浙能兰电提出“杜绝重大质量事故，实现高标准达标投产，确保火电优质工程及

‘钱江杯’优质工程奖，争创‘鲁班奖’工程”的质量目标。以“三标一体”管理方针为指导思想编制工程质量标准，对创优规划制定的建筑工程亮点项目和重点项目实行考评制度，并加强工程建设的事前、事中和事后控制以实现对工程质量的监督，保证工程质量始终处于受控状态。在历次行业质检中，有关专家一致认为工程土建质量达到了全国领先水平！

安全管理：浙能兰电依托工程安委会，充分发挥项目公司、监理、施工单位三级安全监督体系和安全保障体系的作用，进一步建立健全安全二级保证体系。时刻贯彻“安全第一预防为主”的安全工作方针，通过完善安全管理制度，规范各参建单位的安全管理行为，落实安全保证措施；加强安全风险预控，开展危险源辨识与控制工作；狠抓安全培训，实施文明施工考核，制定“5S”管理办法等方面促进了公司安全工作的深入和加强，保证工程安全始终处于受控状态。

进度管理：苦干加巧干，创造“兰电速度”。1号机组建设高潮时，正值全国主要发电设备供货全面紧张延缓交付的时期。为打破设备供不应求的“瓶颈”，保证1号机组设备能提前半年交货，兰电加大设备催交监造力度，不仅领导带队奔波协调，还专门成立设备催交小组，针对关键设备，采取紧盯战术，将催交链条延伸到制造厂家的工段、车间，将设备催交关口前移。兰电人不仅能苦干，而且会巧干。在工程建设中，兰电人以惊人的毅力和胆识，打赢了一场困难与速度较量的战斗，留下了一串讲不完的感人故事。

造价管理：精打细算，预防在先。公司在保证质量的前提下，努力采取多种措施控制和降低造价。公司的主设备与主要辅机实行与乐清捆绑招标，实现量多价优的效益。重点工程和重要设备认真按照规定实行分级公开招标。同时通过推行全面预算，加强技经管理及资金管理，确保资金的高效有序运行。努力建立起良好的银企关系，通过短期贷款、企业信托资金、委贷等多种融资节约成本，降低工程造价约10亿元。

科学管理，大大节约了施工时间，同时也为降低工程造价起到了重要作用！兰溪电厂是抢建项目，各种形势要求必须加快工程建设。公司在施工设计上下苦功，提高施工效率和施工时效。在工程实际推进中随时结合现场情况不断优化和调整施工方案，减少耽搁和误工。如：翻车机房15米深基坑支护灌注桩方案改为土钉开挖方案，缩短工期2个月，为实现煤场进煤目标争取了时间。采用新工艺、新技术。如在桩基工程中首次运用德国全程护筒旋挖钻孔灌注桩施工技术，使整个桩基工程进度比原计划提早3个月。

艰难困苦，玉汝于成。浙能兰电注重现场解决问题锻炼培育一支基建队伍，针对浙能集团首台自主管理与建设的超临界机组，原有的基建期工程经验可借鉴的并不充分。兰溪电厂建设初期，工程管理人员少，且大部分是从生产转岗过来，基建工作经验比较缺乏。但公司给予所有现场管理人员充分的职权去处理问题，积极鼓励把问题解决在现场。从2004年开始，至2007年5月四台机组全部建成，经过三年的实践锻炼，全体工程技术人员和施工管理人员已具备较丰富的基建管理经验，能得心应手地处理基建过程中的各类问题。

短短三四年的基建期，怀揣着打造一流电厂的共同梦想的兰电人，苦干加巧干，创造了工程建设3天打1根桩到1天打6根桩、首台机组提前616天投产发电的兰电速度；决心加恒心，成就了工程建设被评为中国建筑工程最高荣誉奖项——“鲁班奖”的兰电激情；速度与激情背后是战“电荒”、为社会提供强劲发展动力的紧迫感、责任感与使命感，是“苦、拼、精、高”的基建精神。公司文集《兰电小故事》里就记载着这些挥洒青春热血的兰电人、基建事——《凌晨3点的电话》《今年春节不休假》《质量安全有坚钢》《巾帼不让须眉》……如图2－4所示，兰电人对着图纸不断研究、改进。

浙能兰电在2006年初机组还没投产时，生产准备人员已大部分到位。当时公司提出机组要以“零缺陷”移交生产，公司就组织生产准备人员进行查缺陷比赛，一方面是为了查找机组安装遗留缺陷，另一方面也是为了使生产人员尽快熟悉设备，通过这种方式当时1号机发现各类缺陷3000多条，2号机是2000多条，实现了1号、2号机高标准、零缺陷移交生产。

兰电速度，一方面是施工者精心组织认真施工，另一方面是管理人员

图 2－4　施工过程中兰电职工在研究

的服务意识。浙能兰电专门成立了设备催交领导小组，总经理、副总经理亲自出马催货，还在各大主机设备厂家设立驻厂代表，随时了解设备制造情况，为现场制订施工计划提供决策依据。通过参建单位各方努力，在管理人员的精心组织协调下，设备的到货情况和设计院出图时间基本上满足了施工需要，为兰电工程实现质量与进度的完美结合提供了基础保证。

兰电工程是浙江省电力设计院做的省内首个超临界机组，出图时间紧张，留给施工单位熟悉图纸的时间就更短了。通过协调，设计院分批定期出图，由施工单位根据施工需要提出出图时间表，再由设计院制订出图计划，并随时根据施工需要进行施工图交底。这种方式为施工者熟悉图纸提供了时间，也为高质量完成施工提供了保障。

三、各方共合作，科技人才展露才华

兰电人致力打造先进企业文化，全面推进四好班子建设，精心管理，实现质量与进度和谐统一。融合科技文化，以质拼速度。一是编制完成“信息化规划”，整合辅控、DCS、基建 MIS、SIS、EAM 等信息化管理平台，使管理进一步规范化、透明化，提高了办公效率及决策的准确性；优化流程，推行 KKS 编码工作，实现有序、高效管理。二是完成基建期的概算管理、合同管理、支付管理等七大模块的解决方案运用。三是运用信息网络技术，完善优化 EXP、OA 等软件，提高了工程管理效率，并使管理更具人性化。

新技术、新工艺的运用，安装速度不断加快。如采用德国全程护筒钻孔灌注技术后，其功效比常规设备提高五倍以上，一台打桩机一天能打出 6 根，使 8000 多根桩基比计划提前了 3 个月。这一新技术在我省大型电厂中还是首次使用，在兰电实践后得到成功推广。采用未穿发电机转子前汽机扣缸并一次冲转成功，使汽机安装调试进度提前 1 个月以上。调试时采用稳压冲管，缩短调试时间。这些新技术新工艺的应用提高了工作效率，节约了施工时间，为提高施工质量提供了时间保障。主厂房的混凝土框架在采用全新的清水混凝土施工工艺之后，建筑表面光洁如玉，投产后不用任何装饰。兰电人不但出色完成了工程基建，机组投产前的生产准备等工作，还顺利接收了机组投产后的设备管理、运行维护、机组 A 修等主要生产工作。

打江山难，守好江山更难。《孙子兵法》有云："一而战，再而衰，三而竭。"特别是兰电职工队伍是来自省内好几个电厂，还有一些聘用工和外包队伍，文化背景差异很大，人的思想素质和技术素质参差不齐，要把这些人凝聚起来，形成合力，绝非易事。管好人、用好人，一直是浙能兰电的头等大事也是最难的事。浙能兰电培养和选拔了一批业务骨干，制定和完善管理制度，分工明确有序，实施科学规范的管理；积极利用数字化平台，吸收先进管理理念，推动技术进步，开创燃料部管理新思路。如燃料翻车机系统采用了全自动控制技术、体积小重量轻的全液压执行机构、牵引翻转运用了当时世界上领先的 DTC 变频技术，轨道衡使用了自动车号识别系统等等，减少了运行、维护的工作量和工作强度，起到了减人增效的目的，并有节能和环保的意义。充分运用先进管理软件和生产 MIS 管理软件，极大提高了煤炭的收、存、耗管理方面的效率和质量。

建设初期，浙能兰电把全部运行人员送到华北电力大学进行为期一年半的全脱产培训；接着，安排运行人员到北仑、嘉兴等机组跟班实习。在机组调试阶段，运行人员全员参与调试学习。2006 年 4 月开始，机组陆续投产，2005 年进厂的大学生岗位技能迅速提高并相继走上了关键岗位，运行队伍力量得到有效加强。

浙能兰电贯彻落实“大能源战略”，打造超临界机组人才基地，自 2006 年以来，浙能兰电已逐步向外输送基建、经营、生产等人才，浙能集团系统内各兄弟电厂相继派人至兰电实习，省经贸委也派干部挂职期锻炼，超临界人才基地建设初具成效。在兰电，投身工程建设的热血青年，在兰电大舞台上实现和拓展着自己的人生价值。兰电以一颗包容的心，向广大有志于电力行业的人们敞开着大门。在这个大舞台上，人人都有实现自身价值的机会。

兰电基建时期的员工大部分是从兄弟电厂调入的骨干与年轻职工，同时引进了省火电、电建、十二局等基建管理专家，以及新招收的大学生。2005 年 11 月，在华东网调举行的“持证上岗”考试中，公司所有参与人员平均成绩名列前茅，受到了华东网调的通报表扬。

2006 年 11 月，运行部潘春飞和谢增孝两位同志分别获得“中央企业 600MW 集控运行值班员大赛”银牌和铜牌，成为“中央企业技术能手”。

设备部锅炉专业的吴光华和汽机专业的朱新平担当着点检、组长、班长等多重角色，在挑战中出色地完成了四台机组维护、一台机组 A 修以及基建达标、创优等一系列工作。

设备部王阳燕、谢冬林在浙能集团第一届青工技术比武中，分别取得了电工第三名和钳工第六名的好成绩，朱新平、杨立平获公司优秀党员荣誉称号；蒲贤超获公司 I 期工程查缺陷一等奖。

“省属国有企业优秀党员”李中玉是一位电气技术骨干，2007 年，浙能兰电 1 号机组首次 A 修期间，处处能见到他忙碌的身影：一丝不苟地对质检点进行把关检查；耐心细致地向班组成员答疑解惑、布置检修工作要点；有条不紊地组织、协调运行及各检修单位进行试验。他还负责编制了电气整组启动试验方案，在最后启动的关键阶段，连续两天两夜在现场参与组织、协调整个电气启动试验。“保证机组的安全稳定运行，争取设备零缺陷”是李中玉的不懈追求，也是他岗位成才的源源动力。

学无止境的“全国三八红旗手”的潘春飞，相信这样一句话：在知识的海洋里我们只是沧海一滴水，只有通过不断的学习吸取，我们的水滴才会扩大不至于被蒸干掉。她深知不断学习就是电力企业运行人员生命力的体现。2006年，她代表浙能集团参加了中央企业职工技能大赛，并一举夺得银牌。比赛采用的是沁北电厂的600MW机型，与兰溪电厂的机型有较大的区别，她与同事经常一起探讨如何提高集训效果，想方设法忘掉厂里机型，重新熟悉沁北机型的运行参数和技术特点。多一分耕耘就多一分收获，凭借扎实的知识储备以及在比赛中发挥出色获得银牌。“现代社会发展太快，设备及技术日新月异，只有加快步伐才能追赶上时代的脚步，才不会被淘汰出局”，这是潘春飞捧着奖牌时的体会，更是支撑她学无止境，直至摘取“中央企业600MW集控运行值班员大赛”银牌，成为“中央企业技术能手”的源泉与动力。

“2008年度央企仿真机比赛金牌”获得者谢增孝在2008年中央企业职工技能大赛火电机组集控运行值班员决赛（600MW等级）比赛中以第一名的成绩获得金奖，同时被授予“全国技术能手”称号。2006年，谢增孝在此项比赛中获得铜奖，被授予“中央企业技术能手”称号，但他没有满足，而是看到了差距，更加严格地要求自己，“发现自身的不足，不断完善自己”。2008年在比赛地山东邹城练习操作5天内，谢增孝和其他选手争分夺秒，硬是把800多个故障分组一个个加载了一遍，并作了详细的记录。谢增孝强化了对比赛设备及运行方式的详细了解，在操作时原本规定15分钟完成的事项，他要求自己在10分钟之内就要完成，力求每个得分点都要练到，并在每次练习结束都写出自己的分析和总结。最终以第一名的成绩获得了中央企业职工技能大赛火电机组集控运行值班员决赛金奖。

“2008年度央企仿真机比赛金牌”获得者项文杰，自调入浙能兰电以来，无论是作为单元长、见习值长，还是担任A修隔离组组长，工作就是一种责任、一项事业，专业技能的补充以及自身知识面的拓展，还是生活必不可少的组成部分。2008年中央企业职工技能大赛中，他出色而完美的发挥在众多强劲的对手中脱颖而出，最终收获了他职业生涯里分量最重的一块奖牌“央企技能大赛的金牌”，并由此获得“中央企业技术能手”称号。大本领人，当时不见有奇异处；敏学问者，终身无所谓满足时。这句话是对项文杰最好的写照，也是他岗位成才，岗位成事最有利的条件。

第三节　文化建设育才，创建内陆绿色电厂

文化之于人，能提升其气质；文化之于企业，则能增强其凝聚力，提高其竞争力。企业文化是在长期生产经营中倡导、积累、筛选提炼形成，能激发和凝聚企业员工归属感、积极性和创造性的人本管理理论，是企业的灵魂和潜在的生产力，企业文化建设是打造企业核心竞争力的战略举措。拥有文化优势就拥有发展优势，浙能兰电最重要的特色，也是最重要的优势，就是兰电文化建设。

一、兰电建文化，年轻职工青春闪耀

科技会成为历史，产品会成为文物，店铺会成为遗迹，唯有文化可以流芳百世，历久弥新。企业文化作为精神层的东西，能弥补制度层所存在的缺陷，并与制度层紧密相连，做到琴瑟相和，软硬结合，共同为企业的发展担好琴弦作用。

浙能兰电在筹建处时代就着手文化建设，主要目的是提高职工对企业的认同度、忠诚度与自豪感，实质是增强职工的企业责任感。公司第一批员工来自五湖四海，肩负着企业奠基重任（包括文化建设）；却都带着原有思维观念和习惯性行为，这就需要建立一个共同的文化来统一和规范行为和思想。2004 年初，筹建处组织开展了企业宗旨、精神、价值观、目标、口号等征集活动，共收到 100 多条有效信息，为公司企业文化建设提供了丰富的素材。公司党委成立后，提出 2005 年为公司的“企业文化年”，逐步有序地推进企业文化建设工作。从初期的“苦、拼、精、高”基建精神，到“高效、稳健、和谐、精致”，发展到“严谨、创新、和谐、一流”，一路推进，不断深化，从无到有，从浅到深，经过几个阶段

的发展和深化，比较系统地提出核心价值理念体系和子文化框架系统，经历“三园文化”到“石刻文化”建设，逐步推进到“君子兰文化”，得到广大职工的认可。

兰电人在兰江之畔，以沃土田野作舞台，与文化同行，传承如兰气质，以激情为乐，用青春伴舞，舞出真我的风采，唱响最动人的和谐之音，从此点亮所有兰电人的目光！

兰电企业文化提高了职工对企业的认同度、忠诚度、自豪感与责任感。公司的大部分职工来自生产单位，基建知识少，经验不足，而且这部分职工往往又带着原有的思维观念及习惯性行为方式。先进性要求我们必须要有先进的企业文化，有优秀的团队，有核心的竞争能力，才能为今后的发展打好基础。因此，党员、员工的能力水平、精神状态等如何，大家能否融合成一个整体，形成合力，建立起企业共同的价值观文化，对工程成败及以后的发展至关重要。毕竟，兰电人于电力紧缺之际奉命上阵，需要在发电事业之中献出激情，于是兰电人自豪地用诗意的语言说：心与心相约，肩并肩战斗；我们的青春闪耀在灯火阑珊之处，成就不朽，成为永恒！

如果把工程建设比作一个人的体魄的话，那么企业文化就像一个人的品格。在兰电工程高速推进的时候，兰电的党建工作、企业文化建设有声有色。实施文化养廉，把有形的廉政教育融入企业文化建设当中，以无形的文化动力带动和培育廉政建设，增强职工的企业责任感，自觉抵制个人的利益驱使，主动维护企业最大利益。主要做法是，党委着力以“五好支部”为标准开展支部建设，发挥好支部的堡垒作用，有力支撑和发挥党委政治核心和思想保障作用。各党支部认真对照“五好”党支部的标准开展争创活动，及时落实和传达党委的工作精神和思路，及时掌握和反馈职工思想动态，并通过党员大会开展党员评议、推优推先、学习教育等活动，在稳定职工的情绪、鼓舞士气、统一思想方面发挥了突出作用。如设备党支部在机组 A 修期间结合现场情况推出“党员示范岗”，较好地发挥了党员在 A 修期间的作用，充分展示了党员的风采。

在紧张、快节奏的工作之余，浙能兰电工会与团委积极有效地开展各种文体活动，增强凝聚力，活跃公司气氛。如公司工会牵头组织开展了篮球赛、乒乓球赛、“安康杯”知识竞赛等，组建了篮球、羽毛球、足球、桥牌、自驾游等十几个兴趣小组，厂内公寓设立了棋牌室、羽毛球场、篮球场等，为广大职工提供了良好的文体娱乐活动场所。公司工会还组织了600MW机组仿真机操作技能比武等多个竞赛活动，团委开展了“168”查缺陷比赛、争创“青年文明号”、争当“青年岗位能手”、创建“青年安全生产示范岗”等活动。兰电人肩负社会责任，在金华江畔的这块创业热土上，逾五千名电力建设者起早摸黑挥汗奋斗，用激情和汗水在百亿建筑技术工程中建功立业，荣获浙江省“五一”劳动奖状。

二、工程有奇迹，屡次获得国家大奖

在浙能集团公司的正确领导下，兰电按照建设优质工程的标准，精心组织，规范管理，果断执行，协同推进，兰电工程的设计获2006年度电力行业优秀工程设计奖，高标准通过由中国电力建设企业协会组织的基建达标投产检查，分获2007年度浙江省优质工程（钱江杯）和中国电力优质工程奖，2007年11月8日，浙能兰电新建工程荣获了中国建筑工程最高奖项鲁班奖。鲁班奖全称为“中国建筑工程鲁班奖”，为中国工程质量最高奖，获得该奖意味着该项工程达到了国内建筑业的顶尖水平。

兰电工程始建之时便把目标定在了“鲁班奖”上，这是浙能集团第一家自行设计、建造、管理的电厂，完全摆脱了以往“总承包”的基建管理模式。管理人员思维习惯各异、基建管理经验不足、工期紧等问题一直困扰着工程建设者。为此，浙能兰电提出了“强业主、大监理、广咨询”的管理理念，遵循“规范管理创精品工程，预控风险保安全健康，保护环境促持续发展，确保进度争社会效益，建设高效节能环保型电厂”的工程建设方针，积极发挥业主核心主导作用，每月定期组织各施工单位召开工程协调会，在精心组织和积极协调中稳步推进工程建设，最终达到所有机组提前投产发电。

在工程开工前就对工程资料表式进行了统一，编制完成了“浙能兰电工程表格式样”；制定颁布包含18个程序文件和38个支持性文件的质量、环境、职业健康安全“三合一”管理体系，确保创优工作有章可循、有据可依、有序进行。为优质高效地创建精品工程，浙能兰电成立了由总经理亲自挂帅、各部门和各参建单位项目经理组成的“创优”领导小组，工程现场设“创优办”，及时编制了重奖重罚的《浙能兰电工程创优高效工程规划考核细则》和《工程建设标准强制性条文实施计划》，要求各施工单位将工程质量目标分解到每一个分项、每一道工序、每一个班组和每一个责任人，严格执行“三级”验收制度。浙能兰电还开展了体系内审、外审、管理评审活动，把各参建单位纳入了整个工程贯标体系内，制定相应的奖惩措施，形成“人人心中有质量，人人都来管质量”的良好局面，确保质量管理工作一开始就走上正规化、制度化和科学化的轨道。

在施工过程中，浙能兰电坚持预防为主、跟踪管理、强化过程控制的质量管理方针，各参建单位“立足规范而严于规范，源于标准而高于标准”，高标准、严要求做好质量管理：加强原材料采购、检验、贮存和发放的全过程跟踪管理；严格“开工令”等签字审批制度，坚持“三检”制度；对工程每道工序实行班组自检、工地复检，施工须经质量科专职检查后再上报监理部专业组检查，验收合格后方才进入下道工序施工。在工程管理中，各参建单位坚持预防控制、跟踪管理，对关键、复杂且易产生质量通病的工序制订详细的施工方案，组织专项QC攻关小组，实行专项攻关、进行定人定专业的程序化施工，保证了工序的一次成优。同时对工程质量有针对性加大检查密度，有目标、有重点地对基础工程、隐蔽工程、主体工程、装饰装修工程、防水工程等分项工程加大检查频率，对存在的问题及时进行分析，并及时采取措施，取得了明显的效果。

千淘万漉虽辛苦，吹尽狂沙始见金。日夜奋战换来了令人欣慰的收获：兰电1号、2号机组的所有土建、安装共173个单位工程优良率为100%，所有249个调试项目优良率为100%，两台机组83364只受监焊口一次合格率达到98.41%、建设质量总评分均为108.47，水压、扣缸、厂用受电、冲转并网、168小时试运均一次成功，主、辅设备运行安全稳定。工程质量得到省发改委、省重点办、省调、省电力工程建设质监中心站、中电建协等社会各界的一致好评，并高标准通过由中国电力建设企业协会组织的基建达标投产检查、荣获了2007年度浙江省优质工程（钱江杯）。此外，工程建设中实施的冷却水塔人字柱现场预制技术攻关QC成果获中国质量协会二等奖，厂内500千伏架空线挂设施工技术攻关项目小组获国家水电协会优秀QC小组称号，改进的脱硫新技术获中国电力科技进步三等奖等等。

中国建筑业协会专家们在检查中认为兰电一期工程通过制定和实施创优规划，使工程质量始终受控，真正实现一次成优，是电力行业典型的不搞涂脂抹粉、原汁原味的精品工程，兰电新建工程争创“鲁班奖”的成功，也提升了浙能集团公司的知名度，为浙江电建史增添了精彩的一笔。

三、公司出成效，浙江内陆绿色电厂

浙能兰电于2006年8月23日晚8时许2号机组正式投产发电（至此，装机容量达120万千瓦的一期工程全部投产发电），这是浙江省内陆拥有首个百万千瓦的“绿色”电厂。2007年5月22日，兰溪电厂4号机组提前投产发电，标志着浙江省最大的内陆绿色电厂建成。

由省能源集团有限公司等4家投资方共同投资，工程动态总投资约106亿元，主厂区占地面积约1800亩（具备再扩建的条件）的浙能兰电建立；燃煤使用安徽淮南煤，全程铁路运至公司；公司淡水水源为金华江，循环水采用二次循环冷却方式；输电通过2回500千伏出线接入金华双龙变——浙江省“五大百亿工程”之一。兰电一期工程投产后，每天可向华东电网输送电力2880万千瓦时，大大改善浙中内陆地区的电源结构，减少了大功率远距离送电损耗，对提高浙江省及华东电网运行的安全性、可靠性、经济性起到重要作用。

浙能兰电是全国首批600MW超临界机组脱硫工程的环境友好型企业。遵循创建环境友好型企业的理念，以建设高效环保的发电企业为己任。浙能兰电建设以“高效、环保、节能”为宗旨，总投资18亿元打造绿色电厂，环保设施与主体工程同时设计、同时施工、同时投产，并通过国家环保局的专项验收。如图 2－5 所示。

图 2－5　浙能兰电脱硫岛吸收塔安装

自主进行冷却水塔降噪技术研究与实施，降噪量达 20dB（A），并通过了省级鉴定。针对储煤场扬尘问题，建造长 700 米、高 14 米、投资约 450 万元的挡风抑尘墙，与煤场水喷设施结合使用，有效地防止煤尘飞扬。烟气达标排放和总量控制，循环利用的节水策略，采用消声导流片以及综合利用固体废弃物等措施，确保了浙能兰电在为老百姓带来光明的同时也为子孙后代留下了一方青山绿水。

“全国首个通过能源体系认证的燃煤机组”“浙能集团首个超临界机组完成通流改造”……浙能兰电牢牢扣住时代脉搏，持之以恒走生态优先、绿色发展道路，为守护碧水蓝天撑起了坚实的防护伞，为集团及行业同类型机组积累了先行先试的经验。浙能兰电大力推行节能降耗举措，加强节能意识教育与宣传。根据公司实际情况，主要做好运行节能精细化工作，重在意识，重在“勤”。加强对各台机组各项经济指标的监督和分析，对不同负荷下的辅机优化运行方式进行研究，通过明确的分工协作，及时快速地应对机组调停及启动情况，降低厂用电率，提高机组经济性。

通过细化运行指标考核，开展节能降耗和指标竞赛工作，充分调动运行值班人员的积极性，真正做到“度电必争，克煤必省”的节能减排意识；利用参与集团乃至全国大机组竞赛的契机，动态掌握国内同类机组的最佳技术经济主要指标，找出差距，制订赶、学的规划与措施；利用SIS管理平台，完善机组耗差分析功能，引导运行人员勤操作和勤调整，保证机组在最佳经济模式下运行。

浙能兰电坚持制度规范行为，全面深入推行精细化管理，不断加强环保建设和安全管理，实施风险预控，并通过新的技术与管理手段的有效结合，进一步促进了节能降耗，提高了企业的整体竞争力。2007年9月27日，兰电1号机组首次完成A级检修后连续运行达到100天，实现了全优目标，这是我省600MW超临界机组获得的首个“A级检修”全优纪录。

打造“绿色兰电”，同时打造兰电人的“绿色心灵”，浙能兰电团委制作宣传材料，积极开展“绿色兰电”宣传进社区活动向广大兰溪市民宣传绿色兰电、和谐兰电。在《兰电小故事》文集中，兰电人用自己的口吻讲述了兰电人树立起在“节能减排”工作中的个人责任意识，主动承担起为企业、为社会作贡献的职责和义务。这里选其两则说明之。

故事1:《让兰溪人民了解兰电》，说的是兰电人通过沟通的方式，积极地推广及宣传环保知识，树立浙能兰电良好社会形象。

兰电团委青年志愿者们在一个普通的周末走进了兰溪市天福山社区，把“绿色兰电”环保知识送到社区居民身边，让兰溪人民了解兰电、支持兰电。

未等宣传队布置好现场，许多居民就已经围在宣传看板前仔细阅读起来，对于看不懂的专业知识，还主动向志愿者询问。有的居民拿到志愿者派发的绿色兰电宣传小册子后，三五成群地围在一起讨论。根据以前绿色兰电宣传活动的经验，此次青年志愿者们特别针对部分市民关心的环保设施原理、投入和节能小常识等环节加强宣传和解释，让更多的兰溪人民了解兰电的环保成效。

故事2:《共饮兰江水同护母亲河》，说的是兰电青年志愿者开展环卫活动不仅使兰江沿岸环境卫生得到了整治，还在增强志愿者们自身环保意识的同时，有效地将环境卫生人人有责的概念推广到群众中。

“五四”青年节，30多名兰电青年志愿者分成两个小队，沿着兰江两岸分头行动，对岸边的白色垃圾进行清理。在鲜红的团旗和青年志愿者队旗下，志愿者们手拿编织袋，丝毫不顾忌垃圾的脏和臭，始终埋头搜寻污染兰江水的垃圾。在蒙蒙细雨中，志愿者们没有想到要打伞，不少志愿者的衣服、鞋子被污泥、污水弄脏了，也没有人去在意。手里的垃圾重得提不动了，就把它倒到附近的垃圾桶里，然后“轻装上阵”继续捡。

经过两个多小时的义务劳动，兰江两岸的白色垃圾被清理干净，共饮兰江水，同护母亲河，兰电青年志愿者在行动！

在浙能集团的战略引领下，公司始终坚定不移践行习近平总书记“绿水青山就是金山银山”理念，倡导绿色环保、推进节能减排，创建资源节约、环境友好型企业，基建之初就投资18亿元建设脱硫、电除尘、煤场挡风抑尘墙等环保设备；2011年5月和2016年12月先后完成4台机组的脱硝改造和超低排放改造，烟尘、二氧化硫、氮氧化物排放浓度比肩天然气燃机机组；2016年5月，公司全部四台机组通流改造完成，改造后机组铭牌出力由60万千瓦变更至66万千瓦，总装机容量达264万千瓦，60万千瓦负荷下供电煤耗可下降6.7克每千瓦时，实现了设备资产增值，并有较好的节能减排效益；融入地方供能业务、带动周边发展，2020年实现向兰溪40家重点企业供热，让绿色环保擦亮兰电20年发展征程的和谐底色。

第三章　家园建设稳人心，人才梯队创大业

2005 年，在浙能集团公司工作会议上，提出了打造“百年浙能”的设想，并阐述了打造“百年浙能”需要克服的两个瓶颈：第一是战略，第二是文化。2007 年初，浙能集团高瞻远瞩地提出“大能源战略”，其指导思想是以电为主，加快拓展其他能源产业和能源服务业，调整产业结构，提升发展质量，逐步形成“以电为主、多业发展”的产业格局。2009 年，浙能集团提炼形成了具有浙能特色的企业核心理念体系、行为规范体系和视觉识别系统，确立了“以德立人 以能立业”的核心价值观。浙能兰电作为浙能集团第一家自主开展、自主建设、自主管理、自主运行的超临界火力发电厂，建厂之初便紧紧围绕“以电为主”这个战略特点，把贯彻落实“大能源”战略的落实重点定位在超临界机组人才基地的建设上，坚持“以人为本”文化理念，结合企业实际不断探索实践，逐渐形成了以“家园、校园、公园”为文化核心理念。通过创造企业与员工的共同核心价值观，充分发挥员工的积极性、创造性与企业发展同向同行，着力把浙能兰电打造成环境幽雅的花园、充满生机活力的校园、温馨和谐的家园，打造成兼具争气、正气、大气的创新型卓越企业，大步向建设成一流现代化清洁低碳发电企业迈进。[①]

---

① 俞德周：《打造“百年浙能”之敢想》前言，公司文集《政研文集》第 65 页；《浙能兰电建设超临界机组人才基地的实践与思考》前言，公司文集《政研文集》第 6 页。

第一节　建设家园硬件，打造家人温暖港湾

建一家国企，填补浙西南火力发电空缺，需要稳定的队伍、优秀的人才。企业管理，核心是保障人才的归属感、参与感、主人翁意识。这就是家园文化建设的原因所在，意义所在。要让兰电职工对公司有家的感觉，基础是要有个家，具备家的基本要素，打造一个让人上班如到家、工作在家园的温暖港湾。简而言之，建设家园所需的必要硬件。

一、以人为本，强化支撑建园区

浙能兰电“园区”建设经历了从无到有的创业时期，来到了从基建到生产的转折时期，随后便进入了全员为之奋斗的从优秀到卓越的历史性跨越时期。2007 年 5 月，四台机组全部建成，浙能兰电正式投入商业运行，公司职工总人数已达 483 人，其中大部分是从台电、萧电、镇电等老电厂调入的骨干与年轻职工，引进了一批省火电、电建、十二局等基建管理专家，以及 2005 届、2006 届新大学生，员工队伍呈学历高、年轻化、可塑性强等特点，同时各种思想与文化在团队工作中交流碰撞，形成颇具兰电特色的文化氛围。

从优秀走向卓越，是企业提升和创新价值的最好途径，是企业生存和发展的最佳形态，是企业基业长青的必由之路，是一切伟大企业之所以伟大的奥秘所在。正因为如此，从优秀走向卓越，成为浙能兰电与生俱来的梦想，成为兰电人执着不变的人文情怀，成为浙能兰电和兰电人在跻身于优秀行列之后超越自我、成就自我、完美自我、永恒自我的欣然与必然的唯一选择。《宋史》道：“胜非为难，持之为难”。如果说第一、第二个时期我们取得了重大的胜利固然不易，那么，要把这种胜利的态势一直保持和发展下去，从优秀走向卓越，相对来说是公司最为漫长、最具挑战的一个历史时期。可以肯定地说，这一时期比前面两个时期要长得多，因为从优秀走向卓越的历史进程，是伴随着公司整个生命周期的事情。

破解这一历史命题，需要全体兰电员工心往一处想，劲往一处使，从而形成共识，形成共同的愿景、共同的意志、共同的行动，与时俱进地将公司的事业不断从必然王国引向自由王国，努力实现公司事业从优秀到卓越的历史性跨越。基础工作，就是要把大家共同的家园建设好。经营一个企业，就是要让自己的员工生活得更好、更加有尊严、更具幸福感，让更具幸福感的员工去创造更多的价值，让更多的人幸福。

浙能兰电从成立之初便紧紧围绕、全神贯注于公司的先进性建设。从检讨管理假设、改变"心智模式"、突破自我设限、回归企业真相等几个方面探索关于如何认识自我，并不断超越自我、成为自我的答案。得出了企业真相就是"以人为本"。实际上，把企业的真相概括为一个字，那就是"人"，没有人一切都是空谈。把企业家园建设概括成两个字，就是"仁""爱"。有仁有爱，那才是家。

浙能兰电企业文化建设的实践说明，重企业文化建设就是重企业发展，重特色文化的传承创新就是重企业核心竞争力的不断有效提升。一直以来，浙能兰电强调家园文化，"家园"寓意要把浙能兰电建设成为所有兰电人共同的和谐、温馨、繁荣的"家"。既要把"家"的软硬件设施建设好，把浙能兰电打造成兰电人心中的"港湾"，又要让兰电人自发地把自己当作"家"的重要支撑，团结奋进，打造出心中温馨的兰电"港湾"。为此，浙能兰电在融入浙能集团优秀文化的基础上，经过积淀和提炼，形成了具有自身特色的企业精神、价值观及企业使命，坚持以"人本、科学、创新、一流"为核心理念构建公司先进文化体系，打造高品位企业文化，成就了"家园、校园、公园"为核心的企业文化理念及廉政、安全、团队等子文化体系。先进的目标先进的理念，先进的蓝图先进的文化，兰电人只争朝夕把浙能兰电建设成一流的现代化发电企业。其中，有一项工作让兰电人欢喜："建企即建家"。

"建企即建家"，就在于建造一个全体职工共同守望的家园，持之以恒地致力于去创建一个校园式平台、营造一个花园式环境、建设一个家园式公司，充分发挥和依靠职工的主人翁精神，努力把公司建设成为职工的和谐之家，让职工在公司的大家庭里快乐着并工作着，幸福着并奉献着，自由着并创造着，为不断增进职工的幸福而不懈努力。

“建企即建家”，就是为兰电职工提供“一站式”的生活环境。对厂区植被、景观进行优化、美化，打造以长廊文化、走廊文化等与公司环境为一体的企业文化展示平台，让员工在公园般的厂区中身心愉悦地工作、学习。为此，浙能兰电为员工建设了健身房、篮球场、网球场、乒乓球场、职工书屋等多个休闲文娱场所，开设篮球、羽毛球、乒乓球、足球、钓鱼、徒步、摄影协会等十余个文体协会，全体员工在公司如在家，工作之余，可以满足业余生活的需要。如图 3－1 所示。

图 3－1　兰电职工娱乐角

“建企即建家”，就要不断满足厂区扩大、职工增加的值班楼房源需要。公司在推动新值班楼建设后，在公开、公平原则下，编制《值班楼宿舍初次集中安排实施细则》，有序开展值班楼宿舍调整工作，采用运行和检修分楼住、长住与不长住搭配住、有其他需求河里新村提供单间等措施，妥善周全安排好相关事宜，持续推动规范管理，开展文明宿舍评比活动，创建一个有利于职工身心健康，优雅整洁的学习生活环境，争创“文明标杆宿舍”，打造好“生活之家”。兰电家园建设更上一层楼，“家”

的硬件设施更加贴近生活需要。

“建企即建家”，就要有优良的区域环境，包括周边社区的和谐环境。为此，浙能兰电加大脱硫、电除尘、冷却水塔消声导流片降噪、煤场挡风抑尘墙降尘等环保设施的维护，按计划按时完成脱硝工程建设，坚定地为地方的碧水蓝天撑起一把防护伞；积极与地方政府联手开展集中供热改造，为地方节能减排排忧解难，并优化地方招商引资大环境，推动地方经济发展；通过组织共建，搭建企地党组织发挥作用新平台；文化联姻，营造企地合作发展的良好环境；共谋发展，共享资源，促进地方经济发展，推动和谐社区建设。

“建企即建家”，还要有优良的工作环境。2017 年公司领导班子统一思想，推行 7S 样板区打造，秉承企业“优化、美化、文化”的文明生产核心理念，以“三地一窗口”政治高度，全面部署落实，开创性提出在 7S 管理中引入党建责任区“网格化”管理理念，企业内实现了工作区域全覆盖、设备设施全覆盖、参与人员全覆盖。《全面推进 7S 管理工作方案》《7S 管理工作手册》《7S 管理考核奖惩方案》等 7 大办法汇编发布。2020 年 131 个网格区全部完成责任落实，实现跨部门、多班组、各专业协同联动，首批 19 个示范点和 28 个网格区全部验收通过，各创建区年度目标完成率 100%。现场设备整治是发电企业 7S 管理最核心的内容，是 7S 管理的灵魂所在。作为一家连续 7 年 8 台次获得全国金牌机组、连续 8 年获得浙江省统调发电厂运行考核优秀的企业，公司通过 7S 管理能够全面打造安全、文明、舒适的生产作业环境，实现了生产现场及办公环境的明显改善、办公效率的大幅提升、设备健康水平的显著提高、员工素养及精神面貌的持续提升，推动了企业高速度转型、高质量发展，迈上了企业治理的新车道，焕发出了勃勃生机，也努力为浙能集团打造“重要窗口”贡献出了兰电样本和经验，7S 管理让浙能兰电这颗明珠在婺江之畔不断绽放出璀璨的光芒。

环境改变得越来越美丽，对人的心境转向美好可以有很好的促进作用。有兰电新员工这样描述“兰电，美丽的工厂，风景秀丽，景色宜人。顺着曲折的小径前行，来到小水池边，池里有很多色彩斑斓的鱼，往来嬉戏；微风吹过，池水泛着清波，美丽又温馨。宿舍楼后边是篮球场、网球场，路边还有石椅，它们身上的花纹美丽朴实、匠心独运；草坪一碧如洗，滋润眼睛，沁人心脾。在这样美丽舒适的环境下工作生活学习，让人深深地体会到家园文化的深意”①。还有兰电人这样称赞浙能兰电这个美好的家园②：

盛产光播撒热
　　兰电
稳定为基　记录分析必实
安全为首　制度标准作尺
巡检无遗　监盘不移
着装统一　操作划一
无纸流程　规范及时
无线网络　整洁有序
检修现场　井然整齐
办公场所　怡然舒适
碧草连天　山水一体
绿树环抱　花香四溢
未现黑烟　白云先行
未闻轰鸣　鸟语先至
　　厂区公园亦
鱼戏波　鹭展翅
浙中大地兰电矗立

二、青春梦展，优化布局强基地

培养什么样的员工和怎样培养员工，建设一个什么样的公司和怎样建

① 丁一：《邂逅兰电》，新闻中心《新员工感悟》，2012 年 9 月 19 日（编者略有修改）。
② 陈璐：《美在兰电》，《兰电报》，2010 年 2 月 24 日。

设这样一个公司，这是任何一个企业，必须要高度重视、长期面对、不断解决的重大而基本的问题。这一问题的实质，就是要回答企业如何生存与发展。现代企业的竞争归根到底是人才的竞争。

2007 年时，浙能兰电全体员工中具备专科及以上学历的员工占总数的 80%，40 周岁以下员工的比例为 80%，这样的员工队伍，年轻、有活力，而且具备快速有效掌握岗位技能、快速适应岗位要求的能力。如运行部的 2004～2005 年度进厂的大学生，在工程建设进度大大提前的条件下，经过短短一两年的培训就顶到关键岗位，全面接收了四台机组的运行工作。

"人本"管理理念不仅是管理哲学的变革，也是建设超临界机组人才基地的根本原则，坚持以人为本，走职工提素之路，充分利用企业的资源不遗余力地为广大职工创造一个自我超越、自我实现的良好环境，努力实现员工与企业的双发展，这是浙能兰电领导班子在反复商讨后正式确立的人才培养战略。兰电人的梦想，也是浙能兰电领导班子肩头的责任，是"要将公司打造成 600MW 超临界机组人才基地""要建设一座人才培养和人才输出的双高地"。

所谓"超临界机组人才基地"，浙能兰电把其定义为拥有一批丰富的生产骨干力量，一支专家型管理团队，一套完整的人才开发机制。机组全面投产以后，浙能人才培养工作大步推进，从规划引导、机制保障、平台推动三方面着手，横向到边，纵向到底，覆盖至全员的学习和成长，从而持之以恒加强建设人才基地战略硬支撑。

"十年树木，百年树人"，树木以作栋梁，树人以成大材；栋梁、大材撑起"兰电之家"。建设超临界机组人才基地，既为"兰电之家"，更为浙能集团这个"家族"、为同行业、同领域的这些个"亲戚"提供栋梁之材。为此，浙能兰电历任领导班子高度重视人才基地的建设，强调人才培养与输出的重要性，认为公司首先是生产人才，其次才是生产电能。只有人才生产好了，队伍建设好了，电力、安全生产、市场、供热等产品自然而然地生产出来。2009 年，浙能集团明确浙能兰电为"浙能集团 600MW 机组集控运行人才基地"试点单位，浙能兰电则将之扩大为各项人才培养基地，作为公司的一项重要发展规划，坚持"党管人才、人企共进”理念，积极将“人才基地”做实、做大、做强，努力成为名副其实的“人才基地”，为集团发展“大能源战略”输送源源不断的人才。

中国家庭教育培养孩子成才是不遗余力的，浙能兰电这个“家”同样如此，一直把人本管理作为建设人才基地的根本遵循。人本管理不仅是管理哲学的变革，也是建设超临界机组人才基地的根本原则，所以，浙能兰电始终以家人般的关怀与仁爱，促进员工健康成长和充分发挥员工作用，注重员工全面发展，努力营造激励岗位成才的良好环境，十分重视知识的交流、分享和学习，形成一种有效激励的兰电特色文化，使个人技能和经验不断得到提升。

兰电人才基地建设规划之初，制定了兼具统筹性和引导作用的《公司人力资源建设五年规划》《公司学习型组织创建三年规划》《公司员工教育培训计划》，后相继实施《员工行为评价管理》《评优评先管理》《专家能手评聘管理》等多渠道激励机制、后续学历重复奖励及岗位成才双重奖励制度。积极开展员工职业化培训，努力提升员工整体素质。一切为了“家里的孩子们”能迅速成长为公司的栋梁之材。

浙能兰电在集团统一指导下，组织编写《600MW 仿真机培训大纲》《600MW 仿真机培训管理制度》《基地培训规划》，积极策划公司集控运行人才培训方案。举办“中层干部管理能力提升班”“班组长综合管理能力培训班”，采取“自培”和“外授”相结合，开展专工技术内部讲课、相关专业讲课，全面开展管理、技术、技能培训。2020 年实施《人才队伍建设三年规划》，建立六级人才评审激励机制，持续推行学习、轮换、资格“一岗三制”模式。2021 年，根据集团落实“浙江国企人才新政二十条”的实施意见，聚焦培养打造“三高”人才队伍，优化青年人才、一线技能人才入选人才评审条件，完善管理、技术、技能人才评选考核机制，勠力打造集团“人才高地”。“兰电之家”人才高地越来越高、越来越稳，也越来越让人们喜欢，尤其让浙能大家族、同业兄弟单位喜爱。

随着社会发展、时代进步，“兰电之家”的内涵也会与时俱进，尤其是技能实训基站，不断在迭代升级中扩展新内涵，为浙能兰电致力于打造一支爱岗敬业、技术精湛、技能高超、结构合理的产业工人队伍而不断努力，并且为优化内部培训资源，建设强而有效基站培训，实现“教”“学”“做”的有机结合。

目前浙能兰电共有仿真机、水泵管阀、仪器仪表、继电保护、电气设备检修等五个实训平台，实训基站能满足兰电之家的需要，还能满足省级技术比武、技能竞赛、公司内技术技能比武的要求，能够有针对性地组织开展相关专业技术训练、竞赛，为高质量参加上级技术比武夯实基础。

作为兰电之家的实训基站，更是在岗人员的日常培训、岗位资格确认、新员工以及转岗人员的岗前培训“练兵场”。在兰电之家中，有一个“儿子”让家人骄傲：兰匠工作室。因为它起着示范引领、集智创新，进一步提高员工克难攻坚、创新创效能力，创造更多的高水平创新成果，助推公司产业工人队伍建设改革工作的创新发展的作用。如图 3－2 所示。

图 3－2 技能实训基地授牌仪式

三、矢志奋斗，统揽全局谋出路

2001～2002 年，浙能集团组建成立，在电力体制改革特定历史阶段加大对省内优质电力资产收购，装机容量迅速扩张并完成原始资金积累。2003 年，浙江省委提出要进一步发挥八个方面的优势，推进八个方面的举措，即“八八战略”，开启了浙江向高质量发展不断迈进的新征程。2003～2008 年，浙能集团紧紧抓住浙江省电力紧缺的发展机遇重兵布阵，全力加快项目建设，2004 年 6 月浙能兰电项目作为浙江省“五大百亿工程”之一正式开工建设，用“苦、拼、精、高”的兰电基建精神不舍昼夜赶工期，创造了工程建设 3 天打 1 根桩到 1 天打 6 根桩，首台机组比原计划提前了整整 281 天实现并网运行的“兰电速度”，迈出了企业发展坚实第一步，“兰电之家”正式创建。

2007 年，浙能集团提出“大能源发展战略”。2008 年，浙能集团响应党中央号召科学发展、节能减排，浙能兰电因势而动紧紧抓住深入贯彻“大能源战略”、大力推进节能减排、发展循环经济的有利时机，全力推进公司管理体系标准建设，大力加强设备技术改造、精益运行来实现节能减排，结合自身资源和空间优势，启动供热改造前期工作。“兰电之家”矢志奋斗，开始发力。

2012 年，浙能兰电 4 号机组脱硝改造项目破土动工，拉开了浙能集团内最大脱硝改造项目的序幕，浙能兰电至兰溪经济开发区的热网主干管道全线贯通，实现对兰溪经济开发区江南上华片区供热……第一个十年，创建了美好、起步、温暖的“兰电之家”。

2013 年，从项目立项开始，已整整 10 个年头，若从公司成立算起则是第十年的最后一年。公司进入稳定成长期，集团提出了要坚持走具有浙能特色的企业发展道路确保实现“十二五”规划目标，浙能兰电以红色发展观统领全局，抓安全、抓效益、抓管理、抓队伍建设，努力建设安全兰电、绿色兰电、高效兰电、幸福兰电的“兰电之家”。

2014 年 10 月，浙能兰电 4 号机烟气超低排放（“超低排放”采用浙能集团自主创新的“多种污染物高效协同脱除集成技术”，对燃煤机组现有脱硝、脱硫和除尘设备进行提效，引入新的环保设备和技术，使电厂排放的烟尘、二氧化硫、氮氧化物等达到甚至低于天然气燃气机组的排放标准）改造第一根钢结构开吊，并于 2016 年 12 月 8 日全部完成 4 台机组烟气超低排放改造，兰电之家在坚持绿色能源发展之路上又往前迈了一大步。

2016 年是“十三五”规划的关键年、落实年和发展年，浙能集团紧扣“能源立业、科技兴业、金融富业、海外创业”的改革发展新思路，确立了走改革创新之路，所谓转型升级强企业，统揽全局谋出路。

2019 年，是新中国成立 70 周年，浙能集团以习近平新时代中国特色社会主义思想为指导，坚定推进“四业”发展，努力打造创新型、协同型和服务型现代能源企业，确保集团顺利实现“十三五”目标。“十三五”期间，浙能兰电以“提质增效”“转型升级”工作为抓手，切实发挥党委领导作用，把方向、管大局、保落实、谋发展，持续保持安全生产稳定态势，逐步提高经营管理能力，推动企业中心工作突破创新，修内拓外，积极应对电力市场改革挑战，开创公司发展新局面。这 5 年，浙能兰电这个“家庭”在浙能集团领导下，完成全部四台机组的增效扩容改造，改造后机组铭牌出力由 60 万千瓦变更至 66 万千瓦，总装机容量达 264 万千瓦，60 万千瓦负荷下供电煤耗可下降 6.7 克每千瓦时，实现了设备资产增值。兰电人再创辉煌、“兰电之家”再添新功，全体家人雄心勃勃。

2021 年，是中国共产党百年华诞，是浙能集团成立 20 周年，也是“十四五”实现新发展的开局之年，更是浙能兰电开启“二次创业”的关键之年。回顾整个“十三五”深刻体会“百年未有之大变局”现实，煤价与电价、汽价严重脱钩，机组连续高负荷运转安全压力凸显，双碳和电力市场化不断推进，企业经营发展经历了前所未有的挑战。困难局势面前，浙能兰电人对发展形势准确分析，紧跟集团“八个一流强企”建设，适应新发展形势、贯彻新发展理念、明确新发展方向，全力以赴打赢能源保供攻坚战，多措并举深化经营管理，齐心协力开拓新能源市场，坚定不移推进人才强企，双促双升实现党建创新，全力向“一流现代化清洁低碳发电企业”加速转型。“兰电之家”充满自信。

2022 年，浙能兰电牢牢把握“经济要稳住、发展要安全”的总体要求，紧紧围绕集团“4568”一流战略和“稳增长、强赛道、抓改革、强担当”工作方针，全力向“一流现代化清洁低碳发电企业”迈进。“兰电之家”昂首阔步。

2023年，浙能兰电助力集团高质量实施“六四三工程”建设，全力以赴高质量完成全年各项工作目标和任务，奋力答好中国式现代化的国企答卷。“兰电之家”豪情满怀。

兰电20年发展，持续保持稳定发展，与“兰电之家”的家庭温暖、家族互动分不开；也得益于浙能兰电在推进企业改革发展的实践中，始终把社会主义市场经济的普遍规律与企业的个性特点及企业的创业、创新结合起来；把浙江经济社会发展的大好环境与企业的转型升级结合起来；把浙能集团对电力板块发展研判与企业的经营方略结合起来，经过长期谋划形成战略，形成符合浙能兰电实际的谋略，经受住了各种困难和风险考验，不断推进战略创新、体制创新和企业经营实践创新，逐步探索出一条具有浙能兰电特色“治家（企）之路”。

火车靠车头带，家庭靠家长领，领导者作为企业的核心，其决策和战略对“兰电之家”的运营和发展起到至关重要的作用。20年来，浙能兰电在集团公司领导下，与省域发展规划同向同行，八任领导班子励精图治，公司上下群策群力、敢为人先、矢志奋斗，以浙能集团“为员工谋求幸福，为社会创造价值，为发展提供动力”企业使命为使命，以“高效、绿色、低碳”为着力点，抢抓时代发展机遇，深化企业转型升级，不断提升核心竞争力，助力地方经济发展，不断谱写煤电机组高质量发展壮丽篇章，不断刷新“首个”靓丽成绩：“全国首个通过能源体系认证的燃煤机组”“浙江省电力行业内首个通过标准化5A企业认证”“浙能集团首个获评‘全国先进基层党组织’”“浙能集团首个‘检企共建’廉政建设经验入选国家典型案例”“浙能集团首个超临界机组完成通流改造”“浙能集团首个取得电力安全生产标准化一级企业”“浙能集团首台机组完成DCS国产化改造”“浙能集团首个煤场封闭改造项目”“全国首个煤电二氧化碳捕集与矿化利用全流程耦合示范项目”……兰电之家越来越充实、越来越美丽、也越来越有内涵。

八任班子励精图治、代代兰电人投石开路善谋善为，绘就“一流现代化清洁低碳发电企业”蓝图，把浙能兰电建设成兰电人的“梦想家园”“温馨港湾”。

第二节　建设家园软件，实现了家和万事兴

一、强化信心，精细管理定方圆

严格意义上说，浙能兰电一开始就在进行管理文化、科技文化与企业文化的建设，换句话，兰电文化作为兰电家园的软件，一开始就在建设中。然而不可不讲的一个现实是，在电力系统“厂网分工”之前，长期享受着典型的传统垄断行业各种优势和丰厚待遇，职工慢慢习惯了养尊处优的安乐生活。又由于发电企业工作环境、工作性质的社交欠缺性，发电行业职工普遍处于一种自我封闭的生活圈子里，员工不得不适应这种游离于当地社会主流群体之外的“围城生活”，逐渐形成以同事为主要社交对象的“围城文化”，这就是典型的发电企业亚文化现象——电力体制改革之前的“皇帝女儿不愁嫁”的行业垄产物。

随着“厂网分开”，发电企业竞价上网的竞争机制出台，打破了原的亚文化现象存在条件与环境，“围城”里的人该觉醒了。但由于中国经济的高速发展，电力全面紧缺，这一觉又被“推迟”了几年。直到2008年发电企业全面亏损，如一声炸雷，狠狠“惊醒”了一大批发电企员工。2008年的夏天，对国内发电企业来说，是一次痛苦而恐慌的经历，期间电煤价格一路飙升，煤价触顶达1000多元每吨。这年全国发电行业首次全面亏损。2009年，发电小时数同比下降，且持续在低位，发电企业经营形势不容乐观。

浙能集团把发电企业所处的环境比喻为进入了围城，并且受到了“上下左右”四个方位的限制，发电企业进入微利时代与竞争时代。当时的发电企业正处于“市场煤、计划电”的生存与发展格局下，要想提高核心竞争力、谋求科学发展的唯一途径就是向内挖潜增效，而精细化管理正是提升内部运行控制能力、降低管理费用、提高管理效率的有效途径。

但一切管理都需要由人来实现，当时做过一项调查，结果显示：职工关注自身利益的多，关注企业发展的少；关注公司给予的多，关注个人付出的少；发牢骚的多，提建议的少；接受被动管理的多、自动自发工作的少。窥一斑而知全豹，从中可发现发电企业职工的思想状况还基本停留在传统优势的良好感觉中，更不要说对企业有“家”有归属感。

如此局势下，浙能兰电如何兼顾经济效益与社会效益双重目标？如何通过内部挖潜来尽可能降低单位电量可变成本？答案就是破除发电企业员工固有的“优势”与“金饭碗”的思想，实行精细化管理，在内部管理上不断“精耕细作”。对此，浙能兰电从管理文化入手，切入点是牢固树立“主人翁地位”。企业发展和职工发展是一个“双向发展”的问题，是一个“你中有我、我中有你”的概念——只有依托企业的发展，员工才有可能在这个发展的平台上寻求自身发展的机会；企业突破发展瓶颈的落脚点应该是“员工”，只有全面激活员工的积极性、能动性，实现员工与企业的全面发展，才能真正实现公司管理脱胎换骨，简单说，企业就是大家的一个家，企业发展了，个人也就发展了。

为此，浙能兰电通过利用舆论宣传载体、会议宣讲引导，号召全体党员干部要率先成为效益管理的有力宣贯者和实践者使职工逐渐转变基建期的工作思路与管理观念，树立起“挣钱赢利”的市场意识与效益意识。开展解放思想大讨论、良好职业行为大讨论、奉献与成才大讨论，让全体职工明确了“大锅饭”“干多干少一个样”等落后思想会阻碍企业及个人的长远发展，让“家园”思维深入人心，让员工从思维“围城”走出来，让员工要自发地把自己当作“家”的重要支撑，团结奋进，为把浙能兰电打造成自己心中温馨的“港湾”努力奋斗，让精细化管理顺利推行得到了保证。

企业的管理从大至小可以分成许多环节和程序，精细化管理就是对原有环节和程序再细分、细化，使每一个环节和程序可以量化与数字化，从而可以进行精确设计与控制。同时，建立快速及时的应急与反馈机制，可及时修正与调整目标与指标，实现高效运转，这就是精细化管理的实质。这是企业的发展途径及管理对策，在收拢人心、回归家园前提下按照精益求精与持续改进的要求，建立精确、精准、细分、细化的管理程序，使组织管理的每一项目标与任务实时可控、实时反馈、实时改进、实时监督，并提出了“制度化、标准化、精细化”三级管理提升思路，把精细化管理作为企业现阶段管理的发展目标。所以，在保证家园文化的硬件建设的同时，更需要加强家园文化的软件建设。

第一是加快兰电职工素质提升。企业满足职工事业发展期望、提供富有竞争力的薪酬体系及价值分享系统基础上，提供持续的人力资源培训开发、帮助员工提升综合素质、支持员工完成个人及组织发展目标。只有让员工从思想上认识到培训对自身的价值，使其自觉地参与到员工培训工作中去，才能最终达到提升员工素质的目的。浙能兰电着力从建立完善的培训机制，建立用人机制和量化考核机制，加强职业化团队建设等方面提升员工素质。

第二是提升兰电员工执行力。企业的每一项工作的执行都是靠职工来实现的，职工的执行力代表企业执行力的一部分，员工行为管理的最大难点、企业管理的最大难点也都是执行力问题，而且，员工执行力的水平对推进精细化管理至关重要。

企业的文化与人文环境对员工的执行力影响起到极为重要的作用——如家般的工作环境、家人般的工作搭档，会让员工轻松自在而使工作效率大大提升、工作积极性大大提高。员工的执行力是表，企业文化是里，两者相辅相成，共同作用于精细化管理。企业推进精细化管理的保证就是开展企业文化建设，提升员工执行力。浙能兰电自基建开始就十分重视企业文化建设，致力于打造特色兰电文化，制定了企业文化建设实施规划，并形成完整的框架体系。如企业管理核心理念“引领先进 系统推进 持续改进”，企业安全文化“责任 执行 执著”潜移默化中推进了执行力。

浙能兰电精细化管理，落实在安全生产与设备管理、目标计划与绩效考核、全面预算与成本控制、管理流程与数字兰电、党建保障与文化推进、人力发展与素质提升等方面。2009 年获得“标准化良好行为企业 AAA 级”、2010 年入选全国首批电力企业“标准化良好行为企业”试点单位到 2020 年获评省电力系统首家“标准化良好行为企业 AAAAA 级”。

全体职工共同守护“兰电家园”，同舟共济、同心协力、和合共生。

二、温暖人心，系统关爱携手行

“以人为本”的真谛也在于给员工无微不至的关怀和无边的爱。浙能兰电将其定位为两个方面：一种是基于人文精神的爱——温馨的爱，另一种是基于科学精神的爱——严肃的爱。而如何将两种方式丝丝融合，付诸实践，公司领导班子在多次商议和讨论后，提出要编制一个系统的、方便执行和操作的，同时又能让员工有直观感受和体会，让人本理念立竿见影的实施方案。2010 年 10 月 22 日，《浙能兰电“系统关爱工程”实施方案》（以下简称《系统关爱工程》）以党委文件的形式在公司内正式印发。该文件是首个全面体现浙能兰电人本管理的重要文件，也是公司以大力践行人本关怀、系统关爱为根本宗旨的“温暖一号”文件。在这个引人注目的文件背后，有着浙能兰电对人本理念的独家注释。

从齐国管仲“夫霸王之所始也，以人为本。本理则国固，本乱则国危。”（《管子・霸言》），到孟子“仁者，人也，亲亲为大。”（《中庸・第二十章》），再到论语“以德报怨，何如？”（《论语・宪问》）追溯历史，儒家将治国安邦之策浓缩成一个“仁”字，至今仍影响深远。着眼现在，作为一个国有企业，“以人为本”是否是企业关爱职工、实现基业长青的立本之策？浙能兰电领导班子明确了企业发展真谛是——以人为本。实际上，是把企业的真相概括为“人”或者是“仁”，抑或是“爱”。

2010 年 4 月 2 日，浙能兰电《管理手册》发布实施，它作为公司企业文化的基石和最高的行动纲领，对“建设一个怎样的公司”和“如何建设这样一个公司”给出了明确的回答，而“人本”两个字作为公司核心理念的第一要点，赫然醒目地落在第一页。

浙能兰电认为人本强调的不仅仅是企业能够给员工提供多少当前的利益，更为深远的应该是建设好、发展好公司，让更具先进性的公司为员工创造自我成就、自我实现的更广阔的平台和良好环境，这才是最大的“人本”。“我们恪守以人为本的原则，把公司的发展与进步完全地基于员工的成长与幸福，满腔热情地致力于促进员工的全面发展，帮助员工实现物质自由、精神自由与思维自由。”① 这一段话是对“人本”两个字的精要阐释，也在后来的《管理手册》学习热潮中被员工普遍评价为是最令其感动的文字。

浙能兰电职工对“建企即建家”、对人本管理理念发自内心的解读和回应是：“《管理手册》表达了今后要把企业建设得像家一样温馨，我们热爱这样的企业，热爱这样的集体，这样美好的蓝图也需要我们共同描画，作为兰电大家庭的一名员工，我们要爱企如家。”②

浙能兰电公司领导为员工上第一堂课时有一段讲话：“对员工的关爱，我们不讲条件、不计代价、不惜真情。”“企业要走向基业长青，必须要以爱为目的，以爱为理由，以爱为归宿，以爱为动力，让企业人人、时时、事事、处处都充满着爱，让企业大爱无边。”③

《系统关爱工程》分为“温馨的爱”和“严肃的爱”两篇，从员工成长、思想心理、生活、安全、健康、政治六大方面制定了30多项、60余条细致入微的关怀措施，真正体现了公司以人为本、服务员工、关爱员工、保障员工权益的管理理念。方案中编写的员工“四必谈”（员工工作岗位变动时必谈、员工受处分时必谈、员工反映问题时必谈、员工退休时必谈）、关键节点“五必访”（员工伤病住院必访、员工家庭及直系亲属重大变故必访、员工家庭突遇重大自然灾害必访、员工或其配偶生育必访、员工遇到困难必访）、生日当天可以休息一天、六一儿童节寄送礼物，同时建立员工喜报制度、建立职工思想动态反馈考核机制等，这些举措不仅实现了家人一样的关怀方式，更是公司管理制度、管理方式和管理理念的大胆实践与突破。

一个方案从酝酿到编写再到意见征集到最终正式印行，浙能兰电将人本关怀的政策以最平实、最具体、最具约束力的方式展现在职工面前，这是公司坚持走“以人为本”道路的一次自觉的自我监督、自我提升和自

① 浙能兰电《管理手册》第1页，公司核心理念。

②③ 《浙能兰电》，封面故事《兰电“温暖一号”文件牵系着谁的心》第5页，2010年第2期。

我突破，更是一个自觉的巨大的跨越。《系统关爱工程》明确："我们要坚持以人为本不动摇，尊重、爱护和关心员工。坚决摒弃一切与以人为本相背离的东西，持之以恒地致力于创建一个平台、营造一个环境、建设一所学校，让员工在公司的大家庭里快乐着并工作着，幸福着并奉献着，自由着并创造着，期待着并守望着。"①

对于建企即建家、建企即建校的管理理念，浙能兰电有着美好的展望，这也是所有兰电人共同的期待和追求。《系统关爱工程》承诺："在保障员工利益方面，公司一定会全力以赴，而且是永远全力以赴。"这是公司对全体员工做出的承诺，也是践行人本理念最真诚、最真切的表达，因为在浙能兰电这个大家庭里，难得的是共经风雨，是守望相助。这里用员工的感言，传递员工那份感动（感言中的"它"特指《系统关爱工程》）：

王天兴：或许你会觉得它很平淡，但它的的确确是一股纯粹的温暖，是一份真诚的情感，是一种无私的关爱！

卢泓樾：公司轻轻播种一份别样的爱，它温暖人心，聚集力量，铸就辉煌。

赵钊晨：来到公司快 4 个月了，在这短暂的时光中，我深深感受到公司独特的经营理念和人文情怀，作为一名兰电人我无比自豪。

曹家顺：给人以大爱、给人以快乐的系统关爱工程，让人感受到公司家园式的人文关怀、尊重、爱护和关心，让人不由自主地感动。

郑斌：关爱工程，让人内心暖流涌动。关爱细致入微，让我语寡。唯有脚踏实地，成就自我、促公司发展。

俞逾：亲人的关爱让人幸福，朋友的关爱令人温暖，而兰电的关爱使人领略到企业直抵人心的魅力，激起与其共欣共荣的渴望。

钱力铭：在向"人本"迈进的道路上，系统关爱工程只是个小小的开始，却带给了我们大大的感动。

---

① 《浙能兰电》，封面故事《兰电"温暖一号"文件牵系着谁的心》第 5 页，2010 年第 2 期。

三、凝聚人心，心灵港湾筑同心

浙江省第十三次党代会明确要求，充分发挥思想政治工作理顺情绪、化解矛盾、平衡心理的重要作用。人文关怀中渗透着心理疏导，选择心理疏导方式本身就体现着人文关怀，心理疏导是实现人文关怀的一种手段，二者作为思想政治工作的新元素，对于做好新时期的思想政治教育工作具有十分重要的指导意义。这些恰恰是浙能兰电“家园文化”的重要内涵、必要支撑。

电力企业作为关系国计民生和国家能源安全的高危行业，企业持续、高速的蓬勃发展，高强度、高危险的工作压力，高技术、高技能的职业要求等，都对职工的心理健康和身体健康提出了更高的要求，及时关注职工的身心健康水平，搭建职工心灵的“港湾”，提供必要的心理援助，成为电力企业刻不容缓的工作。为此，浙能兰电注重人文关怀、开展心理疏导、实施系统关爱工作作为“家园文化”建设重要内容进行强调和部署，积极探索“心灵港湾工作坊”建设。在实践过程中，浙能兰电在企业文化的良好底蕴下，在前期实施系统关爱工程的基础之上，与时俱进地将“心灵港湾工作坊”建设与之高度融合，以实施“家园”文化建设、系统关爱工程、“人文关怀和心理疏导”为核心引导员工，有效开展心灵港湾建设。

浙能兰电秉持“以人为本”，从尊重人性需求的角度积极做好对人的关怀和关爱。形成必要的“家园文化”，引领大家把公司建设为温馨、和谐、繁荣的“家”，让员工更有归属感、幸福感、安全感、成就感，快乐工作、幸福生活。为了构建真正意义上的“家园文化”，公司开展“家属访兰电”系列活动，让职工家人亲身体验职工的工作环境，进一步融洽家庭关系，解决员工的后顾之忧，让“小家”“大家”更加和谐。一方面要注重对企业职工本身的关心，充分发挥、激发职工的奉献精神和创新精神，另一方面还要实现“职工与企业共同发展”“企业与职工共享成果”的理想境界，进一步实现“人企共进”。

根据兰电人的心理服务、文化体育娱乐等需求，浙能兰电积极创造多样化平台、丰富活动载体，在完善健身房、阅览室及职工之家建设的基础上，增设“员工情绪宣泄室”，并开辟“自我测评区”“心理缓冲区”“休闲活动区”等三大功能区域，在环境的布置上处处营造“家”的氛围；编制《阳光心理 和谐兰电》小手册，充分发挥公司文体协会的作用，通过开展“全家福”拍摄、“快乐工作、精彩生活”“成长林”“开心农场”“心灵港湾进校园”等特色活动，释放工作压力，融洽同事关系，让员工在一个和谐温馨、健康发展的“家”中幸福生活、快乐工作，从而为企业发展提供精神动力和团队凝聚力。如图 3－3 所示。

图 3－3 兰电职工一起过大年

人文关怀和心理疏导的阵地建设、机制建设，在工作实践中不断完善，形成长效、有序、科学化运作，建立涵盖公司各级党政工团组织、职责明确、行之有效的网络管理体系。在实践过程中，逐渐形成了心理教育培训。既有“请进来”的，如全员开展身心健康、情绪控制与压力调节等培训，丰富员工知识，助其自我调整，与员工接触最紧密的中层干部、班组长开展心理学知识和技能培训，使其成为该工作最有力的推动者；也有“走出去”的，如与专业教育培训机构合作，分批分步开展政工干部心理咨询师培训、考取三级心理咨询师证书。此外，浙能兰电还建立了以“心灵家因”网站为主体，网站、论坛、杂志、新媒体等宣传媒介为辅的员工心理自我减压机制；健全正向交流沟通机制，形成包容的组织机构；完善员工思想动态分析反馈机制，关注动向，做到及时疏通员工思想。

经过多年时间的“心灵港湾工作站”建设实践浙能兰电在关注职工思想动态，疏导化解职工情绪方面取得了一些成效。员工的心态更加开放，工作状态越来越好，精神面貌焕然一新，凝聚力明显增强。浙能兰电也逐渐形成了“心灵港湾工作坊”工作室与活动室为主阵地，以心理教育培训机制、预警保障机制、心理减压机制、人文关怀机制、系统关爱机制、沟通反馈机制为框架的“心灵港湾”工作系统。2011 年，浙能兰电获评基层党建工作示范点，2012 年实施“人文关怀和心理疏导”试点工作，2013 年获评“浙江省心灵港湾工作坊示范点”，2016 年《心灵港湾工作坊建设》获浙能集团基层党建工作法优秀案例一等奖。

第三节 家中人才有品，促进员工全面发展

一、提供平台，人才培养出佳绩

多年来，浙能兰电全体职工在兰江畔同心逐梦。面对人才培养的多重挑战，全面贯彻落实集团人才机制改革理念，公司深入实施“人才强企”战略，大力实施“一岗三制”培养机制，全力构建“两平台”“双库”培

养平台，助推人才队伍建设，打造“满格电力”人才引擎，助力企业高质量发展，不遗余力构建新时代产业工人人才队伍。

“三年规划”纵深谋远，擘画人才“新蓝图”。2019 年初，浙能兰电提出人才队伍建设理念，2020 年初制定并发布《人才队伍建设三年规划》，规划明确六大目标和十一项具体措施，蕴藏着兰电人积极探索人才培养科学管理新模式、创新人才考评激励新机制、浓厚人才兴企文化氛围的骨血，更是吹响了人才队伍建设之路上勇毅前行的嘹亮号角。同时，浙能兰电每年结合实际制订人才工作计划，由人才工作领导小组审议讨论通过后发布，党委书记以座谈会的形式，听取人才成长过程中的困惑，不断优化人才培养机制。同时将人才培养工作纳入各部门年度党建党风责任制考核，进一步明确人才培养的重要性。

1. “一岗三制”淬炼成长，筑牢人才“蓄水池”。“一岗三制”是指岗位学习制、岗位资格制、岗位轮换制。三者的关系既独立又一脉相承，学习制是指采用组织安排或选拔的方式选定学习人员，由学习部门为学习人员制订岗位学习计划，通过 3 ~ 6 月完成学习内容；资格制是岗位学习结束后由学习部门根据部门的岗位资格确认制度对学习人员进行岗位资格确认；轮换制是允许各部门内部同等岗位或部门之间相近岗位进行轮换，鼓励员工做好本专业工作，又可以提升其他专业适应度，为员工成长成才开辟了新渠道。

2. 国以才立，政以才治，业以才兴。浙能兰电坚决贯彻落实习近平总书记关于人才工作的重要讲话精神，以打造“大机组人才培养基地”为目标，积极发挥“一岗三制”人才日常培养机制作用，十几年来已向集团系统各单位输送出了 240 余名骨干人才的浙能兰电，名副其实“以才兴企”，通过持续推行“一岗三制”，有效促进人才的新老衔接，不断扩充人才储备。自 2020 年实施《人才队伍建设三年规划》以来，浙能兰电在总体人力资源较为紧张的情况下，通过打破部门、专业界限，开展交流学习，确认岗位资格 195 人次，培养 76 名全能值班员，跨部门学习交流 60 余人次，不仅有效缓解了人员紧张的局面，强化了部门之间的沟通与合作，而且通过岗位交流，还培养出一批懂生产、善经营、会党建的高层次、复合型人才。

3. “两平台”领航成长，培优人才“生力军”。浙能兰电积极搭建“兰匠工作室”和“技能实训基站”的“双平台”，从单一技能通道拓展到技能、技术、管理三个通道，以深入实施“人才强企”战略，加快高素质人才队伍建设。以达博观而约取，厚积而薄发。

兰匠工作室主旨在以攻坚克难为主要抓手，充分发挥骨干人才辐射效应，以“匠心精神”带动和培养更多人才。目前浙能兰电有6个兰匠工作室，工作室秉承“攻、钻、研”精神，用心做好“传、帮、带”，不断提升工作室成员的技术水平和攻关研究能力，在建功立业中践行工匠精神，以技术讲课，技能比赛等作为切入口，积极创新培训模式，切实落实人才培养机制，努力将工作室打造成高素质人才孵化器，为企业创新发展注入人才动力。

兰匠工作室自2020年成立以来，积极践行集团高质量发展目标的战略思路，将技术创新作为企业提质增效、转型升级的重要手段，充分发挥劳模工匠的示范引领作用，助推公司产业工人队伍建设，带动全体职工发挥创新主体作用。截至2023年11月底，工作室成员由33人扩展为40人，领办公司技术攻关课题项目50余项，推广运用创新成果及创新成果转化20余项，取得专利50余项，6人获全国、省、集团技能大赛荣誉，3人获省部属企事业“名师高徒”称号，获省部属企事业先进操作法3项。技能实训基站结合上级单位技术比武、技能竞赛项目要求，选定实训项目教练、遴选实训项目选手。

实训基站建立目的，主要是面向参加各种技能竞赛的员工进行实战训练，阀门检修、仿真机、继电保护轮番上阵，以赛促学、以比促专，有针对性地持续开展相关专业的技能提升集训，达到高质量参赛的目的。同时技能实训基站还承担着在岗人员的日常培训、岗位资格确认、新员工以及转岗人员的岗前培训任务。实训基站建立至今，已有2700多人次参加培训。

浙能兰电充分利用平台实训效能，建立平台管理的长效机制，落实与完善上级单位人才发展的相关制度，用实人才专项资金，发挥考核“指挥棒”作用，有效营造“比、学、赶、帮、超”的良好氛围。两平台的创建，不断提高员工技术技能水平，使人才的成长与公司发展相互促进，造就一支有理想有信念、懂技术会创新、讲奉献敢担当的电力产业工人队伍。

4. “双库”助力成长，储好人才“后备队”。“双库”指的是打造中层后备、青年人才库的储才模式，创新性推出六级人才队伍建设，通过开展“导师带徒”“青工课堂”等，着力促进数量充足、结构合理、能力过硬的人才梯队培养。

人材者，求之则愈出，置之则愈匮。在人才储备层级多样化的过程中，发展有了台阶、成才有了激励，涌现了张同喜、林腾蟠、黄徐等一批在技术提升和储备道路上奋斗的人才。2021 年兰电 2 号机组 A 修项目，专业主管夏志凌担任检修项目经理，2022 年 3 号机组 A 修，竹小锋、刘泽镪等“80 后”甚至“90 后”青年已担负起项目副经理、组长的职务。一些青年人才感叹：“在兰电只要你想‘激活’自己，都能够找到丰富的学习资源和平台!”

浙能兰电后备干部队伍建设则更具个性化，制定“一人一表”培养协议，安排部分中层后备挂职主任助理岗位，为挂职人才“私人订制”培养计划，经过培养让优秀人才能够以更为广阔的视野思考和处理问题，实现从执行者到管理者的转变。2016 年至 2023 年，已有 19 位中层后备通过培养成长为中层干部，10 位中层后备工作调动至上级单位。

“培训是永不折旧的投资，人才是发展的第一资源”。浙能兰电立足企业发展和职工成长成才的人才培养策略打破了年龄、学历、论资排辈的限制，机会正越来越多地惠顾每一个兰电人，创建了更为广阔的人才培育平台，以人才培养赋能企业发展，打造更具兰电品牌标识的“人才强企新窗口”。

二、树立榜样，集智聚力搭台

2016 年 3 月 5 日，李克强总理在《政府工作报告》中提到“工匠精神”。“十三五”规划明确在营造良好的人才发展环境中指出要营造崇尚专业的社会氛围，大力弘扬新时期工匠精神。党的十九大报告强调，要建设知识型、技能型、创新型劳动者大军，弘扬劳模精神和工匠精神，营造劳动光荣的社会风尚和精益求精的敬业风气。

在新时代，我们要大力弘扬工匠精神。“工匠精神”实质是一种职业精神，它是职业道德、职业能力、职业品质的体现，包含了从业者的职业价值取向和行为表现。“敬业、精益、专注、创新”是“工匠精神”的基本内涵。

2007 年 4 月，浙能兰电开辟“兰电工匠”专栏，宣传浙能兰电各个部门中具有高超的技术技能水平、丰富的实践经验、良好的职业道德素养、突出的核心带动作用的职工技能人才。

2018 年 4 月 12 日，浙能兰电开展“学习工匠精神、培育工匠型职业人”主题实践活动，牢固树立“敬业严谨、精益求精、追求卓越”的“工匠理念”，以积极向上的文化引导员工激发潜能，通过选树技术创新和技术成才的榜样班组，充分发挥“兰电工匠示范点”的引领带动作用，激发广大职工的劳动热情，在平凡的岗位上塑造“工匠形象”，在建功立业中践行“工匠精神”，为浙能兰电转型升级作出更大的贡献。

2020 年，浙能兰电发布《“兰电工匠”管理办法（试行）》，进一步推进公司产业工人队伍建设改革，切实做好高技能人才的培育选树，大力弘扬工匠精神，培养知识型、技能型、创新型职工，激励广大职工的积极性和创造力，推动建立多层级技能人才培养机制，为公司建设成为一流的现代化发电企业提供技能人才保障。

几年来，浙能兰电坚持以习近平新时代中国特色社会主义思想为指引，牢牢把握产业工人队伍建设主旋律，以服务职工、提升劳动者素质为工作导向，以大力弘扬劳模精神、劳动精神、工匠精神为抓手，工匠培养成果喜人。

浙江工匠（浙能工匠）：张同喜。2020 年获首届浙能工匠、浙能集团文明职工标兵；2021 年获浙江青年工匠；2022 年获浙江工匠、浙能集团第四届劳动模范入围奖；2023 年获浙江省高技能青年人才。自入职以来，工作中主动承担公司、部门急难险重工作任务，多次担任机组检修隔离组组长，2020～2021年参与3台机组DCS国产化改造及相关运行人员培训教材编写，起草、参与多项公司标准制度修订。有较强的争创一流意识，2020年起担任公司劳模工匠创新工作室领办人、张同喜兰匠工作室领办人，结合生产工作实际需要，在“安全生产与经济运行”两个方面领办克难攻坚项目，工作室多项技术攻关项目均获公司一等奖，首创两项先进职业操作法，2017年，“张同喜SCR入口烟气NOx控制法”被命名为浙江省省部属企事业先进职业操作法，有效降低了机组减负荷期间脱硝系统的用氨量，2021年“张同喜工作室超临界锅炉再热汽温控制法”被命名为集团首届先进职业操作法，有效提高了我厂机组再热汽温，平均每年节约生产费用近百万元，授权发明专利10项，授权实用新型专利13项，软件著作权7项。通过打造特色团队品牌，凝聚企业技术创新、克难攻关新动力，带动身边更多的人钻研技术，切切实实解决公司、部门实际问题。

浙能工匠：黄徐。黄徐作为一线班长，技术过硬，立足岗位彰显工匠精神。在金华市继电保护技能竞赛中获得个人第二名；浙能集团继电保护员竞赛中获得个人第一名；浙江省电力行业继电保护员竞赛获得个人三等奖；电力行业职业技能竞赛（继电保护员）获得个人三等奖。曾获“电力行业优秀技能选手”“浙能工匠”“浙能集团岗位能手”、金华市“八婺金匠”、金华市“青年岗位能手”等称号。独创《黄徐双重化配置的继电保护装置快速校验》，提高了保护校验效率，获得省部属企事业先进操作法认证。其领衔的电气二班在实干中造就了一支能闯敢拼的继保队伍，班组多次被评为“六星班组”“浙能集团工人先锋号”称号，其徒弟在浙能集团继电保护员竞赛中获得个人第三名，获得“兰溪工匠”称号。

省部属企事业能工巧匠：何云飞。2014年他荣获浙江省发电企业集控值班员技能竞赛600MW等级团体第一名、个人第二名、浙能集团2013年度安康杯竞赛先进个人、公司2014年度技术技能型标兵……硕果累累的荣誉墙背后是他对技术精益求精的不懈追求和臻善。在担任运行部的仿真机培训教练期间，他根据自己的实践积累，编写了大量相应的仿真机事故处理方案，同时又亲自指导运行人员技能培训工作，共上机培训了500

余人次集控运行人员，为公司培养了一批又一批的集控运行技术骨干。

集团劳模：麻建中。2016 年浙能集团劳动模范获得者；浙能集团 2013 年、2014 年度先进工作获得者。自调入浙能兰电（筹）以来，全身心投入工程建设和生产管理工作，2014～2016 年作为全国首台超临界机组通流改造、兰电首台烟气超低排放改造工程项目的主要管理者与参与者，面对工期紧迫，建设标准高，技术难度大等现状，他勇挑重担，迎难而上，凭借丰富的生产管理经验和扎实的生产实践经验，指导和组织制定相关技术管理标准，认真审阅生产规程和重大试验的技术方案，现场指挥重大试验，跟踪分析重大运行操作，确保了机组设备改造后调试、整套启动，全部一次性成功，运行顺利。2016 年 3 月，浙能兰电启动 220 千伏改造项目，他再次前往项目改造现场，历时 4 个月，带领项目组完成了 500 千伏主变到 220 千伏主变的改造工作；2016 年 6 月，4 号机组 220 千伏改造后顺利并网发电，在提高公司发电率的同时，有效缓解了金华中西部地区的供电压力。2020 年，他建立并领办公司劳模工匠创新工作室，在麻建中的带领下，该工作室获浙能集团劳模工匠创新工作室授牌，工作室成员积极开展科技项目研究和技术攻关项目改造，提高设备的科技含量，提高了设备的安全性、可靠性、经济性，浙能兰电 4 台机组多次获全国火力发电可靠性金牌机组称号，为企业发展作出了重要贡献。

三、善美行动，成就兰电金名片

2010 年，浙能兰电号召兰电广大员工要仰望星空，永不疲倦地“梦想、理想、思想”；要脚踏实地，永不停息地“创业、创新、创造”；要勇往直前，永无止境地追求“真、善、美”。2014 年，浙能兰电开展“善美兰电”行动，积极培育和践行社会主义核心价值观，大力推进兰电企业文化的落地，通过营造“善美”氛围、提高“善美”认知、扩大“善美”外延、提升“善美”成效，保障和促进企业和谐稳定和健康可持续发展。2017 年，浙能兰电开展“行孝尚廉”为主题的年度“善美兰电”行动，进一步深化“善美”内涵，通过“善美兰电”行动，有效助力浙能“德能”文化意识，将之打造成影响企业员工工作生活方方面面的文化共识。“善美兰电”行动是浙能集团和浙能兰电推进精神文明建设和企业文化建设的重要载体，是宣贯和拓展企业文化的具体实践。

“修德为善、尚能为美”。“善美”行动的内涵丰富，关键在于践行，重点是知行合一。在“善美兰电”行动大框架下，浙能兰电利用好公司现有的志愿者团队、青年突击队、文体协会等组织载体，形成党政工团齐抓共管的良好局面，继续做好系统关爱工程、心灵港湾工作坊建设、人才强企、社企帮扶共建、“夏送清凉冬送温暖”关爱行动、重要节日慰问、志愿者活动、无偿献血、结对助学、结对帮扶贫困孤寡老人和爱心捐助等富有影响力的活动，使“善美兰电”行动更接地气，更加深入人心。

开展“善美兰电”行动是一项长期的系统工程。一直以来，浙能兰电把“善美兰电”与培育和践行社会主义核心价值观相结合，与宣贯落实企业文化核心价值理念和行为准则相结合，与深入开展文明创建活动相结合，与企业重点工作相结合，与加强和改进企业思想政治工作相结合，加强统筹协调，加强协同推进。

一直以来，浙能兰电坚持把“善美兰电”行动融入基层党组织建设中，融入企业各领域管理中，融入员工生产生活和工作学习中，努力实现全覆盖，推动“善美兰电”不断转化为员工的群体意识和自觉行动。公司将在以上实践载体中选择部分载体形成系列活动，细水长流地加以开展。各级党工团组织在以上实践载体中选择或创新拓展符合自身实际的载体，坚持每年开展若干项活动，长期不懈地推进“善美兰电”行动。

一直以来，浙能兰电在注重建立企业文化的同时，勇担社会责任，推进企业与地方的和谐共建。无偿献血、结对助学、慰问孤老、志愿者活动等活动已成兰电人的日常行为习惯，形成了共创文明、共建和谐、共促发展的企地共建新模式。

一个企业的修养，是企业的本质与内涵，是企业无形的精神财富。浙能兰电深化浙能“德能”文化和公司“三园”文化落地，不断完善“善美兰电”内涵，通过以文化人提高员工的思想意识水平，让员工的行为习惯与企业的文化保持一致，形成共同的企业价值观、社会价值观，凝心聚力助力发展。

2008 年南方雨雪冰冻灾害，恰逢春运全民大迁徙的春节前夕，浙西南地区输电线路严重覆冰、覆雪，其危害之大 50 年来从未有过。冰冻雨雪灾害使电网设施受损，一时间，城乡交通、电力、通信等遭受重创，百姓生活受到严重影响，经济损失巨大。作为近距离地区社会用电的唯一支撑电源，浙能兰电毅然肩担起抗击冰雪灾害、保电网供应的重担。四台机组连续低负荷运行 515 小时，承担直接经济损失 600 万元，灾害时期兰电成为一座“电力孤岛”。抗击雨雪冰冻灾害，是一场硬仗，最让人敬佩的是兰电人的奉献精神。为了保供电多少员工夜以继日守在一线，他们知道一旦设备出问题，将直接影响人民的财产、生命安全，带来的后果不可预估。电力，在危急关头更凸显出至关重要的作用。赶回岗位前，浙能兰电的职工们心中仍牵挂着家人，再三叮咛着妻儿冰雪天要注意安全，有很多职工的家在萧山、台州、镇海，灾害天气里将妻儿独自留在家中。很多双职工更是将小孩交托给家里的老人，他们为了“大家”不得舍弃“小家”，全员集结共抗冰雪、保卫浙西南。一场冰雪灾害，兰溪电厂闪耀出其烨烨光华，发挥出其重要的战略作用。兰电人的“善与美”也在这一刻得到充分展现。从大局出发，以社会利益为先，以人民福祉为重，牺牲企业利益保障电力的持续供应，浙能兰电为浙江省降低冰雪灾害作出巨大贡献。

浙能兰电的美，更美在“善”。十几年来，浙能兰电的“善美”行动深入到社会公益事业中，兰电每年组织职工无偿献血，截至 2023 年 12 月，累计参加无偿献血活动达 1500 人次。职工鲍伟明 24 年持之以恒，从无偿捐献全血到捐献血小板，累计献血 386 次，献血量达 164700 毫升，荣获国家无偿献血最高奖无偿献血奉献奖终身荣誉奖、“2014 年度省属企业最美员工”、2021 年被评为“浙江好人”、2023 年被授予首届“善美浙能人”荣誉称号……连续 12 年荣获浙能兰电道德风尚标兵。此外，浙能兰电主动与当地政府、学校取得联系，尽企业之所能帮助贫困群众、贫困学子，在当地学校、敬老院、贫困山区都可见兰电人的身影，兰电的职工们不仅从物资上，更从精神上给予关怀与关爱。每逢节假日，他们都会上门探望困难户，宽慰孤寡的老人、鼓励奋进的学子，像对待父母那样孝敬老人，像疼爱子女一样关爱贫困学子，十余年如一日践行“善美”。截至2023年，浙能兰电结对助学300多人，助学资金超过46万元，资助困难户资金达到100余万元，有更多的兰电职工们还个人组建结对对子，默默地践行着善美。

巍然矗立在兰江岸的兰电，续写的不仅仅是对社会的“善”更是对地方的“爱”。造福一方是浙能兰电的“初心”，多年来，浙能兰电一直将对地方的贡献作为企业目标。浙能增加脱硝、超低排放等大型环保设备，建设封闭煤场，给地方的绿水青山撑起防护伞。2011年，浙能兰电发展集中供热，帮助周边中小企业拆除小锅炉，助力政府推行绿色供热，降低小锅炉燃煤带来的污染。2018年，浙能兰电建设光伏发电项目，利用太阳能发电发展绿色能源。多年来，浙能兰电以肩挑社会责任与担当，奏响了一支兰电善与美的交响乐，彰显了国企的格局与风采，更是美丽中国善美文化的发扬与盛行。

赠人玫瑰，手留余香；践行善美，爱有芬芳。绿水青山间，蓝天白云下，作为浙江省最大的内陆绿色火力发电厂，浙能兰电从2004年建厂开始就肩负使命，为员工谋求幸福，为社会创造价值，为发展提供动力，努力建设美丽兰电。

第四章　公园建设美环境，现代企管出成效

从浙能企业文化奠基，到“三园文化”建设、“石刻文化”提气，发展到“君子兰文化”，20 年延续，不断深化浙能兰电的文化建设，树立兰电人的君子德、兰花品。在“三园文化”建设中，如果说“家园文化”在于温暖感、归属感，校园文化在于成就感、事业感，那么“公园文化”的特色，在于开放包容与生态文明，给人以透亮感、美好感。

浙能兰电一方面坚持生态发展，严守环保阵地，将环境保护作为企业社会责任的重中之重。在“绿色兰电”的建设道路上不断探索、不断前进，抓好抓实脱硝改造、烟气超低排放等一系列环保项目，并取得了显著的效果，让绿色环保成为公司一张响当当的名片，“公园文化”落地生根、蓬勃生长，开出了一朵朵生态文明之花。另一方面，以公园的开放、包容性广纳人才、广开言路、与社会各界及所在区域互动交流，在全面管理提升的大背景下，树立浙能兰电大气尚德、高科技企业的新形象，树立兰电人君子形象与温润如玉的美好，实现内强管理、外塑形象的企业文化建设目标。

第一节　厂区公园化，构建高效环保环境

浙能兰电是浙江省内陆最大的绿色燃煤火力发电厂，这里的“绿色”与“燃煤”对应，可以想见其中的科技难度、投入难度、管理难度，“最大”又展现出其规模之宏大。为了构建浙能兰电高效生态环保的绿色环

境，公司文化建设中强调了公园化建设，并全面开展7S管理，兰电人埋首耕耘、创新实干，实现生产现场及办公环境明显改善、办公效率大幅提升、设备健康水平显著提高、员工素养及精神面貌的持续提升。将7S理念融入企业管理，实现了开放包容，迈上了企业治理的新车道，推动了企业高速度转型、高质量发展，浙能兰电焕发出勃勃生机，20年努力，为浙能集团打造“重要窗口”贡献出兰电样本和经验。

一、强开放感，绿色元素环境美

浙能兰电以建设管理精良、充满活力的一流现代化发电企业为目标，从以人为本、以心为仁角度，将浙能兰电的企业精神、企业价值观、企业发展核心理念、企业文化核心理念、企业文明生产核心理念等融入文化强企中，将兰电文化内化于心、外化于行、固化于制，为企业转型升级、为行业面貌更新发挥出独特的作用。公园文化建设，把浙能兰电的环境美、兰电人的心灵美尽情展现。当兰电人走向社区、走向“献爱心、送温暖”活动现场的时候，人们感受到了浙能兰电的朝气蓬勃、体会到了浙能兰电的兰花品质；当兰电人走在抗灾救灾、抗疫战疫第一线的时候，人们看到了兰电人为国为民的身姿在逆行中闪耀。社会各界也在兰电高塔的缕缕“白烟”中和巨大的“冷却水塔”的大字中，感受到浙能兰电的开放与包容，感受到浙能兰电的绿色元素与生态保护。

作为一家火力发电企业，科技引领是其中应有之义。兰电人认为：“科学发展需要文化的积极引领，文化繁荣发展是深入贯彻落实科学发展观看基本要求。人文精神的培育，优秀文化的滋养，崇高情操的陶冶，是实现人与社会、人与自然、人与人之间和谐的必由之路。实现全面协调可持续的科学发展，需要文化更大的进步，需要文化更直接而强烈的引领。文化不仅是发展的手段，更是发展的目的。”① 把文化提高到这样的程度，

① 黄祖平、范莉等：《“三园”文化理念对推进发电企业科学发展的实践探索》，公司文集《躬行始成》第6页。

说明浙能兰电早在多年前就在践行着“文化自信”，就努力阔步走在“文化强企”之路上。这才有公园文化的步步实施、思想开放的步步推进、生态绿色的步步落实。

公园文化与家园文化、校园文化一起在公司初期的《公司五年发展规划》、与2009～2011年、2012～2014年两个《企业文化三年规划》中予以明确，通过企业管理，落实在公司各种行为标准中、各类主题活动中，成为员工的行为规范。并且利用公司的经营特色，设计出“兰兰”“能能”两个吉祥物，广泛应用于浙能兰电可视的一切物品上面，让兰电公园展现出兰电人、兰电文化的独特风貌，并且与“石刻文化”相结合，构建出“兰电公园”之美。

兰电文化课题组的研究中，对兰电公园的建设作了这样的阐述：“‘公园’寓意要构建与社会资源共享、文化互通的兰电，体现兰电作为国有企业勇担经济、政治、和社会三大责任的表率。包含二层意义：一是企业抓好绿色环保，节能降耗工作；二是企业外部要充分利用自身资源促进地方经济发展，构建和谐社会。”① 为此，为充分展现浙能兰电公园文化的开放性特性，公司在脱硫、除尘、抑尘、降尘、降噪等电厂生态环保方面，加大投入履行力度、花大力气维护，为地方的青山绿水、碧空蓝天撑起一把防护伞。不仅仅内部如此，还主动为地方节能减排、优化投资环境、推动地方经济发展作出贡献，既实现了企地和谐，也让兰电科技得到更广泛的应用。

浙能兰电在厂区植被、景观的优化、美化方面，同样是不遗余力，长廊文化、走廊文化与公司环境融为一体。2022年12月22日，浙能兰电行政楼4楼党群办公室飞进来一只红头穗鹛，体长约12厘米，通体呈橄榄翠绿色，最明显的特征是头顶为棕红色，像戴着一顶“小红帽”。红头穗鹛是国家保护动物，被列入《世界自然保护联盟濒危物种红色目录》，同时也是中国民间相传的“吉祥鸟”，通常营巢于茂密的灌丛、竹丛、草丛

① 黄祖平、范莉等：《“三园”文化理念对推进发电企业科学发展的实践探索》，公司文集《躬行始成》第10页。

和堆放的柴捆上，对周围生态环境的要求较高。如图 4－1 所示。

图 4－1　不经意飞进浙能兰电厂区的红头穗鹛

这只小鸟对浙能兰电的青睐，充分说明了公园化兰电厂区的环保水平之高、生态空气之好，证明了浙能兰电积极践行“绿水青山就是金山银山”的理念。

总结起来，浙能兰电不断致力于绿色环保发展，坚定践行“双山理念”、坚持“走能源清洁化道路”。投资近 10 亿元先后完成四台机组的烟气超低排放改造工作，改造后比天然气燃烧还清洁，这的的确确为金华兰溪地方的生态环保作出了贡献。

此外，浙能兰电还完成了三座煤棚煤场的封闭改造。这是浙能集团按照国务院“打赢蓝天保卫战三年行动计划”及“浙江省 2017 年大气污染防治实施计划”开展的粉尘治理重大技术改造项目，也是自觉担当起建设“重要窗口”国资国企新使命的重要实践之一。这一系列的生态环保行为，走出了一条健康发展的中国式现代化企业科技发展之路。不仅如此，全国首个煤电二氧化碳捕集与矿化利用全流程耦合示范项目也在兰电顺利投产。也就是说，浙能兰电的公园文化、浙能兰电的生态环保并不是到了终点，而只是完成了一个阶段，新的环保任务、新的文化建设正在进行中，浙能兰电的水、浙能兰电的土、浙能兰电的空气、浙能兰电的环境，能够让兰花开遍，能够让君子兰香飘金华大地、浙西南大地。

“栽好梧桐树，自有凤凰来”，吉祥鸟红头穗鹏的飞来不是偶然。接下来，浙能兰电将继续全面深入宣贯党的二十大精神，继续深耕绿色环保发展，抢占双碳“快车道”，争当绿色发展“排头兵”，奋楫争先奏响企业高质量转型升级发展的时代强音。

二、强幸福感，基础设施品质优

公园文化建设，自然要把浙能兰电厂区建设成具有公园基本要素的环境。浙能兰电在提供员工幸福感方面竭尽全力，基础设施也努力达到最佳。主要包括绿地、水系、道路、景观、娱乐和活动场地，当然还需要有优秀的管理。

正是因为浙能兰电优秀的企业文化管理、人文管理是组织行为管理，才有了浙能兰电优秀的公园文化管理。绿地是公园的基本要素，包括草地、花坛、树林等，兰电公园绿地的设计，注重了景观效果和生态功能，为兰电员工提供舒适的休闲空间。道路的设计也考虑到兰电人的便捷和安全通行。而在景观设施方面，包括了自然景观与人文景观，小树林、小河道、石刻、亭子、喷泉、公共座椅、文化长廊，各种花卉等，一应俱全。自然景观为兰电公园提供了美丽的景致和生态环境，人文景观为兰电公园提供了历史、文化和社会价值。

活动区域与娱乐设施，也符合企业公园的需求，运动场、休闲区，图书室、休闲室、心理解压室等，满足了不同员工的需求。常规的公共设施如道路、桥梁、亭子、椅子、桌子、灯光、卫生设施等，都有专人维护有专业的管理和服务人员，负责维护公园的秩序和环境卫生，为员工提供服务，确保公园的安全。如图 4－2 所示。

优秀的公园，一定有水系环绕，浙能兰电这家企业公园，同样不可或缺水资源。水体水系的设计，注重了与周围环境的融合，为休闲员工提供视觉和听觉的愉悦。其实，在兰电公园，通常有“水、汽、煤、油”四大体系，其中的水系统，通常是最先被提起的“开路者”要素。水是生命之源、生产之要、生态之基。浙能兰电践行绿色发展，以水定需、量水而

图 4－2　绿树如荫花草芬芳的厂区一角

行、因水制宜，大力推进节水减排工作，并取得阶段性成果。

按照“五水共治”的要求，兰电全员众志成城，坚持严格水资源管理，不断升级治水、排水流程工艺，科学优化水分类、水回收方法，把“节水治水”深度融入公司的建设发展中，多措并举，助推浙能兰电的绿色发展进程。

兰电是工业用水大户，目前发电综合水耗大约是 2 千克每千瓦时，用水量和排水量都不容轻视。然而在 2012 年前后，兰电的发电综合水耗还是 2.4 千克每千瓦时左右，因此，如何进行水资源的科学管理，实现节水减排，一直是兰电孜孜探求的绿色发展方向。兰电在节水策略和水污染治理实行多举措并行，协同发挥科学效益。

其一，水质分类，废水回用。根据排水水质情况进行分类、分段回收，更新工艺，提高污水回用的处理和利用效率。包括对原制水系统、精处理系统的废水混排模式，改造为高、低盐废水分类收集回用，可回收低盐废水 86 立方米每小时，约占制水系统、精处理系统废水的 97%。完成了对生活污水、含油废水、含煤废水处理系统的改造，分类处理后的水作为冷却水塔补水、用于煤水自循环、煤场冲洗等。

其二，一水多用，减少外排。在制水过程中，反渗透浓水的水量约为 22 立方米每小时，分别可用作循环水冷却水补水、煤场喷淋、废水池稀释用水和多介质过滤器反洗水，“一水四用”，真正做到物尽其用。实施净水站排泥水处理系统改造，将澄清池排污的泥和水进行分离，将水完全进行回用，没有外排。在捞渣机壳体内安装内置式渣水冷却器，实现热量平衡和零溢流，改造后的渣水系统可节水 38.5 立方米每小时。循环冷却水底排水是外排量最大的水，占全厂外排水量的 86.6%，循环水高浓缩倍运行是节水的关键，浙能兰电在确保系统安全的前提下，同时于 2016 年 5 月至 8 月进行了循环水新型药剂试验，探索循环水高浓缩倍率运行的可行性，试验期间浓缩倍率达到了 14 倍以上，循环水底排量就从每台机 300 吨每小时，下降至每台机 75 吨以下每小时，而且脱硫系统工艺用水全部取自循环冷却水底排水，为零排放工程提供了重要依据。

其三，加强管理，细化控制。强化“尊法学法守法用法，治水管水兴水护水”的水资源意识，早已渗入兰电人的日常学习和生产工作中。每个员工都严格执行相应岗位上的水资源管理工作，从细化控制冷却水开度做好防寒防冻，到每日 24 小时在线监测总排口水质，从全面排查消防水管路漏点到地下水、工业水直埋管路系统的改造，严格把关水系统管路、设备的检修工艺，加强“跑冒滴漏”的巡视检查，定期维护水质计量装置，全面记录水资源监测数据，真正做到了全员共同行动。

正是这样良好公园文化，优秀的基础设施，让兰电人工作在其间幸福满满。

三、强获得感，舒适环境效率高

公园文化建设也好，其他文化建设也好，凡是企业的文化建设，都不可能是孤立的。尤其像浙能兰电这样的内陆火力发电厂，又地处三江五溪汇聚的金华兰溪市，企地联动是一种方式，加强企业管理，保障员工工作环境的舒适、促进员工高效率完成工作，可以提升员工的成就感、获得感。这种获得感，使员工在工作做出了成绩，获得了效益。

这里仅举一例：浙能兰电在7S管理中如何解决设备设施老化问题，工作在其中的兰电员工又在其中起着什么样的作用。2017年公司领导班子统一思想，推行7S样板区打造，2019年自浙能集团吹响全面实施7S管理冲锋号以来，公司党委秉承企业“优化、美化、文化”的文明生产核心理念，以“三地一窗口”政治高度，全面部署落实解决企业迈入稳定发展期设备设施趋向老化的现实问题。在原有7S示范区创建的基础上，浙能兰电开创性提出在7S管理中引入党建责任区“网格化”管理理念，率先推行7S网格化管理工作，企业内实现了工作区域全覆盖、设备设施全覆盖、参与人员全覆盖。

于是，《全面推进7S管理工作方案》《7S管理工作手册》《7S管理考核奖惩方案》等7大办法汇编发布。2020年131个网格区全部完成责任落实，实现跨部门、多班组、各专业协同联动，首批19个示范点和28个网格区全部验收通过，各创建区年度目标完成率100%。其中，现场设备整治是发电企业7S管理最核心的内容，是7S管理的灵魂所在。

作为一家连续7年8台次获得全国金牌机组、连续8年获得浙江省统调发电厂运行考核优秀的企业，浙能兰电有一批技术过硬、认真负责的员工队伍，他们能够通过7S管理全面打造安全、文明、舒适的生产作业环境，继续保持安全生产上的优势。如图4－3所示。

在水平烟道，工匠冯珑以漏粉轨迹和气味“逆”藤摸瓜，在不剥除隔热层的基础上成功定位漏粉点；在磨煤机，锅炉班利用橡胶密封的新技术消除漏粉“脏”源；在集控室，运行职工分包协作，20000余个标识牌精准定位，在化试班，2000多个实验器具及其操作完成目视化管理，汽机班自制汽泵前置泵轴承冷却器，高温工况下降低轴承温度15℃；环保班实现输灰空压机系统冷却水二次利用，每年节水66万吨；燃料部机务班在给料机加装清扫器消除封板漏煤。通过设备整治专项行动极大地提升了设备可靠性，规范了设备检修管理，完善了安全警示标识，实现了生产

图 4-3　员工攻关与 7S 管理现场

现场整洁明亮、区域划分清晰合理、设备运行稳定的目标。

创新创效是企业 7S 管理追求的终极目标，是不断驱动企业治理能力提升的内在动力。善于创新、勇于突破，兰电人让脑海里的想法成为了现实。管式 GGH 热媒水泵轴承箱加装轴承箱防水装置，轴承使用寿命提高 50%；为防止磨煤机快关门出口开关卡涩设计的新型振打器，每次工作较原来提高工作效率节省 2 小时；自制“蒸汽管道保温结构”，极大提高四大管道安全，运行部张同喜创建的“张同喜 SCR 入口烟气 NOx 控制法”，有效降低燃煤机组 NOx 生成量，李敏的“李敏 66 万千瓦燃煤机组全负荷脱硝操作法”，解决了机组启、停阶段无法投运脱硝系统的难题；维护部锅炉班员发明了“挥大锤技能练习机”使员工技能培训方便高效，各具特色的创新成果如雨后春笋应运而生。2020 年 6 月 13 日，浙能集团首台机组 DCS 国产化改造项目在浙能兰电落成，成为兰电创新之路上又一块里程碑。

思深方益远，聚心方有神。很显然，在优秀员工们的努力付出中，7S 网格聚力，企业治理“耕”新，7S 管理让兰电这颗明珠在婺江之畔不断绽放出璀璨的光芒——浙江省电力行业中首家通过“5A 级标准化良好行为企业”确认；全国企业文化优秀成果一等奖；截至 2020 年 9 月，在浙能集团 2020 年度的“争先创优”竞赛中公司获生产经营类企业“优 +”2 次、“优”1 次；创建集团六星班组 6 个，5 星班组 5 个，四星班组 6 个，四星级以上班组占比 63%；培育集团二级人才 1 人，三级人才 3 人；四五级人才 11 人，占电力股份四五级人才的 18%；生产经营业绩持续向好——公园文化在其中起着助推的作用。

以 7S 责任网格为蓝图的攻坚战还在继续，员工的努力、技术人员的攻关也还在继续。浙能兰电将继续握稳企业发展的舵盘、把准安全发展的航向、齐力划桨，乘着“7S 管理”提升热浪，向着把兰电建设成为一流的现代化发电企业砥砺前行。让兰电人有更高的获得感，让兰电职工工作在更舒适的公园化环境中，创造更高更好的价值。

第二节　企地和谐化，创建三色企业文化

一项项的环保工程建设，一次次的环保成效取得，在公园文化建设的同时，浙能兰电展现了企业全面管理提升一次次的突破，展示了一个现代化一流发电企业应有的社会责任感。浙能兰电以人为本，构建出三色同心圆，黄色送光明、绿色优环境、红色献爱心，并与企业文化的内核相关联，弘扬浙能企业愿景、企业使命和企业精神。

浙能兰电文集《躬行始成》有一篇黄祖平、范莉等组成的课题组写的论文《“三园”文化理念对推进发电企业科学发展的实践探索》，定义“公园文化”时，提出企业三大责任统一，实现企地同心和谐发展：黄色“同心圆”，以输电线路为半径，送光明；绿色“同心圆”，以节能环保为半径，优环境；红色“同心圆”，以无限真情为半径，献爱心。

一、黄色同心，企业愿景送光明

浙能兰电的企业愿景：把公司建设成为一流的现代化发电企业。实现这一愿景，最重要的就是保障电力生产和供应，也就是抓安全、抓制度、

抓管理、抓技术。

其一，抓安全。一直以来，浙能兰电以安全管理为抓手，以技术提升为途径，以精益求精为保障，全面推进可靠性管理工作。在可靠运行的保障下，浙能兰电还在省能源局 2017 年度统调电厂运行考核中连续六年获得优秀，总计奖励 600 发电小时，赢得利润约 1.5 亿元。同时，浙能兰电也是当时浙能集团内唯一一家连续六年在省统调电厂年度运行考评中被评为优秀的发电厂。

骐骥千里，非一日之功。荣誉的背后是兰电人十余年来敢于突破、攻坚克难的豪情与汗水，是兰电人殚精竭虑、精细管理的收获与成果。

企业的一切发展源于安全，始于安全。安全是运行可靠性的首要保障，在安全生产的大环境下，设备运行才能更稳定、更可靠。浙能兰电安全生产工作"扎根"在兰电建设之初，"成长"于兰电发展之时。在十余年的发展中，浙能兰电的"安全生产"如一根接力棒，在一任又一任的管理人员中"传递"，在传承发展、在发展中升华，立足构建"大安全"格局，公司安全工作始终一步一个脚印稳步前行。

"开通安全通报栏，曝光违章行为。安全管理上也要让大家红红脸、出出汗。"在安全生产会议上，浙能兰电提出对现场违章及安全隐患进行曝光，鼓励公司所有职工开展自我曝光和相互曝光，充分发挥"人人都是安全员"的作用，不断加大安全监督的力度和广度。同时，浙能兰电编制并签订安全生产责任书，做到浙能兰电全员签订、全员落实责任。

其二，抓制度。没有规矩，不成方圆。制度是行为规范、是管理准则，是安全管理的基础与保障。"每一条制度，我们都细究核查，结合工作实际，不断完善修正。"完善安全管理制度是推进安全标准化建设的内容之一，多年来浙能兰电还形成了"责任、执行、执著"的安全核心理念。反违章检查、安全教育培训、应急预案演练等常规行动持续推行，一系列安全管理创新举措有序开展。以问题为导向，浙能兰电推出和深化"追溯机制"，以求得问题背后的真解，达到控制和消除各类隐患的发生；针对外包项目管理难题，推出对外包单位进行安全业绩评估，强化企业外包管理、有效地降低安全风险。

在构建“大安全”格局下，浙能兰电安健环部加强与纪检监察机构的联动合作，推进安全绩效审计，切实把廉政建设有机融入生产安全工作之中，充分发挥安全保障作用。

其三，抓技术。刀不磨不利，兵不练不精。不断取得技术突破，铸就可靠运行的技术之“盾”，增强企业发展的内生动力，是浙能兰电一直以来孜孜不倦追求的目标。

（1）在可靠性管理中，浙能兰电将技术攻关作为首要任务，组建“攻关团队”，制订攻关计划，并对优秀攻关项目进行评比奖励，不断激励企业技术创新与进步。浙能兰电 3 号机增效扩容改造，是全国首台 60 万兆瓦燃煤超临界增效扩容改造机组，浙能兰电敢于第一个“吃螃蟹”，一方面得益于兰电人勇于挑战的精神，另一方面得益于对技术技能的积累与自信。在汽轮机的通流改造中，高中压内缸内外壁温差大是改造需攻克的一大难题。浙能兰电与供货商阿尔斯通反复研讨，最终针对不同部位提出了三种优化方式，使内外壁温差控制在 30℃ 以内。此次技术改进，还在集团同类机组中得到广泛推广，解决了同类机组存在的类似问题。

（2）多年来一系列技术攻关项目相继开展，兰电人以敢为人先、敢于创新的精神推进技术改进，铸就了机组可靠性运行的技术之“盾”。为挖掘燃煤机组调峰潜力，全面提高系统调峰和新能源消纳能力，提升火电运行灵活性是大势所趋。浙能兰电成立灵活性改造工作小组，对设备进行数据分析，对灵活性改造进行技术研究，制订改造方案，评估机组灵活性运行的各项参数。通过一次次的试验，记录下每一项数据，探索机组灵活性运行的可行性。为进一步提升机组运行效率，浙能兰电将运行小指标竞赛作为重点工作抓，以赛促学提升操作员操作水平，通过提高循环效率提升节能水平，实现提质增效。

（3）木桶定律认为一只水桶能装多少水取决于它最短的那块木板。浙能兰电吸取木桶效应理论经验，集中精力抓不足、补短板，在全面推进生产工作的同时，重点抓薄弱环节，构筑防护网，保障设备的安全、可靠、稳定运行。发电机组非计划停运次数，是发电企业安全生产可靠性指标中重要的组成部分。浙能兰电制定《降低机组非计划停运行动实施细则》，成立以总经理为组长的“降非停”领导小组，精心策划机组降非停工作的实施计划，全面领导和协调降低机组非计划停运行动工作，努力实现“零非停”。浙能兰电以制度为导向，加强隐患排查，强化技术管理、运行管理、消缺管理，从根源上落实“降非停”工作。

浙能兰电还建立以业绩为导向的管理创新机制，在安健环责任书中增加“降非停”奖励条款，加强对“降非停”方案实施成效进行督查。锅炉“四管”及承压部件泄漏管理、煤质管控及锅炉燃烧管理、防止保护误动、防止人员误操作，是机组“降非停”的四大举措。其中锅炉“四管”及承压部件泄漏管理是机组运行可靠性的一大难点、关键点，也是“降非停”工作的重要内容之一。根据数据统计，锅炉“四管”泄漏占机组非停比例最高，“抓牢锅炉‘四管’泄漏这一风险点，至关重要。”本着“逢停必查”的原则，浙能兰电将这一风险点作为重中之重，并组织防磨防爆小组，要求部门专工与委托检验单位一起对锅炉进行检查，结合工作经验、设备运行情况、典型案例，对受热面管子是否有磨损、腐蚀、氧化、鼓包等等缺陷进行排查，凭借专业的技术水平将隐患扼杀在萌芽中。

每当假期来临，一幅幅繁忙工作的景象、一张张不畏辛劳的面孔，在浙能兰电随处可见——集控室里，运行操作员一丝不苟认真监盘，不断翻看电脑中的数据、曲线，不错过任何一个报警；巡检员们仔细排查就地的异常情况，不放过一丝细节；检修现场，维护检修员工们，手握工具，在高温闷热的工作现场挥汗如雨，细致检修。劳动创造未来、汗水浇铸梦想，兰电劳动者们在巡检路上、在集控室内、在检修现场，他们总是冲在第一线，以劳动者的姿态守护着机组安全，以奋斗者的身影诠释着生命的意义，做好每一件小事、完成每一项任务、履行每一项职责，为守护万家灯火贡献着自己的力量。

幸福不会从天而降，美好生活都需要靠劳动来创造。致敬兰电劳动者，运行人通宵达旦，维护人日夜奔忙，燃料人不舍昼夜，为的是机组的稳定运行，为的是确保一方光明，为的是广大民众的幸福。这片土地上可爱的兰电人们，在平凡的岗位上，靠着自己的双手和一滴滴汗水创造着全社会的幸福生活，默默地抒写着他们鲜为人知的故事，而我们每一个人的生活也因为这些劳动者的辛勤劳动变得越来越美丽、富裕、幸福。

公园文化，不是狭义的“公园”，而文化建设的公共园区，为社会送光明的金黄园区。

二、绿色同心，企业使命展前景

浙能兰电的企业使命：为员工谋求幸福、为社会创造价值，为发展提供动力。这是一个宏大的使命，要达成之，就要考虑方方面面，而其中的重要工作，就是去污染、活生态，让兰电职工工作在无污染的绿色环境中，让地方区域保留着蓝天白云、青山绿水，岂不是以保证电力供应、为社会发展提供不竭的电力。

兰电脱硝工程总投资约 4.28 亿元，于 2012 年 4 月 17 日开工建设，建设过程中克服了工期紧、交叉作业、组装场狭窄、设备交货不及时等困难，在保证工程安全施工的情况下，企业上下勠力同心，抓安全、抓进度、抓精度，统筹布局，全面安排，积极、高效开展 4 台机组脱硝改造工作。2012 年 11 月 27 日，首台 4 号机组脱硝改造完成。2013 年 4 月 26 日，2 号机组脱硝改造完成。2013 年 11 月 22 日，1 号机组脱硝改造完成。脱硝系统可用率可达 98% 以上，减排效益明显。

2014 年 6 月 18 日，浙能兰电 3 号机组脱硝系统顺利通过 168 小时试运行。至此，历时两年的脱硝改造工作全面竣工。公司脱硫旁路挡板拆除工作在脱硝改造期间同步进行。为此，浙能兰电各专业进行了相关辅助设备的改造，保证机组及脱硫系统安全稳定运行。

脱硝改造之后，浙能兰电超低排放项目紧密跟进，作为省内最大的内陆电厂又在绿色环保建设上再添新翼。2014 年 9 月 12 日，公司 4 号机组超低排放项目正式开工；11 月 23 日，1 号机组烟气超低排放改造项目第一根钻孔灌注桩开打；12 月 20 日，4 号机组超低排放改造工程第一根钢结构立柱开吊。投资 8 亿元资金，在 2016 年底前实现 4 台机组全部改造。改造后，实现二氧化硫不高于 35 毫克每标方，氮氧化物不高于 50 毫克每标方，烟尘不高于5毫克每标方，污染物排放浓度一降再降，特别是PM2.5排放趋近于零。

此外，浙能兰电积极按照省政府提出“五水共治”的部署和浙能集团的要求，开展节水、废水处理及回用技术研究，在现有废水处理设施的基础上，对多个设备进行改造，引进先进工艺，增加废水处理量，全面降低发电水耗，极大地节省了水资源。兰电废水达标排放工程将对机械搅拌澄清池排污水、含油废水、渣煤水等多个项目进行改造，进一步减少废水中的污染物含量，为地方的绿水青山撑起一把保护伞。

2014年，浙能兰电加强已有环保设施的运行、维护和检修工作，以确保环保设备运行可靠、数据准确，不断提高设备投运率和运行效率，确保各类污染物达标排放。

在此基础上，浙能兰电进一步重视环保监督、检查力度，加大环保事故事件考核力度，实行环保问题“零容忍”。浙能兰电积极向社会公开企业环保建设情况，让老百姓了解浙能兰电的环保运行情况，使企业环保建设工作透明化、公开化，各项权利和义务均在“阳光”下运行。企业主要污染物排放数据除送至各环保局接受政府部门的实时监督外，为了消除群众对“冷却塔是烟囱”的误解，浙能兰电花大精力在4个高耸的冷却水塔上写上了名字。企业在绿色环保设施建设及宣传上的精力投入从没有停止。

作为一家国有发电企业，将污染物控制到最低，打造绿色电厂，是浙能兰电一直以来追求的目标。“抓早抓好抓细环保工作。”浙能兰电在公司大大小小的会议上都强调要始终坚持生态发展，把环境保护放在首位。如图4-4所示，青青嫩草满园春，兰电厂区白鹭飞。

建厂以来，浙能兰电公司环保工作多次受政府领导肯定，在省级以上的多次环保检查中，次次得到专家的好评。2014年，浙能兰电被国家环保部确立为全国16家环境保护跟踪评价及分级管理工作试点电厂之一，并被评为环境保护跟踪评价及分级管理工作甲级单位。

公园文化，作为一种企业文化，是面向各领域、各层次的，也是有使命在身的。

图 4－4　厂区草地白鹭嬉

三、红色同心，企业精神得民心

浙能兰电的企业精神：让事业精彩，让生命闪光。精彩的事业是发展电力事业，闪光的生命是电力人的生命，无论是企业还是员工，都需要精彩、都需要闪光，两者是相通的、相同的、相关联的。如此，才能得到兰电人的认同、得到社会各界的认同，得到党和国家的认同。所以，浙能兰电在保障主业、保证火力发电与电网供电的同时，进一步拓展业务。

在浙能集团“四业”发展的统领下，浙能兰电力求转型升级保质保量，主动按下执行力的“快进键”建设光伏项目，并于 2018 年 5 月 30 日实现项目并网发电，赶在国家发展改革委发文降低 0.05 元光伏补贴电价前完成预期目标，争取了政策优势，“赢”得年利润近 20 万元。

2016 年 6 月 27 日，浙能兰电光伏项目启动会正式召开，一招开拓外延发展“先手棋”，抢占了非水可再生能源业务市场开拓的先机。光伏项目萌芽初始，浙能兰电就定下了“高质量、高效率”的总基调，立刻成立光伏发电项目工程组织机构，专门设立领导工作小组，工作小组以下设立项目实施组、安全文明生产督导组、技经物资组和生产准备组，多线程并行出击，抓牢政策方向、抓紧调研力度，多次实地考察各线路，克服了系统接线方式、线路输送能力、保护配置和通信通道等多项难题，解决了出线、光纤等配套工程，并顺利通过了浙能集团审查和国网浙江兰溪市供电公司审核，为项目落地铺平前路。

工作日、节假日，浙能兰电领导带领工作小组忙碌在调研前线，加强学习光伏相关政策，密切联系政府，足迹遍布兰溪市发改局组织建设局、经信局、环保局、水利局、供电局、灵洞乡政府，为项目争取机会、创造优势。2016 年 12 月 21 日，兰电光伏发电项目正式通过兰溪市发改局审批，并取得项目备案。该项目分厂内与灰库两个子项目，灰库光伏项目、厂内光伏项目总装机容量分别为 1. 973 兆瓦和 1. 752 兆瓦。

正是兰电人审时度势、理顺地方能源需求“大动脉”，发挥先人一步的执行力做好项目前期工作、政策准备，让光伏项目一路绿灯，成功搭上了国家发展政策的快车，为项目主体的建设抢先机、起好步、探好路。

2018 年 4 月 10 日，浙能兰电光伏项目正式进入主设备的安装调试期。短短 35 天，要完成 2 个光伏子项目、3 个地块、13119 块光伏组件的安装，兰电人勠力同心主攻要塞，拿出了“冲激流”“过险滩”的坚定执行力，让项目进度条顺畅无阻。

2018 年 4 月 28 日，一批光伏项目的主设备到货，运载卡车长达 15 米。要进入地处山谷的兰电灰库，必经乡间小路的狭窄和崎岖，这让老成的司机师傅木讷汗颜：“这个恐怕开不进。”如果大型卡车无法进入，势必直接影响安装进度。专工夏志凌得知消息，第一时间赶赴运载卡车的停靠点，熟悉路况的他大胆排除众疑，为司机规划出一条明确的路线，并全程护驾“人肉导航”，跳过午饭从上午干到下午，历经 2 个多小时，终于以最快的速度将一大车的主设备顺利运抵灰库，保证了工期不致延误。

“一山放过一山拦”，纵使困难重重，浙能兰电光伏项目也保持“快一步”的稳定加速度。5 月伊始，兰溪市迎来一波极端的高温天气，正午最高气温达 36 摄氏度，而兰电光伏项目进入项目安装调试工作量的高峰期。为了避开正午的高温工况，同时保证进度，光伏项目的专工组——6人中4个是党员和1个党员发展对象，被大家形象地称为“光伏党小组”，和所有施工人员披星戴月、早出晚归，开启“5+2”“白加黑”的工作模式，从电缆接地沟开挖到支架组合固定、从光伏组件安装到电气设备调试，在主战场逐个攻破关键任务，最终提前计划2天完成了安装调试，为项目并网发电的最终胜利再赢“金筹码”。

2018年5月15日，浙能兰电迎来灰库光伏项目建设的“期终考试”——兰溪供电局验收项目。朝阳初升东方微白，工作人员早早地奔赴现场，项目负责人王林刚紧锣密鼓，安排人员、部署设备清查、准备工程验收报告等事项。烈日暴晒下、汗水流淌中是兰电人忙碌的身影，短短一上午，并网前的申请材料和准备工作一应俱全，浙能兰电光伏项目一次性成功通过兰溪供电局验收。刚刚通过验收，当天下午光伏项目工作组就马不停蹄，立刻投入并网发电的紧张准备中。然而却遇到了意外小插曲。

第一次并网发电时，一个二次侧设备无法进行远方控制，并网被迫中断了，而此时已临近下午4点。光伏项目必须抢在落日前并网发电，同阳光竞速，同时间赛跑，同进度较真。公司副总经理、总工程师亲自上阵，火速会同工作组指导故障排查工作。临危不乱、争分夺秒，终于追查到了真凶——后台系统逻辑故障，并成功完成抢修。“注意电流参数，合闸、并网。”5月15日18时10分，这场和光竞速的争夺战，随着兰电光伏项目地向电网输送出第一度电而宣告浙能兰电执行力的大捷。

5月30日，浙能兰电厂内光伏项目成功并网发电，至此，两个光伏子项目圆满落地，兰电人凭着“千磨万击还坚劲”“咬定青山不放松”的执行力实现了从“无”到“有”，从“零”到“一”的突破。

“道虽迩，不行者则不至；路漫漫，有恒者事竟成。”面对“转型升级”的攻坚战，坚信“执行力就是效益”的兰电人不仅谋求企业发展，而且力争“又好又快”发展，不断寻求新项目、新增长的机遇，为企业提升竞争力、为发展提供动能、为转型提高战斗力。

公园文化之美，美在让事业精彩，让生命闪光。

第三节　企管人性化，提升公司整体形象

“文”和“化”的不断深化、不断结合、不断实践，正是由于全员的主动参与。比如领导者要有高瞻远瞩的思想，讲话做事中要体现企业文化的精神实质；普通职工要有按规则办事的意识，同时还要将创新的思维带入现有的工作，实现新的突破。

一、空间合理，社会资源得共享

作为构建资源共享、文化互通、企地共荣的景点式工厂，浙能兰电首先抓好绿色环保、节能降耗工作；其次充分利用自身资源促进地方经济发展，构建和谐社会。对厂区植被、景观进行优化、美化，让员工在公园式的厂区中身心愉悦地工作、学习；加强环保设施的建设和维护，坚定地为地方的碧水蓝天撑起一把防护伞。积极与地方政府联手开展集中供热改造，为地方节能减排排忧解难，并优化地方招商引资大环境，推动地方经济发展；通过组织共建，搭建企地党组织发挥作用新平台；通过文化联姻，营造企地合作发展的良好环境，共谋发展，共享资源，促进地方经济发展，推动和谐社会建设。

作为省内最大的内陆火力发电厂，在整个建设发展的过程中，始终坚持绿色环保理念，环保设施投资近30亿元，郁郁葱葱的花园式厂区，穿梭在厂区的“绿色公交”电瓶车，隐藏在绿树红花中的生态停车场等无不体现着“绿色兰电”的魅力。同时，充分利用自身资源开展集中供热及志愿者活动等，促进地方经济、社会和谐发展。

浙能兰电毗邻金华江及灵洞乡政府，在整个建设、发展的过程中，始终坚持绿色环保理念，打造了一个高效、环保、节能的一流发电企业。

浙能兰电以建设“绿色兰电”为目标，基建时期建设了脱硫、电除尘、冷却塔消声导流片、煤场挡风抑尘墙等环保设施。通过精心维护及优化改造，各设施投运率及效率均优于同业水平，环保数据全部输送至地方

环保部门接受实时监控。浙能兰电使用的低低温电除尘器，效率达99.91%，湿式电除尘器效率85%；采用石灰石—石膏湿法脱硫，效率达98.1%以上，并使烟气中的含尘量进一步降低；在煤场周围建造的长709米、高14米的挡风抑尘墙，与水喷设施结合使用，可有效地防止煤尘飞扬，保护员工和厂区周围居民的身心健康。此后，浙能兰电又将煤场改为了封闭煤场。

值得一提的是，被外界误认为是高耸矗立的“烟囱”的冷却水塔，是内陆电厂冷却水闭式循环的标志性建筑，使废水处理实现了“一水多用，污水回用，循环利用”。为避免高180米的循环水冷却塔淋水噪声可能对附近居民夜间休息造成的影响，浙能兰电在国内同类型机组的冷却水塔中首家采用了消声导流片新技术，安装了高12米、总长453米的消声导流片，其最近的厂界敏感点噪声达到≤55分贝的国家标准，大大降低对周边居民的影响。

2011年，浙能兰电投资1.1亿元进行供热改造，相比分散式小锅炉，集中供热每年可节省约13万吨标准煤消耗，大大减少小锅炉供热的污染物排放，对兰溪市节能降耗、环境保护起了显著性的推动作用。

2012年，在保证各类污染物达标排放的基础上，浙能兰电再投入4.28亿元启动脱硝改造项目，首台机组脱硝设施于当年11月27日投用。截至2014年6月18日，浙能兰电4台机组全部完成脱硝改造并顺利投运，提前达到国家“十二五”期间氮氧化物排放要求，产生的经济、社会及环境效益十分明显。

浙能兰电环保设备运行可靠，数据准确，2013年接受国家环保局督查组5次飞行检查，均未发现环保问题，相关工作受到肯定和好评。如图4-5所示，兰电厂区青草如茵，一派和谐。

浙能兰电十分重视节能减排工作，也深深感触到“绿水青山就是金山银山”。浙能兰电不断依靠技术进步和科技创新，围绕节能减排加大技改资金投入，努力实现企业效益与社会责任的双赢。浙能兰电实施了3号机增效扩容改造工程，可实现改造机组供电煤耗降低6克每千瓦时以上，每年可节省原煤约12万吨。

图 4－5　浙能兰电和谐厂区一角

多年来，浙能兰电的绿色环保、节能降耗等工作受到了地方百姓及管理部门的肯定，荣获了“浙江省绿色企业”称号。如今，“绿色”兰电理念正在影响着越来越多的人，引领更多的企业和个人加入“绿色”阵营，为建设“美丽”金华、“生态”兰溪作贡献。

到 2023 年底，火力发电仍然是我国最主要的发电方式。火力发电机组发电量占全国总电量的百分之七十以上。相对于水电、风电等发电方式，浙能兰电的火力发电机组能够更可靠、更稳定地保证金华地区的供电。面对日趋收紧的环保政策和社会舆论监督，浙能兰电厉兵秣马，开展燃煤机组清洁排放和废水零排放研究及改造，进一步加大环保投入。

浙能兰电吸收应用最新科研成果，启动“燃煤机组烟气超低排放”工程，实施对 GGH、低低温电除尘、湿式除尘、高效脱硫塔等等一系列改造，使机组烟气排放达到燃气电厂烟气排放标准，浙能兰电这一项目的实施，在烟气清洁排放技术方面赶超世界先进国家水平。

“烟气超低排放”是浙江省能源集团有限公司在全国率先提出并实施。时任浙江省省长李强 2013 年 6 月到浙能集团调研时，称赞浙能集团

"敢于投入资金，率先在全国实施减少 PM2.5 排放的改造，这就是履行社会责任的体现"。

兰电烟气超低排放项目所采取的湿式电除尘技术为目前世界上最先进的除尘技术，仅在日、美等国少数电厂使用，国内尚无先例，项目实施后的烟气排放达到天然气机组排放标准，PM2.5 接近零排放。

与此同时，浙能兰电实施废水零排放改造项目。该项目主要利用循环水高浓缩倍率运行研究、高含盐量末端废水低成本蒸发处理技术研究、零溢流渣水系统循环水质变化规律研究等关键技术，降低发电水耗，每年可节水 800 万 ~1000 万吨。

二、色彩宜人，兰电文化有互通

浙江浙能兰溪发电公司地处三江五溪汇聚的金华兰溪市，是浙江省内最大的内陆火力发电厂。兰电以建设管理精良、充满活力的一流现代化发电企业为目标，结合企业发展形势及自身特色，凝聚以"家园、校园、公园"为核心的"三园"文化主线，深入实践党的十九大对建设文化强国的要求和精神，贯彻习近平新时代中国特色社会主义思想，推动企业文化内化于心、外化于行、固化于制。

浙能兰电以"优化、美化、文化"为目的，努力实现与社会的资源共享、文化互通，体现国有企业政治、经济、社会三大责任的表率，企业内抓好绿色环保、节能降耗，企业外充分利用自身资源开展集中供热、志愿者活动等，和地方政府、百姓心贴心、手牵手，绘制了三色"同心圆"，汇聚了企地和谐发展的持续动力。

浙能兰电打造了一条以石刻文化理念与厂区景观有机结合的企业文化长廊，一侧以凸显以人本精神为主，如"物质自由、精神自由、思维自由"，另一侧以凸显管理理念为主，如"引领先进、系统推进、持续改进"，石刻与绿化、建筑及整体氛围协调统一，且具有独特的深意。一是取"石刻"的谐音"时刻"，激励员工要时时刻刻以这些先进理念为指导、为要求，做好各项工作，二是取"刻"字的深意，使员工通过长期的耳濡目染，把这些先进的理念“刻”进心里，融入工作生活。

在强化企业文化传统传播阵地的基础上，浙能兰电自行设计的吉祥物“兰兰”“能能”在办公用品、标识标牌等领域得到广泛应用，寓意兰电与浙能集团在企业文化建设上紧密相连、一脉相承，体现公司与地方的和谐共建，为地方发展提供充足电能及高品质绿色蒸汽能源，也体现浙能兰电作为浙能集团大机组人才培养基地，专注于员工技能素养提升和综合型人才培养。

浙能兰电始终坚持关爱人、凝聚人、培养人的理念，考虑到员工也似三江五溪般汇聚于兰溪，倾力实施“系统关爱工程”，从员工成长、思想心理、生活、安全、健康、政治六大方面制定了六十余条细致入微的关怀措施，注重心理疏导及人文关怀，使员工在一个和谐温馨、健康发展的“家”中幸福生活，快乐工作，成就自我，使企业成为员工引以为傲的资本。

浙能兰电注重党建文化建设，始终坚持党政互融、以精细化理念做深做实做活党建工作，把党建工作与经营管理、安全生产紧密结合，转变工作思路、创新工作方式，融入中心抓党建，进入管理起作用，把党建文化优势转化为企业生产力，成为推动企业不断发展的内驱力。建立《领导干部密切联系群众管理制度》，规定了公司领导联系部门、中层干部联系班组的目标任务、频次、检查与考核。仅制度发布的前两年，领导干部联系部门、班组共30余次，解决处理职工意见建议90余项，建立了涵盖理念引领、党务公开、厂务公开、职工维权、职工意见闭环管理等全方位敞开、便捷式互动的党群双向沟通渠道，积极推进干群联系工作的制度化、实效化管理。

浙能兰电积极发挥党组织在企业生产、经营、管理等一切活动中的政治引领和核心保障作用，深化领导班子民主建设，优化干部队伍管理，切实推动企业科学发展。浙能兰电制定并实施《关于提高选人用人工作满意度的实施办法》，积极推进基层党组织换届选举制度改革，实现了选任基层党组织领导干部在推荐主体、推荐范围、选举方式上的重大转变；实行中层后备公开选拔和干部提拔先过群众关的选拔模式，以公开选拔、择优录取、全面培养、动态管理“四步走”的选拔培养程序建立后备库。2010年、2012年，员工近200人次参加了中层后备人员公开选拔笔试，2012年笔试成绩排名前30位的员工参加了面试并进入考察阶段，最终共有17名员工被选拔为中层后备。浙能兰电在每年职代会上作选人用人情况专题汇报及满意度测评，实现了干部选拔、培养、任用、考核的闭环管理，选人用人公信度得到了进一步提升。

2012年，根据浙能集团公司“开展人文关怀和心理疏导”试点工作的安排，浙能兰电开展了人文关怀和心理疏导试点工作。结合时代特征，努力寻找思想政治工作的新方法，通过人文关怀和心理疏导，让员工在和风细雨、润物无声、无微不至的人文关怀中成就自我，服务企业发展。经过前期大量的调研，人文关怀和心理疏导的具体方案于9月初完成，将通过搭建多维心理健康知识宣传平台等措施，营造员工心灵的温馨家园，服务企业的和谐发展。

2009年以来浙能兰电本质安全程度不断提高，相继通过了质安建环、能源、测量体系认证，并于省内首家通过全国电力“标准化良好行为”AAAA级确认和全国电力安全生产标准化一级达标评审。2020年又通过了“标准化良好行为”AAAAA级确认。截至2024年1月30日，浙能兰电实现安全生产5576天。

2012年，浙能兰电建立了风险预警机制，充分发挥预算管理作用控制各项费用，加强过程管理降低燃料成本，强化资产管理降低物资库存，积极依靠科技进步，通过技术改造，不断提高设备技术水平、节能降耗水平、环境保护水平及自动化、信息化、数字化水平；建立了体系文件、工作标准、管理标准和技术标准为支撑的标准化文件体系，制定工作标准145个，管理标准232个，识别引入行业技术标准587个，自编技术标准471个，识别引入法律法规427个；利用内部资源，积极开展部门内部、部门之间的技术交叉培训工作，大力开展专业技术大讲堂活动，安全教育培训成效明显，注安师比率占安全专职管理人员的78%，占全厂职工比例超过5%。

浙能兰电始终坚持以制度管人、按标准办事，不断完善安全生产管理体系，形成了“公司究违章、部门查违章、班组防违章、个人拒违章”的反违章工作模式，实现隐患排查整改闭环管理及反违章工作的全员参与、全过程预防管理；根据安全生产标准化相关要求，不断优化标识标志，完善、丰富应急预案体系，仅2012年就补充编制了7个应急预案，全年共有23个应急预案，并按三年演练规划和年度演练计划开展演练；充分利用仿真机培训平台，提高运行人员技术业务水平和事故应急处理能力；机组检修实行项目经理负责制，项目经理对机组检修质量、安全、进度全面负责；编制《检修手册》，明确检修项目及质量、安全、进度等控制要求，实现机组检修的全过程控制；2011年，浙能兰电通过机组检修消除了1号、2号发电机定子线圈温差大、3号发电机转子匝间短路、2号汽轮机调门漏气等主设备缺陷，极大地提高了机组的安全性和经济性。

浙能兰电坚持以科学发展观统领全局，确立了“建设一流现代化发电企业”的目标，坚持以安全生产和经济效益为中心，强科学管理，抓全面对标，树行业先行，促社企共建，企业各项工作得到稳步推进。以兰电为核心，实现了发电余热对外供热、粉煤灰为水泥原料、废气脱硫石膏作缓凝剂、废渣制新型建材，跨行业再利用的循环链，即电力建材循环产业链。浙能兰电先后荣获了全国先进基层党组织、全国工人先锋号、全国电力安全生产标准化一级企业、省安全生产先进单位、省绿色企业、省文明单位、省心灵港湾工作坊示范点等荣誉。

三、形象积极，企业责任勇挑担

作为浙西南受端电网负荷中心大型骨干支撑电源，从投产至今满足了浙江电网特别是浙西南地区快速增长的电力需求，对改善电网的运行状况，提高电网运行的安全性、经济性、可靠性，特别是优化浙西地区的电源结构具有十分重要的意义。作为国有发电企业，浙能兰电在抗击冰雪灾害及近年来的战“电荒”等关键时期，面对孤岛运行、煤炭价格高位运行、来煤煤种多煤质杂等严峻形势和经营压力，统一思想，统一行动，不计损失，全力以赴保障社会用电负荷，服务社会发展，服务百姓生活，可以说输电线到哪里，就保证有可靠的电输送出去，将光明送到千家万户。

2011年6月，兰溪市两次“超级洪峰”过境、险情严峻。浙能兰电周边交通道路大多已因洪水淹没封闭，浙能兰电两次启动防汛一级应急响应，兰溪地方政府也积极行动，全力保障电厂的安全，保护公司机组安全稳定地向社会供电。在“超级洪峰”面前，正是由于企地“同心”、联合行动，才保障了机组的安全和百姓的用电。

浙能兰电在原有脱硫、电除尘、冷却塔消声导流片、煤场挡风抑尘墙、废水等环保设施的基础上，于2011年启动了脱硝改造工程，在2014完成浙能兰电全部四台机组的脱硝改造，提前满足国家“十二五”期间氮氧化物排放要求。同时，浙能兰电还卓有成效地开展了一系列技术改造和科技创新工作，提升节能降耗水平。

在浙能兰电“公园”文化的大背景下，浙能兰电的集中供热工程形成了企地合作共赢新格局。企业和地方共同投资改善当地环境，浙能兰电提供双重专业服务，即管网的建设施工及安全维护。由浙能兰电主导的供热改造工程从一开始就得到了当地政府的大力支持，工程推进顺利，于2011年底实现了对第一家企业的供气，一期工程于2012年10月全部完工。这种“企地共建”整合了资源，打破了隔离，拓宽了领域，强化了责任，为政府节能减排排忧解难，优化了地方招商引资大环境，也打开了浙能兰电的发展空间，成了地方和企业双方都叫好的一种新模式。

扎根兰溪多年，浙能兰电及公司职工积极投身于资助贫困学生、结对帮助孤寡老人、为新农村建设出力、文化共建等社会公益事业中，在兰溪当地具有一定的影响。浙能兰电团委与当地学校及共青团组织开展了多层次的共建活动，如组织前100名学生到电厂参观从而激励学习，组织大学新生来电厂暑期实践，组织爱心助学职工与结对学生座谈交流。

浙能兰电每年组织无偿献血，2010年金华血液中心告急，浙能兰电组织开展了“热血让我们相连”无偿献血活动，75名员工献血23300毫升；2011年浙能兰电再次邀请地方献血办进厂采血，84位职工符合标准并献血，献血总量达23700毫升；自2004年以来，浙能兰电持续开展结对助学，有多位同学已经走上工作岗位，考入大学；在结对助学的形式上，除了开学筹集书学费外，还力求形式的多样性和合理性，如以奖代助的方式鼓励学生不断进步，设立奖学金制度。此外，浙能兰电还组织为山区学生捐赠冬衣，为“农家书屋”捐赠图书，“爱心邮差”关爱留守儿童、孤寡老人等活动，使“爱心保障”的温暖传递到千家万户。

浙能兰电员工鲍伟明坚持献血多年，2013 年时献血量就相当于 27 个成年人的血量总和，入选当年的“最美浙江人”评选，其事迹也多次被人民网、凤凰网等新闻网站及电视媒体报道或转载。浙江省委常委、宣传部长、副省长葛慧君在包括鲍伟明无偿献血等在内的一组事迹材料上作出重要批示，指出“浙江大地‘最美’人物层出不穷，他们的事迹感人至深，值得大力宣传弘扬。”

作为企地和谐、同心发展的主导者，浙能兰电做了大量的工作，组织共建，搭建企地党组织发挥作用新平台，用服务深化企地关系；文化联姻，营造企地合作发展的良好环境，用文化认知企地关系；大电厂、大责任、大形象，民生共解，用责任感悟企地关系；共谋发展，共享资源，用合作受益企地关系。

第五章　校园建设强科技，管理创新育人才

在浙能兰电“三园”文化建设中，校园文化无疑是份量极重的。作为技术型企业，学习是永恒的主题。所以浙能兰电公司坚持“建企即建校”的理念，坚持人才制胜战略，努力把兰电建设成为一个充满生机与活力的学习型组织和培养电力人才的企业学校，把学习放到重要的战略地位，大力弘扬崇尚知识、尊重人才的风尚，营造热爱学习、钻研业务、追求上进的浓厚氛围，以“以学强企，教育铺路培养人；学以致用，岗位贡献锻炼人；终身学习，企业校园成就人”三个重要举措，实现“校园建设强科技，管理创新育人才”目标，在建设一个“工学并修”的校园型企业方面，创新创效，成绩斐然。

在“兰电校园”里，春暖花开时，兰电人艰苦奋斗迎朝阳；夏日炎炎时，兰电人酷暑挥汗高产电；秋高气爽时，兰电人斗志昂扬抢检修；寒风呼啸时，兰电人风雪之中保供电，一年四季不停歇，这是兰电人的风骨、兰电人的铁肩——兰电兰香弥四季，君德兰品漫校园。

第一节　以学强企，教育铺路培养人

人才不仅是企业的核心资源，更是推动企业发展的关键。浙能兰电深知教育在企业发展中的重要性，公司通过全方位实施的教育举措，在将公司建成“人才学校、科技基地、高雅学府”方面持续发力，为企业的可

持续发展奠定坚实基础。

一、铺路架桥，把兰电建成人才学校

兰电企业精神中，“让事业精彩”昭示了兰电人肩负发展电力事业这一神圣而崇高的使命，表达了兰电人使命感与责任感的统一，自豪感与成就感的结合，喻示着兰电人在不懈追求中铸就电力事业的辉煌与精彩；“让生命闪光”更为精妙，蕴涵了兰电人的人生价值观，表达了兰电人崇高的思想境界，在建功立业中演绎闪光理念，在无私奉献中诠释闪光精神，在平凡岗位上塑造闪光形象。这与兰电企业发展核心理念中的“人本”相合，即恪守以人为本的原则，把公司的发展与进步与员工的成长与幸福紧密联系起来，满腔热情地致力于促进员工的全面发展，帮助员工实现物质自由、精神自由与思维自由。这就是“兰电学校”一直所追求的致力于铺路架桥，建设兰电人才学校。如图 5－1 所示。

图 5－1　兰电职工 DCS 国产化项目中集体学习

兰电核心“校园文化”，是要把公司建设成为一所教育人、培养人、成就人的“学校”。这包含着两层含义：一是要确立“建企即建校”之理念，为员工的学习和技能训练“铺好路、造好桥”，竭尽全力地促进员工成长成才；二是员工作为“学校”的一员，要始终保持学习热情，永无止境地追求进步，尊师重教，报效企业。

第一，建企即建校。企业培养人才，可以提高企业竞争力，塑造企业品牌效应，促进企业创新与发展，有利于建立良好的企业文化氛围；员工可以提升自我学习能力，提高满意度和忠诚度，提高工作效率及发展稳定性；社会符合企业社会责任，可以促进社会发展，为社会培养专业人才，对社会的发展做出贡献。为此，作为大机组人才培养基地，浙能兰电及各部门统筹规划，以学习型党组织建设为抓手大力实施党育人才、人才强企战略，为员工铺路架桥，使员工素养得到全面提升，企业核心竞争力实现跨越式发展。

第二，营造学习氛围。好的学校，最重要的一个特色就是好的学习氛围、学习环境，可以让人潜移默化中进步，思想到位了，行动才能到位。为了使学习型企业建设工作得到员工最大限度的支持与参与，浙能兰电把转变观念、思想引导作为首要任务，积极营造学习氛围，激发员工学习的热情。而所有学习的核心点，是学政治，这是思想观念的洗涤、是政治方向的挨近。每年，浙能兰电公司都结合企业中心工作开展“形势与任务”主题教育活动，转变员工的思想观念，提升全员学习积极性和竞争力。同时，为了使学习型企业得到系统、规范的开展，2010 年浙能兰电党委制定并下发了“学习型党组织”创建规划，完善了党委理论中心组学习制度，号召党支部、党小组及全体党员要鼓足学习劲儿走在前、学在前，各党支部、各部门纷纷行动起来，搭建学习平台，引导学习方向，党员带头加强自身学习，并带动全员自主学习，自此公司内学习氛围渐渐浓厚。各党支部广泛推行骨干党员上讲堂、党员示范岗、红旗岗竞赛、党员与青年员工签订师徒协议等活动，各部门积极组织开展内训师培训、党员带头编教材等工作。此外，在党建带团建、党建带工建工作思路的引领下，公司工会策划开展了系列技术比武、劳动竞赛等活动，促进了全员的技术提升，也营造了比学赶超的良好的学习氛围，团委也结合青年员工的实际情况，组织以青年党员骨干的“青工技术大讲堂”“微型团课”及“走进B修课堂”等多元化的学习活动，帮助青年成才。

第三，鼓励学习劲头。优秀的教育，让人总是充满学习的热情。按照浙能兰电对学习型企业创建工作的基本态度和要求，公司不断创新机制，重激励、重引导、重扶持，鼓励学习、崇尚学习，在很大程度上激发了党员和群众职工的学习热情。通过反复的交流探讨，浙能兰电党委制定并实施了《党员、干部教育培训专项规划》，明确规定了党员的学习内容、教育培训方式和措施、检查考核等具体内容，提升党员干部的学习力，以党员的学习带动全员学习。在员工培养机制建设方面，公司制定并实施了《员工年度考评》《评先评优管理》《专家能手评聘管理》办法、岗位竞争、岗位成才员工给予现金重奖和先进上台历等双重奖励的激励机制，全面提升和检验员工的技能等级、业务素质和创新创效能力。

第四，发挥学习成果。学以致用，是一切学校的教育宗旨。浙能兰电在积极做好和认真实施员工教育培训计划的同时，提出了很多创新的点子，搭建了“家庭点书台”“知识充电站”“技术操练场”等学习平台，为员工的学习和技能训练“铺好路、搭好桥”。2010年起，公司从职工日益增长的文化、知识需求出发，将员工阅览室的藏书从2000余册扩充到4000余册，并订购了近百种的报纸杂志，同时在“党建文化网站”设立了网上电子图书馆，门户网页上连接了该公司的员工教育培训网，让学习电子化、信息化、无边界。同时，公司结合员工技能培训的需要，全力打造由600MW超临界机组仿真机培训平台和模拟检修操作平台构成的专业“技术操练场”，为运行、检修员工的技术攻关、设备故障状态预演、处理等提供更为便捷的操作和练习的通道，充分满足员工技术操练、技能提升的需要。

浙能兰电一直处于人员紧缺的状态，但通过为人才铺路架桥，通过对“人才兴企”计划的实施，在短短几年的时间里，向集团系统内多家单位输送了多名技术突出、综合素质较高的复合型人才，不仅满足了自身企业的需要，还建立了人才培养和输出的动态机制，实现了企业内外人才优化配给“双满足”，建设兰电人才学校初显成效。

二、尊师重教，把兰电建成科技基地

人才，是现代企业，尤其是技术型企业的核心竞争力。这也是浙能兰电创建“兰电学校”，建设“校园文化”、落实“文化自信”原因所在。在这个校园里，有一项杰出的教育方式，总是让兰电人津津乐道，总是让接受过这项教育成才的人念念不忘，这就是“导师带徒”。

兰电的“导师带徒”活动，重在做好传帮带，不断开发和挖掘青年人才。通过这一举措实施“人才兴企”战略，为实现企业又好又快的发展奠定人才基础。人才是先进生产力和先进文化的重要创造者和传播者，树立科学的人才观，建立完善的人才培养和管理机制，对于浙能兰电具有重大的现实意义和深远的历史意义。人才是企业发展的第一要素，决定着浙能兰电的核心竞争力，故在“兰电校园”里，尊师重教、加强技术培训的同时兼顾管理培训蔚然成风。由是，兰电把技能培训放在首位，通过梯队式培养，建立起持续稳定的人才队伍，兰电厂区兼校园内，有了一个卓有成效的科技基地。

随着科技信息的迅猛发展，企业对现代工匠有急迫需求，但寄希望于企业外招，显然不太现实，只有立足自主培养。“导师带徒”是“传帮带”，是中华技能的传承，是工匠精神的传递，也是人才资源配置、人才梯队建设的重要举措。作为中国传统的一种培养人才的教育方式，青年职工在导师悉心指导下，能够成长为技术骨干，在科研生产经营中发挥重要作用。他们成长为独当一面的技术骨干，又传承给下一批新芽，企业源源不断地培养了一批又一批熟练工人和能工巧匠，既解决了目前人才培养与企业需要脱节的现状，也为企业实现高质量发展提供强大的人才支撑。老带新、师带徒，发挥出“引路、架梯、搭台”作用，针对性培养紧缺人才，让新兵变“精兵”，为公司注入活力，促进企业可持续高质量发展。为此，“兰电学校”多角度、多层次落实“导师带徒”，培养优秀人才。

第一，以人为本，促进人才发展。企业的人才培养战略的高度决定了人才队伍建设的方向，运行人才队伍建设也如是，需要站在企业人才发展的高度上实施，把以人为本，充分发挥人才的作用作为人才培养的根本任务，以发现人才、培养人才、成就人才作为手段，以持续的人才发展和人才强企作为目标。兰电始终尊师重教，注重营造尊重人才、培养人才、用好人才的良好氛围，注重培养懂生产、善经营的复合型、管理型人才。

第二，健全机制，注重培训管理。人才队伍建设需要领导重视、需要完善的培训管理组织、需要优秀的培训策划和富有实效的实施。兰电设立教育培训委员会，健全三级培训网络，围绕企业人才培养战略，明确培训目标，确定培训内容，实施各项方案。岗位不同、阶段不同，培训目标不一样。兰电学校的培训，不但让员工知道怎么做，熟练掌握岗位技能，还让员工养成良好的纪律习惯、工作习惯和行为习惯；培训内容覆盖业务技术、安全技术、规章制度、职业道德等多方面内容。优秀的培训策划是培训目标成功的前提，顺利的实施则是目标实现的关键，实施过程还有培训效果检验，形成评价机制。

第三，创新拓展，教学形式多样化。师徒教学方式一直以来都是“兰电学校”培养人才的主要方式，对人员的培训起到了好作用。当然，培养效果因人而异，效果好不好，取决于师傅是否有周密的培训计划、师傅教学的主动性以及徒弟学习的主动性等。加强培训效果，兰电对师徒教学有规范管理，制订培训内容、培训计划，实施培训、检查培训、总结培训等，师傅对徒弟有讲解，也有考问和测试，对培训效果有评估和奖励；同时开展师徒教学比赛，以赛促学，促进师徒教学积极性。兰电对培训方式做出了多种创新，形成技术讨论、技术小讲堂、安全提示、知识竞赛、劳动竞赛等形式。无论是哪种形式，效果说话。

路漫漫其修远兮，尊师重教、建成科技基地的路注定是道阻且长，但在企业各方面不懈努力之下，兰电已经取得了一些成绩。

课题1《智能化高效稀土永磁电机在发电厂的研究应用》稀土永磁电机可以满足柔性启动和柔性运行，不会对设备产生冲击，大大延长使用寿命，节能效果明显，兰电通过研究稀土电机在磨煤机、皮带机、浆液泵搅拌机中运行状况，积累运行数据与经验，并通过磁路结构和设计计算、磁场控制、直驱节能，得出最佳运行控制策略，发掘系统优化潜力，实现控制性能和节能效果的统一，指导未来火力发电厂辅机系统电机技术改造的实施可行性、实施方式和预期效果及辅机系统电机部分的优化选型与使用。该项目获得 2022 年中国电力科学技术进步奖三等奖，并获得 2022 年浙江电力科学技术进步奖一等奖。

课题 2《先进 CO_2 捕集与矿化利用关键技术及万吨级集成示范》面临能源“双控”和煤炭消费减量替代巨大压力，在未来碳排放方面将承受政策上愈加严格的限制，企业可持续发展将受到越来越大的挑战，本课题以高效、低能耗的 CO_2 捕集并协同废弃物综合治理为目标，研究新一代低能耗 CO_2 捕集和矿化利用集成技术，形成自主知识产权，推动 CCUS 等关键碳中和技术国产化，率先在国内发电行业进行 CO_2 捕集与矿化利用装备与工艺集成示范。项目通过研究新一代 CO_2 化学吸收捕集和矿化养护建材全流程技术，形成基于新型 CO_2 两相吸收剂的捕集工艺和基于碳酸化胶凝建材配方的矿化养护工艺，在此基础上，在兰溪发电厂建设 1.5 万吨/年 CO_2 捕集系统，在兰溪天达建设 1 万吨/年 CO_2 矿化系统和 0.5 万吨/年 CO_2 液化干冰系统。

课题 3《基于蒸气余压驱动的撬装式压缩空气供应装置研制及应用》设计开发基于蒸气余压驱动的撬装式压缩空气供应装置，形成覆盖电厂集中供热终端用户的蒸气余压利用的系列化产品，按照概念机 - 虚拟机 - 样机 - 产品机 - 系列化产品机的路线稳步实施，本课题就是蒸气径向透平驱动小型离心空压机一体化技术，这也是高端装备制造和工业节能方面的原创性应用创新，适用于蒸气径向透平驱动小型离心空压机一体化机组的数字控制系统，实现无人值守、一键启停功能，并适应蒸气径向汽轮机的小型离心空压机研制或升级改造技术，实现蒸气压力能直接转化为无油的压缩空气。该项目获得 2023 年浙江电力技术发明奖三等奖，其成果“用户侧低品位蒸气驱动的空压机成套装置（型号 ZNKY - 22045）”荣获“2022 年度浙江省首台（套）装备”。

课题 4《燃煤电厂燃料全流程精准控制》兰电地处内陆，燃用煤种复杂，燃料系统与锅炉系统独立，在煤种复杂变化的情况下，锅炉操作很难及时精准操控，燃烧系统部分设备还只能人工手动调节，针对现状，为引领技术发展前沿，以锅炉燃料全流程为主要线索，改进燃料全流程范围内关键设备的自动化、智能化水平，解决各环节中的关键问题，研发燃料全流程智能化分析评估平台与先进控制策略，在燃料全流程内进行精准协调优化控制，实现锅炉更加安全、高效、超低污染运行。主要研究内容包括燃料精准控制技术、磨煤机精准控制技术、锅炉烟气参数的精准测量、锅炉效率精准监测与效差评估、燃烧精准控制技术、锅炉关键节点的精准测控与评估技术、超低排放精准控制技术。

浙能兰电的“校园文化”建设，成效斐然，兰电的科技项目逐年增加，获得的奖项十分可观，这是对兰电科研的充分肯定，也充分说明文化建设的价值所在。从长远发展角度、从企业人才储备高度去培养运行人才，形成合理的流动机制，促进了兰电人才的健康发展，也建设了一支稳定的、结构合理的人才队伍，兰电科技基地名副其实。

三、书香育人，把兰电建成高雅学府

书香兰电，始于兰花之乡的兰江，始于“家园、校园、公园”三园的文化。兰花幽幽高洁立，江水脉脉尘埃涤。兰江两岸兰花飘香，静谧而美丽，得名兰江。浙能兰电坐落于美丽的兰江畔，得益于其浓郁的人文气息，兰电在其文化的熏陶中发展。兰电，因优雅的兰江而名，依浓郁的人文而建，早已将书香气息植入。伴着兰电的发展，兰电书香愈发醇厚迷人，兰电之“魂”也无可争议地体现在“兰电文化”之中。

文化是一个企业气质与品质的最佳体现，也是企业员工内涵的重要表现。浙能兰电将公司的文化建设作为兰电发展的“常态”，发扬“文化强企”优良传统，主动进行兰电文化建设的探索与实践，在学习与发展中创建了“家园、校园、公园”的“三园”文化。以“一报一书一刊”（报纸、书籍、杂志）提升兰电校园品位。书籍是智慧的积淀，报纸杂志可开阔眼界，兰电通过这三种文化的不同传播形式，为员工提供阅读服务，在电子读物浪潮化的时候实现纸质书刊的“逆袭”，当然也不排斥电子刊物，开拓相关订阅平台，多渠道满足员工阅读需求，培养员工阅读习惯，养成阅读乐趣，倡导全员阅读。

独乐乐不如众乐乐。在兰电工会、团委的倡导下，兰电校园组织各类读书爱好团体，如读书兴趣小组、文学分会、国学分会等，发展得如火如荼，并通过读书共享的方式，开展交流活动。“每个人都有自己的读书爱好，读书团体的意义在于，以语言交流的形式，将读过的书与人共享，让大家都能从中有所收获，同时也能使信息、资源共享。”一位读书兴趣小组的成员说。读书团体发挥了一人爱读书带动大家爱读书的效应，使员工融入爱读书的氛围中，养成爱读书的好习惯。浙能兰电坚持以文化人、以文育人，加强思想建设，提高文化修养，牢抓素质品行，践行企业文化。浙能兰电是一个工作的平台，更是一个学习、不断提升自我的平台。

“书籍是人类进步的阶梯”（高尔基），“知识就是力量”（培根）。读书好处在于让求知的人从中获知，让无知的人变得有知。浙能兰电建厂20年以来，坚持开展中华优秀传统文化、革命文化、社会主义先进文化教育，积极践行和弘扬社会主义核心价值观。在员工日常生活中，公司开展了一系列以书为载体的思想教育活动，引领员工的思想方向。

在贯彻浙能集团党风廉政会议精神活动中，浙能兰电举办“读书思廉、清风相伴”廉政读书活动，加强对党章党规党纪的学习宣贯，强化廉政教育。以主题教育引领党员思想和全员守纪律讲规矩的意识，营造廉洁朴实、风清气正的企业环境——高雅校园的纯洁环境。为此，公司发放主题教育系列书籍，《党的二十大报告》《中国共产党章程》《习近平著作选读》《习近平新时代中国特色社会主义思想专题摘编》等，开展主题教育读书学习活动，学习主题教育系列书籍，结合自身工作开展讨论并作交流。“学思想、强党性、重实践、建新功”，扎实学习，确保取得实效，真正实现以书为载体，浙能兰电学校育人、育心、育才。

坚持不懈红色学习的同时，浙能兰电持续开展“书香育人、提升自我”系列文化活动，引导广大员工多读书读好书，读经典读原著，以此滋养心灵、涵育品行；举办多样的读书活动，在不断深入推进“校园文化”建设及学习型党组织示范点创建的两个大环境下，满足文化大繁荣、大发展的要求。

浙能兰电各党、工、团、文体协会等组织精心策划，以季度为单位，逐步推进，长期坚持读书活动，及时总结经验，不断完善活动的实行方案，为员工带来更好的体验。从分享交流，共同感悟的读书会，到与新华书店联合展销活动；从读书角到书架上的琳琅满目；从员工自我读书到自然成习惯，无不彰显着浙能兰电对于读书氛围建设的努力与成果。

从中传递出兰电人对读书的态度：在工作中学习、在学习中工作，终身学习，既是任务，也是一种乐趣、一种时尚、一种生活方式；各级组织搭建好平台，让员工展示学习成果，交流学习心得。兰电人懂得，读书不能改变人生的长度，但能改变人生的宽度；读书不能改变人生的起点，但能改变人生的终点。

读书，可以增长知识，让兰电人充满内在力量，这种力量激励兰电人不断前进。书籍，让兰电人发现自身的不足，促使兰电人不断改正错误，摆正兰电人前进的方向。所以，对兰电人而言，无论事务多么繁忙，都要抽出时间读书，这是“学校”对每位员工的敦促。书香兰电，读书已成兰电的“时尚”，学习已成兰电的“潮流”，书香已成兰电的“气息”。

第二节　学以致用，岗位贡献锻炼人

工作与学习相互结合，是浙能兰电锻炼人才的重要举措之一。坚持学以致用，在工作的过程中，参与人员可以在个人学习和个人能力提升方面，得到长足进步，愚公移山，要的是恒心和毅力；精卫填海，要的是信念和坚持；大禹治水，要的是智慧和实践，浙能兰电校园文化建设中，不断“激”出学习劲、“引”出竞赛劲、“鼓”出创新劲。

一、兰电观念，好氛围“激”出学习劲

浙能兰电致力于在厂区建设一个充满生机与活力的学习型组织和培养人才的高雅学府，弘扬崇尚知识、尊重人才的风尚，营造热爱学习、钻研业务、追求上进的氛围。具体做法是描绘蓝图感召学，转变观念激发学，

建立机制激励学，制订规划引导学，营造环境促进学，体制改革带动学，技术进步推动学，构造平台方便学，敞开心扉互相学，强调全员学习、终身学习、团队学习，强调开放学习、创新学习、科学学习，强调工作学习化、学习工作化，学习和工作相互融合、相互渗透，着眼于学习与工作高度融合、高度互动。

经过实践与提炼，兰电各党支部、各部门及广大员工形成了以班组、党小组为单位开展轮流主持班会、党员带头上讲台、党员学习竞赛、技术分析竞赛、技术交流会等特色学习活动，浙能兰电团委也充分践行服务青年、服务企业的宗旨，在深化导师带徒工作的基础上，推出“走进机组检修”、青年技术大讲堂、每月推荐一本好书等品牌活动，赢得了员工的支持与好评。兰电将系列学习活动不断传承与改进，全方位营造了“学习”氛围，取得了明显效益。如图 5－2 所示，“师带徒”现场教学。

图 5－2　“师带徒”现场教学剪影

浙能兰电积极探索学习型组织的建设方式，着力推进学习型组织建设活动的深入开展，精心打造各种学习载体，坚持精心选题、精心选人、精心选时、精心组织。

第一，凝练先进理念。大力宣传和树立“建企即建校、同事亦同窗”理念，持之以恒地建设一座充满生机和活力、能源源不断输送技能型人才和复合型人才的学校，实现浙能兰电职工“人人都是行家里手”的目标。这一理念的提出受到了职工的高度认同，在积极参与学习型党组织创建、争当学习型职工方面形成了巨大的向心力。

第二，党员率先垂范。以“两学一做”、形势与任务主题教育为主线，浙能兰电各级党组织结合企业实际，通过中心组理论学习、专题研讨会、知识竞赛、集中学习和个人自学等方式，进一步统一思想，深化学习型党组织建设。广大员工在党员干部的引领下，也鼓足学习劲头，补足精神食粮，为浙能兰电的转型发展夯实思想基础和提供智力保障。

第三，层层动员参与。浙能兰电召开学习型组织创建动员会，对班组长以上人员及骨干党员进行首轮宣贯，首先转变一部分人的思想观念。制定学习型组织规划，设计学习的具体计划表，党小组和党员提出提升学习力和职业技能的打算。并外请专业培训机构驻厂开展专项培训，促进全员更深层次的学习。党支部推出骨干党员上讲台、党员安全联控实践等活动，工团组织推出走进机组检修课堂、生产现场授课等活动，学习氛围日渐浓厚。

浙能兰电重学、兴学，“企业独唱”开始发展成“全员大合唱”，从最初的公司“要我学”转变为后来的“我要学”，甚至有越来越多的员工强烈建议公司能再多提供一些“助我学”的平台，学习不再是企业单方面的要求，而成为员工自发的需求。

第四，人才配给实现了“双满足”。近年来，浙能兰电一直处于人员紧缺的状态，但通过“人才兴企”计划的实施，在短短几年时间里，培养出了全国技术能手、中央企业技术能手、全国三八红旗手、浙江省青年岗位能手等技能型人才，不仅满足了企业生产经营工作的需要，还向集团系统内的十余家单位输送了200余名技术突出、综合素养较高的复合型人才，实现了内部与外部人才优化配给的“双满足”。

第五，“人才兴企”效果显现。党委助推员工成才，人才助推企业发展，历年来不断涌现的复合型人才和高技能型人才作为公司最大的财富，在提升企业管理水平、科技攻关能力，切实推动企业发展方面发挥了巨大作用。集团“三、四、五”级人才首次评定，公司便有7人入围集团管理、技术、技能型人才库。浙能兰电先后获得全国安全文化建设示范企业、省文明单位、省绿色低碳经济标兵企业、省企业文化建设优秀成果奖、省标准化建设良好行为企业、省电力安全生产先进单位、省技术监督先进单位等荣誉。公司员工也在浙江省发电企业各类技能大赛中获得团体第一名、团体第二名等多项技能大赛荣誉。

此外，观念转变、机制建立、平台打造“三位一体”同步推进。学习型组织的建设是一项艰巨而系统的工程，职工转变观念是首要条件，公司建立激励机制、搭建成长平台是必备支撑，“三位一体”同步推进，让学习型党组织乃至学习型企业的建设节节推进，显现成效。而且，对标先进找差距，是加强学习型党组织建设的突破口。通过全面细化生产、经营、党建三大对标体系，对照先进典型，查找短板不足，通过借鉴先进的管理方法，促使学习型党组织建设从经验型向制度化转变、粗放型向精细化转变。

学习型党组织的创建不是一项孤立的、短期的工作，要与生产经营活动紧密相融，紧扣企业发展建设、职工成才发展的命脉，渗透到内部各组织、各项工作的第一个角落、渗透到职工的心坎里去，让学习型党组织建设更富生命力和表现力，为经济腾飞和价值提升提供源源不断的推动力。如今，学习成为兰电人的习惯，人人是浓厚学习氛围中的一分子，为自身的提高、为生产的进步、为公司的建设不断添砖加瓦。学习魂已深深烙印在每一个兰电人的心中，成为一种潮流、一种风尚，人人践行其中、人人乐在其中。

二、兰电平台，好方式“引”出竞赛劲

百舸争流，奋楫者先；千帆竞发，勇进者胜。以赛选材、竞才，需要一种精益求精的运行理念引领，需要一种精雕细琢的工匠精神支撑。业内赛事，启发着、激励着更多的兰电职工走技能成才、技能报国之路。也因

为如此，技艺精湛、锐意进取的技能人才，不断充实着高技能团队，发挥出生产骨干的作用，展现着传帮带的价值。

1. 突出能力提升，实施精准培训

浙能兰电对内“修强智核”“两室一站”，做实、做深人才培养，持续提升运行人才培养的广度和高度。“两室一站”即“劳模工匠创新工作室”“兰匠工作室”和“仿真机技能实训基站”。“兰匠工作室”以攻坚克难和导师带徒为抓手，整合资源搭建干事创业平台，发挥骨干人才辐射效应，开展竞赛拓展素质提升空间，以“匠心精神”带动和培养更多人才，助力职工队伍水平整体向前。“技能实训基站”以技能比赛为切入口，积极创新培训模式，切实落实人才培养机制。

2022～2023年，“兰匠工作室”领办攻坚克难项目100多个，技术讲课120余节，形成学习总结80余篇，专业论文20余篇，多个科技项目获浙江电力科技奖、电力行业创新应用成果金奖，取得多个知识产权、新型专利等。“兰匠工作室”多位成员在各类技术比武中屡获佳绩，激发了员工的学习热情，提升了公司浓厚学习氛围，促进公司上下共同学习进步，并留下了丰富宝贵的“兰匠”专业资料。

技能实训基站充分利用现有的仿真机、水泵管阀、仪器仪表、继电保护、电气设备检修等五个实训平台，打造培养技艺精湛、精益求精的技能人才的新平台。浙能兰电为运行部、维护部两大生产部门授予“技能实训基站”牌匾。技能实训基站结合上级单位技术比武、技能竞赛项目要求，选定实训项目教练、遴选实训项目选手。实训基站建立旨在以赛促学，以比促专，有针对性地持续开展相关专业的技能提升集训，达到高质量参赛的目的。同时技能实训基站还承担着在岗人员的日常培训、岗位资格确认、新员工以及转岗人员的岗前培训任务，近几年由浙能兰电选送技术能手先后荣获浙江省发电企业集控值班员职业技能竞赛个人一等奖、团体三等奖，电力股份集控值班员职业技能竞赛个人第二名、团体第二名，浙江省省部属企事业水生产处理工职业技能竞赛中获个人三等奖、团体三等奖等荣誉。

青春因磨砺而出彩，人生因奋斗而升华。一项项荣誉光鲜外表的背后，是辛勤的汗水与不懈的努力，是一次次的自我加压，是一次次的团结协作，才造就出一次次成功的果实。这是职工个人和企业的共同的成功。成功不是偶然，不是“运气”，而是经历了千锤百炼。

2006 年、2008 年，谢增孝、项文杰等兰电员工在中央企业职工技能大赛火电机组集控运行值班员 600 兆瓦等级决赛中共拿下了二金一银一铜的好成绩，并被授予中央企业技术能手光荣称号。潘春飞被全国妇联授予“全国三八红旗手”光荣称号，谢增孝被授予全国技术能手光荣称号，项文杰被授予中央企业青年岗位能手光荣称号；“八婺工匠”顾扬彪、“专利发明专家”冯珑、“五个一人才工程”省属企业杰出技能标兵何云飞、“浙江工匠”张同喜、“浙能集团继电保护员职业技能竞赛第一名”黄徐等等，一代代兰电人身上的兰电印记，是“以德立人、以能立业”浙能企业价值观在转型升级中攻坚克难的“千磨万击还坚劲”，在追求高质量道路上“咬定青山不放松”“浙能接力棒”不断传承绵延。

2. 强化人才队伍建设责任，创建成长成才新空间

贯彻落实“浙江国企人才新政二十条”的实施意见和《打造“八个一流强企”加强年轻管理人员培养成长的若干意见》，进一步夯实“一岗三制两平台”培养模式，持续为兰电人才储备、人才发展增添活力。通过导师带徒、技术讲课、技术比武等方式加强培训、培养，结合机组检修和公司项目实施，让班组技术骨干参与公司、部门技术和技改工作，提升学习积极性和钻研能力，以开展岗位练兵为抓手，强化职工技能培养。鼓舞、带动、激励、引导职工“学业务、比技能、强素质、练本领”，将成长平台搭建到职工日常工作中，常态化开展运行小指标竞赛、技术比武活动，助力职工素质提升。同时通过制定周密的员工培训规划，如新员工岗前培训、班组日常讲课、隔离组检修课堂、小班化“网控业务能力”专题培训、集中供气、尿素供脱硝、新励磁控制装置的专题讲课，组织人员参加职业资格认定等，参加各项技能竞赛并取得丰硕成果。

技术比武竞赛已经形成了良性竞争，员工在比武中不断巩固和提高业务知识，施展其业务技能才华。兰电还不断拓宽培训思路，多渠道、多方式展开人才培养。导师带徒、岗位交叉培训、跨专业交叉培训、轮岗学习、内训师队伍建设、专题讲课、现场授课等培训纷纷展开，为人才培养拓宽了渠道与方式的同时，也获得了员工们一致的好评。围绕竞赛链、人才链与行业链、创新链深度融合，兰电将充分发挥高端赛事的引领、示范、带动作用，加快建设高素质高技能人才队伍，着力形成人才区域竞争的比较优势，为浙能兰电发展提供坚实的基础和不竭的动力。

兰电“兴才之道”砥砺“强企之路”，加快培育人才成长的“沃土”，构建吸引人才的“磁场”，把心中有责、手上有招的人才选出来、用起来，追求更安全、更高效的运行策略，打好火力电厂运行的“存量牌”；加快培养和储备技能人才，打好服务多元化能源需求的“未来牌”。居高声自远，聚力开新篇。兰电成长的20年，是浙能集团蓬勃发展的20年；兰电紧随集团脚步发展的20年，是企业稳扎稳打不断突破的20年。20年来，浙能兰电借助“校园文化”建设，取得了一项项的国家级荣誉，一次次地刷新企业可持续发展的新篇章。

三、兰电机制，好制度“鼓”出创新劲

唯创新者进，唯创新者强，唯创新者胜。党的二十大报告提出：“必须坚持科技是第一生产力、人才是第一资源、创新是第一动力，深入实施科教兴国战略、人才强国战略、创新驱动发展战略，开辟发展新领域新赛道，不断塑造发展新动能新优势。”兰电的核心发展理念正是践行这一点，视创新为生命，倡导无边界的学习和行动，永不疲倦、永不停留地向往、追求和创造“真、善、美”。

第一是学而有所思，才有所创新。创新是解决发展的唯一出路，通过寻找不同事物之间的内在关联性，创新解决问题的新思路、新方法，达到把握和解决个别问题的目的，创新才能够紧跟时代的步伐。浙能兰电非常注重员工创新平台搭建，鼓励引导广大职工积极参与到企业创新创效中，立足岗位解决工作中存在的问题，使创新活动深入到基层、落实到一线，在工作实践中出成果、在本职岗位上做贡献，为企业发展注入生机与活力。

第二是鼓励学习、崇尚学习。按照浙能兰电对学习型党组织创建工作的基本态度和要求，浙能兰电不断创新机制，重激励、重引导、重扶持，在很大程度上激发了党员和职工群众的学习热情。通过反复的交流探讨，浙能兰电党委制订并实施了《党员、干部教育培训专项规划》，明确规定了党员的学习内容、教育培训方式和措施、检查考核等具体内容，提升党员干部的学习力，以党员的学习带动全员的学习。在员工培养机制建设方面，浙能兰电制定并实施了考评管理办法，岗位竞争者、岗位成才者给予重奖和上台历等双重奖励的激励机制，全面提升和检验员工的技能等级、业务素质和创新创效能力。

第三，“铺路架桥”，强化培训。浙能兰电在积极做好和认真实施员工教育培训计划党员干部培训计划的同时，提出了很多新的点子和创意，搭建了各种学习平台，为员工学习和技能训练“铺好路、架好桥”。“党建文化网站”设立了网上电子图书馆、网上党校、网上红色影院，门户网页上连接了该公司的员工教育培训网，设立了员工在线考试、电力安规问答、在线培训自测等6大内容，让学习电子化、信息化、无边界。浙能兰电结合员工技能培训的需要，全力打造由660MW超临界机组仿真机培训平台和模拟检修操作平台构成的专业“技术操练场”，为运行、检修员工的技术攻关、设备故障状态预演、处理等提供更为便捷的操作、练习通道，充分满足员工技术操练、技能提升的需要。

木有所养，则根本固而枝叶茂，栋梁之材成；水有所养，则泉源壮而流派长，灌溉之利薄；人有所养，则志气大而识见明。兰电的“三园”文化养分，扎实的人才培养土壤及全面管理提升的魄力，让一批批钻研型、专业型、综合型人才脱颖而出。以职工姓名命名的“张同喜SCR入口烟气NOx控制法”和“李敏660MW燃煤机组全负荷脱硝操作法”荣获浙江省部属企事业工会颁发的“第一批以名字命名的浙江省省部属企业先进职业操作法”，“用于提高SCR脱硝装置入口烟温的烟气系统及方法”更是荣获国家发明专利授权证书，维护部锅炉班员发明了“挥大锤技能练习机”员工技能培训方便高效，各具特色的创新成果如雨后春笋应运而生，截至目前取得知识产权及新型专利138个。浙能兰电四台机组全部完成尿素制氨改造后投运、浙能兰电集中供压缩空气项目首次对外供气成功、浙能集团首台机组 DCS 国产化改造项目和全国首个煤电二氧化碳捕集与矿化利用全流程耦合示范项目在兰电落成，为兰电创新之路增添了一块又一块电力技术里程碑。

班组是浙能兰电积极践行集团“科技兴业”战略思路、搭建创新创效、提质增效平台的核心单元。露天排气阀的“新头盔”，捞渣机链条增设的冲渣“淋浴器”，风机油站滤网配备的“大烟斗”，磨煤机快关门焊接的“振打器”，制粉系统疏敲堵煤的“海神叉”……在创新榜样们的“价值辐射”与“明星效应”下，创新之泉处处涌流，愈来愈多的职工参与到“五小”、QC、班组创先争优竞赛等活动中，以提高班组员工创新意识为核心，以提升员工整体创新素质为重点，浙能兰电科学规划构筑团队创新舞台，逐步实现“技能裂变”和“创新倍增”，为企业重点难点问题技术攻关提供“充电站”。

集众智、聚合力。精心组建创新技师队伍，打造“创造型”技能人才摇篮，在环环相扣的“以老带新”过程中，浙能兰电还着力构建创新成果发布载体，通过新闻网络、期刊杂志、报告会等形式，充分展现技研成果，打造创新特色品牌。

无创新，不进步。一个创新骨干的成长，离不开创新团队的支持，一个创新团队的孵化，又离不开集体创新文化的催发。幸运的是，在浙能兰电，创新文化氛围十分浓郁。一直以来，浙能兰电积极践行集团“科技兴业”的战略思路，将技术创新作为企业提质增效，转型升级的重要手段，努力为员工提供创新环境，搭建施展创新才华的坚实、宽阔的平台。

让每一个岗位都能成为创新的舞台，让每一名职工都能成为创新的主体。在浙能兰电良好的创新生态下，创效追求奔流迸发，创新成果不断涌现。创新，与企业共命运；进取，与事业同发展。兰电青年员工们在释放着以需求为导向的创新争优激情的同时也实现着自我价值的提升，并逐渐在企业转型升级、降本增效领域凝成了一股强大的力量，驱动着企业发展的“战车”在新常态的大路上，高歌突进，一往无前。

一程风雨，一路高歌；一程坎坷，一路奋斗。未来，浙能兰电还将继续以“精感石没羽，岂云惮险艰”的气魄，握稳企业高质量发展的舵盘、把握安全发展的航向、汇聚全员匠心将才齐力划桨，创有效之新、创有用之效，将兰电这艘巨轮驶向转型升级、可持续发展的前方。

第三节　终身学习，企业校园成就人

坚持不一定会成功，但不坚持一定成功不了。终身学习是在一个人的一生中不断获取知识和技能，在当今快节奏、多变的环境中，企业和员工不仅要生存，还要能茁壮成长，这是一种基本要求。然而，仅仅鼓励员工学习和成长是不够的。浙能兰电通过“管理学习、科技学习、文化学习”三措并举，积极参与设计员工的职业生涯，投资于他们的培训和发展，并为他们提供在公司内承担更大责任的机会，培养员工在整个职业生涯中担任重要角色所需的技能，实现员工与公司一起成长，在兰电这个“校园”里，成就了一批讲政治、顾大局、守纪律、懂规矩的兰电人。

一、管理学习，君子兰香飘逸弥四季

浙能兰电在推进企业精益化管理过程中，非常重视管理人才的培养，尤其综合管理人才。为此，合理调整管理人员队伍，加大优秀青年骨干的培养、选拔和储备力度，在公司“安全管理、标准化管理、班组管理等”管理工作中，也涌现出了一批优秀的青年人才。

1. 安全文化与安全管理融为一体

浙能兰电坚持以科学发展观统领全局，确立了“把公司建设成为一流的现代化发电企业”的目标，坚持以安全生产为基础，经济效益为中心，强科学管理、抓全面对标、树行业先行，企业各项工作稳步推进。在融入集团优秀文化的基础上，以兰电文化建设为底蕴，大力开展安全文化体系的建设，积极争创“安全文化建设示范企业”，形成了“责任、执行、执著”的企业安全文化核心理念。

责任。坚持安全第一，是企业的庄严承诺，是兰电人共同肩负的责任。我们要树立安全生产，人人有责、人人参与、人人重视的信念，落实责任制、提高责任心，人人都为实现企业本质安全尽心、尽力、尽责。在浙能兰电，安全生产不仅仅是领导和安全管理部门的事，而是“大家的事”“每个人的事”。浙能兰电分时段、分层次严格把控、落实各项安全生产责任，形成了凡事有人负责，凡事有人监督，人人（层层）抓安全的良好工作氛围。

执行。安全生产是企业的生命、安全规章是铁的纪律，安全管理不允许有半点松懈和推诿，必须强化执行力建设，切实做到严格执行、严格监督、严格考核。安全管理必须有章可循、有制必遵、执行必严、违规必究。

执著。努力建设本职安全型企业，积极打造安全生产发电企业标杆，是浙能兰电及公司员工永不放弃、永无止境的追求。在牢固树立安全生产常抓不懈思想的基础上，深化安全文化建设，提升安全管理水平，锲而不舍地追求企业的科学发展、安全发展。安全管理最终体现为内化于心、固化于制、外化于行。

浙能兰电通过组织各类安全文化活动，组织员工利用学习班、班前班后会的时间进行安全法律法规、安全技术文件和公司安全规章制度的学习。在学习新安规同时，特别注意与新老安规的差异，使员工能更加深刻、全面地理解其中的安全知识点，真正掌握安全生产的理念和技能。同时抓好外包人员的安全教育、工作票“三种人”的安全资格审核和安全教育工作。

2. 标准化体系与生产工作融为一体

2004 年开始，兰溪发电筹建处印发《关于成立兰溪发电厂整合管理体系贯标领导小组的通知》，推行质量、职业健康安全和环境“三合一”管理体系，规范工程建设管理。同年 5 月首次发布基建期“三合一”管理体系文件。

2005 年，向各部门、浙电监理公司兰电项目部、各参建单位印发《二〇〇五年质量、环境和职业健康安全管理体系工作计划》，进一步规范工程建设过程中的质量、环境和职业健康安全管理工作。

2006年7月，兰电获得了中国质量认证中心的“火电工程建设管理”的质量、职业健康安全和环境三个体系认证证书。

2007年7月，印发《发电运营质量环境职业健康安全整合管理体系整合工作计划》，任命管理者代表、成立整合管理体系领导小组及工作小组，规范生产期的发电运营过程的质量、环境和职业健康安全管理工作。

2007年12月，发布《质量、职业健康安全和环境整合管理体系管理手册》及相关体系文件，明确质量、职业健康安全和环境管理方针为“循规蹈矩、人企共进、安全环保、高效和谐”。

2009年4月到5月，整合管理体系获得全面进入生产期后的首次质量、职业健康安全和环境管理三标体系认证证书，同时还获得了国际认证联盟（IQNET）的国际互认证书。自2009年开始，浙能兰电每年接受一次认证中心的监督审核，每三年接受一次复审确认认证资格、更换认证证书，2019~2023年整改不符合项十项。

2010年7月，浙能兰电修订“三合一”体系管理方针为“本质安全、全面质量、环境友好、顾客满意；预防为主、综合治理、文化引领、持续改进”。

2012年2月，《质量、职业健康安全和环境整合管理体系管理手册》与《能源管理手册》合并为《质量、职业健康安全、环境、能源管理体系管理手册》，管理方针修订管理方针为“本质安全、质量可靠、环境友好、节能降耗；预防为主、综合治理、文化引领、持续改进”。当年执行的企业标准有982个，其中自编管理标准制度288个，技术标准505，岗位标准189，覆盖了安全生产的方方面面，总体上已做到凡事有章可循、凡事有据可查、凡事照章执行。使安全管理走上法制化的轨道，为企业的安全生产保驾护航，提供一个安全稳定的生产环境。

2020年，兰电通过标准化AAAAA级现场确认，成为浙江省电力行业首家通过AAAAA级“标准化良好行业企业”现场确认的企业。

3. 班组文化与班组管理融为一体

班组是企业的“细胞”，企业最基本的生产单位，也是企业安全管理的最终落脚点。班组文化建设的好坏直接影响着企业各项安全生产和经营指标的实现。在浙能兰电在企业文化形成阶段，“三园”文化逐渐被员工所认可。但在班组文化建设上，与企业文化、部门团队文化相适应的，具有自身“实用”“管用”文化个性特色的班组文化品牌尚未形成，需要进一步深化，加强培育和提炼工作。

为此，浙能兰电党委在班组文化建设的第一阶段，创新性地提出并逐步实施“一班两境”班组文化建设，针对班组文化的建设目标不明确、方法不清晰、过程难控制等问题，浙能兰电在2015年初提出并推进“一班两境”班组文化建设，重点是培养班组的两种境界。一是精神境界，即班组精神、人员素质等，提升班组的软实力；二是硬件环境，即班组整体硬件设施建设达到与一流企业相匹配的水平。同时，“境”也取“进”的谐音，表明班组文化建设的程度，需要提升再提升。在实施过程中，按照分步实施、稳步推进的要求，一批一批提炼，一批一批推出，成熟一个推出一个，成熟一批推出一批。在充分摸底调研的基础上确定首批试点班组予以重点培育。

首批试点各班组以自身实际情况为出发点，以实用、管用的精神为原则，以员工责任感、使命感、自豪感和团队凝聚力为载体，以切实提高班组管理水平为目标，进一步提炼了各自班组文化理念，而且极具特色。例如运行四值“行郅忠、境郅远、心郅善”的“郅善”文化；运行三值寓意深长的“雁行”文化，突出强调的是上下同心、目标一致、齐心奋斗的团队精神；锅炉二班“合进之道”班组文化，寓意着和睦团结、互帮互助、勇于创新、追求进步；电仪班“三心”班组文化，强调用心、静心、开心。如图5－3所示。

通过“一班两境”班组文化建设，班容班貌得到了明显改观。“个性杯垫”的巧妙使用，班员DIY工具柜的推出，班组“读书角”建设等，不仅展示了员工的个性特色和才能，体现了“以人文本”的班组管理理念，而且推进了班组的定置管理，进一步促进了企业安全文明生产水平的提升。

在“一班两境”班组文化建设的基础上，2019年开始，浙能兰电继

图 5－3　班组结合工作实际讨论式学习

续结合浙能集团星级班组建设平台，将以“班组长发挥作用、班组基础建设、班组日常管理、班组核心建设、班组文化建设、员工队伍建设”为核心的六星班组建设嵌入班组各项工作中去，通过不断强化班组核心建设，实现班组关键价值，班组根据公司双重预防机制要求，开展安全风险分级管控和隐患排查治理工作，提高班组安全管控能力。班组在安全风险管控机制上，认真领会贯彻上级文件精神，积极行动，结合实际大胆探索，扎实推进，针对安全生产风险类别和等级，逐一明确风险点管控层级，落实责任部门、责任人和具体管控措施，形成“一班一册、一岗一册”的风险管控手册，让每位员工充分了解并掌握本岗位风险点的基本情况及防范、应急措施，并严格落实，努力实现生产安全事故零目标。运行一值一单元获评集团标杆班组，公司其他生产班组先后获评集团六星班组、五星班组、获得“浙江省能源集团青年文明号”“浙江能源青年安全生产示范岗”“电力行业质量信得过班组建设典型经验交流 AAAAA 级”“省部属企业工人先锋号”等荣誉称号。

在浙能集团第二届人才评选中，浙能兰电分别通过二级党建人才 1

人，三级党建及技术人才 3 人，三级以上人才占电力板块通过人数的 16.7%；四级、五级管理人才 3 人、技术人才 6 人、技能人才 3 人，占电力板块通过人数的 19.7%，通过率达 80%。这正是公司以人为本、认真做好人才队伍建设的成绩单，进一步营造了“人人都是人才、人人都可成才”的积极氛围，力争筑造“人才高地”为企业转型升级提供动力。

二、科技学习，公司活水源流随处满

坚持在项目中培养人才，是浙能兰电人才培养的重要举措之一。在科技项目推进的过程中，参与人员可以在个人学习和个人能力提升方面，得到长足进步，像活水源流一样，随时随地获取到新鲜、有生命力的知识和信息，充分利用科技时代的资源来不断提升自己。

1. 科技学习之开创节能增效新局面

2014 年，国家能源局确立了 9 个煤电机组节能升级与改造示范项目，浙能兰电的 3 号 60 万千瓦级超临界机组汽轮机通流部分改造项目名列其中，该项目是浙能集团乃至全国同类机组首例改造项目。时任集团公司董事长在 2013 年 12 月视察兰电时就强调要实现兰电的经济环保双效提升，要求兰电高度重视，把通流改造工作做好，同时积累相关的经验，向其他机组推广，全面提升机组的经济性。浙能兰电领导也非常重视通流改造工作，在工程动工前就提出要加强前期风险控制，包括设计、材料、工艺等风险管控。同时，还要真正了解设备构造、掌握相关技术，不断提升自身技术水平，涉及的数据要客观公正、做到精细准确。此外，还要加强现场安装施工管理，严把安全关、质量关，优质、高效地完成通流改造。

在整个 3 号机组通流改造过程中，现场随处可见公司生产及管理部门职工，或配合技术支持，或紧抓安全施工，或督促施工进度。公司运行部的汽机专工蹲守在现场学习阿尔斯通新设备技术知识，工程完工时，运行部的汽机规程修订工作也基本完成。公司设备管理部的汽机专工为设备的按时到货，多次奔赴北京、上海等地协商，充分考虑供货时间的影响，合理安排进度。改造设备原本由阿尔斯通公司在国外加工制造，与阿尔斯通充分沟通后，公司设备管理部选择将设备从国外空运至上海机场，转陆运到达现场，相比海运节省了大量的运输时间，有效保证了改造进度。为了确保现场工作能够更好展开，设备管理部在设备改造的关键阶段，要求厂家与参修单位每天早晚均进行一次技术碰头会，对改造的每一个细节进行分析讨论，同时还得到了各单位的支持，浙能技术中心、浙能安全生产与技术管理部等单位也都多次到现场进行指导，也使得公司参与人员在整个项目推进过程中得到成长。

3 号汽轮机实施改造后，60 万千瓦负荷下供电煤耗可下降 6.7 克每千瓦时，年可节约标煤 21004 吨，减少二氧化硫排放量 22.1 吨，减少氮氧化物排放 29.1 吨；按平均标煤价 800 元每吨计，单机年收益 1680 万元，不仅实现了设备资产增值，并有较好的节能减排效益，还在项目中培养了一批设备管理和运行维护人员，让绿色、高效的企业名片更加流光溢彩，推动企业加速驶向转型升级、可持续发展的高速道。

2. 科技学习之公司首台机换上“中国控”

从引进国外设备应用、学习、吸收，到选择国产领先技术更换、改造、赶超，力争彻底结束“一颗钉子都需要进口”的时代，一步先行开局风行雷厉，一场敢为人先势在必得。2020 年 6 月 13 日，经过公司近一年的同心戮力、团结奋战，3 号机组 C 修后成功服役，标志着浙能集团首台机组 DCS 国产化改造项目圆满完成。

此次国产化改造项目，DCS 系统采用浙江中控 ECS－700 系统，DEH 采用上海新华 XDC800 系统，同时对主机 DCS、脱硫 DCS、DEH、旁路、等离子、捞渣机、飞灰输送、电除尘、渣水和石子煤系统实施改造，换“核”换装、硬核推进，真正实现国产一体化改造，用坚韧、用奋斗、用实干书写了“创先争优”的高歌，用精心、用效率、用质量打造了燃煤发电机组国产化改造“浙能样本”。

3 号机组 DCS 改造，是浙能集团首台 600MW 级 DCS 国产化改造机组，也是浙江中控 DCS 首台 600MW 级项目——是机遇，是挑战，更是创先争优的“试金石”。浙能兰电公司领导亲自挂帅、设备管理部仪控专业冲锋在前，维护部仪控专业全员出征，由技术骨干组成的“DCS 改造实施小组”尽锐出战，改造项目组织机构的迅速成立吹响了国产化改造的“集结号”。设备管理部仪控专业迅速行动，编写《3号机组DCS改造管理手册》，这也是浙能集团第一本关于DCS改造的管理手册：大到管理模式，小到制作标签，从技术方案到安全交底，都做出明确要求和标准，细化作业流程、强化安全管理，确保项目推进，做到有的放矢。

大家心往一处想，劲往一处使，参与人员昼夜不舍、加班加点，开始改造前期准备工作，DCS系统I/O清册整理、逻辑总结、卡件排查等工作全面铺开。数以百计的逻辑页、上万个测点信号，KKS码、标签中文名称、量程、信号类型等一系列庞大的数据都在紧锣密鼓地统计，为后续统筹编排电缆布局打下坚实基础。基于前期清册整理和电缆布局重新设计，该项目的电缆利旧率达到99.8%以上，实现降本增效。

2019年第四季度，改造项目第一次、第二次、第三次设计联络会议按计划进行，完成了项目施工管理、项目技术要求、改造进度计划等多项重要议题。二联会后，公司还成立了由设备管理部、维护部、运行部组成的“逻辑组态小组”，赴DCS厂家进行逻辑组态工作，在确保新组态逻辑准确性的同时促进人员技术储备。

2020年伊始，一场突如其来的疫情暴发，党员冲在最前线。在公司，疫情之下哪里是最前线？机组C修就是，DCS国产化改造项目就是，参与改造项目的兰电党员就冲在最前线。当时，DCS改造系统已进入FAT（即工厂测试）阶段。仪控党员主动申请驻厂加班，一边联系厂家关注调试进度，一边抓紧时间完善实施方案，在电脑的方寸之间开辟出新的战场。在驻厂隔离期间，兰电人充分考量疫情防控的前提，参与编制了《3号脱硫DCS控制系统环网脱离实施方案》《3号捞渣机控制系统改造施工方案》。这只是党员奋战最前线的缩影，他们率先垂范、团结全员坚守担当，为后续现场工作开展争取了宝贵的时间。

一手抓疫情，一手抓施工。改造实施期间，外来人员频繁出入改造现场，公司从人员、空间、时间三个维度迅速精准排查改造工程工作人员情况，公司副总经理现场协调防控工作，精准分类人群、分级风险、分步操作，严格保障改造前期现场防疫的准备工作。同时，“云”视频会议作为特殊时期的新常态，方便各方加强联络，保证项目持续推进。2020 年 3 月 3 日浙能兰电召开 3 号机组 DCS 改造施工联络视频会议，通过远程办公部署施工方案、配备人员、网络进度、外省人员疫情防控措施等，正式确定改造项目于 3 月 22 日现场机柜拆除开始施工。

3. 把进度追上来，把疫情对项目的影响降到最低

紧盯时间节点，狠抓项目质量兰电人步履不停。2020 年 3 月 20 日，3 号机脱硫 DCS 控制系统分离项目顺利完成；3 月 27 日，3 号机组主机侧 DCS 测点核对和卡件拆除工作全部结束；仅用时一个月就完成了新旧系统硬件更替和受疫情影响推迟的逻辑静态试验。4 月 9 日，3 号机组汽机侧改造后 DCS 系统机柜上电试验完成。每一次迈步紧接前一个脚印，DCS 国产化改造进度紧跟 3 号机组检修进度和 3 号机组 DCS 改造施工进度要求，丝毫不落下。

3 号机组国产化 DCS 改造是公司热控专业继基建、通流改造、超低排放改造之后最大范围的改造项目。坚持“质量为主，修必修好”原则，作为改造项目实施的主要负责人，设备管理部仪控主管全面开启了“战斗模式”，一方面紧盯项目做好技术把关，另一方面现场决策解决实际问题。“大会”之后开“小会”、日出作战日落夜校也成常态，兰电员工经常是出差回来的行李还没来得及收拾完就开始研究会议内容，考虑实施策略、部署下一步工作开展。“仪控专业现在大部分都是 80 后、90 后，第一次参与这么大规模的改造项目。”人员技术力量也是工程文件之外不得不思考的问题。

仪控人员的年轻也意味着学习劲头足，敢挑重任有冲劲儿：7 天全员行动，逻辑通道统计成册；5 天 8 人，上万测点核对完成；1 个月 297 页联锁试验卡全部验证……在改造人员的共同努力下，保质保量完成了项目初期定下的“DCS 改造修后性能试验满足要求”“一次接线准确率达到 99%”“不出现因施工、安装、调试责任造成的质量事故”的三个质量目标。奋斗是青春的底色，兰电人的青春就是在一次次攻坚克难中的闪光。

5 月 8 日至 10 日，即将完成 DCS 国产化改造的 3 号机迎来首次大考——中国自动化学会发电自动化专委会组织专家严格按照 DL/T 261 -

2012《火力发电厂热工自动化系统可靠性评估技术导则》与 DL/T 659－2016《火力发电厂分散控制系统验收测试规程》等相关行业标准，对 3 号机组 DCS 控制系统与 DEH 控制系统进行测试与评估工作，涉及控制系统电源可靠性试验、数据处理功能试验、I/O 信号处理精度检查测试、逻辑设计组态合理性、正确性测试等共 35 项测试，最终中国自动化学会发电自动化专委会专家组给出可靠性测试与评估意见，国产化改造后新系统的性能和指标全面达标，部分性能超越之前的进口系统。这既是对此次改造的圆满答卷，也是浙能集团发电机组国产化改造实力的“亮剑”，如图 5－4所示。

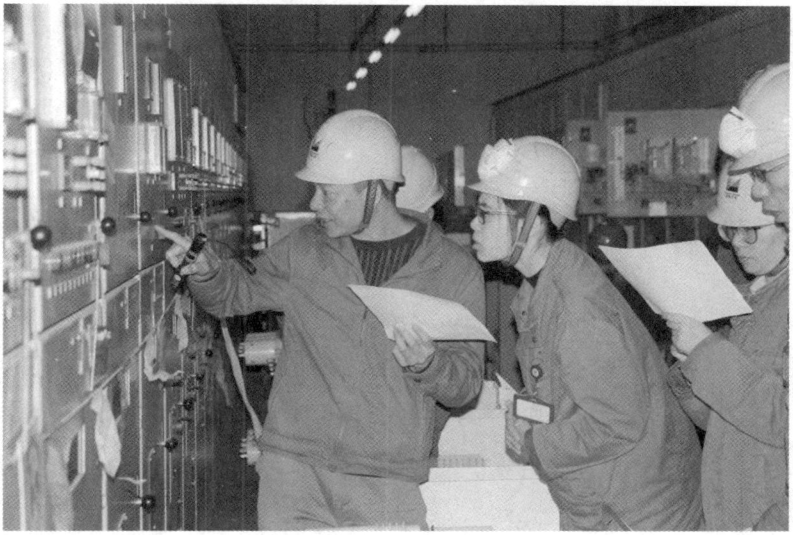

图 5－4　兰电职工人才培养之梯队建设

没有比人更高的山，没有比脚更长的路，这场与时间赛跑的 DCS 国产化改造就是浙能兰电公司全力响应装备国产化和自主创新、向前迈进的踏实一步。兰电人始终以保质高效为目标，以无私奉献为动力，以团结合作为支柱，立足自身岗位展现新担当，汇智聚力谋求新突破。

习近平总书记说：“一切伟大成就，都是接续奋斗的结果；一切伟大事业，都需要在继往开来中推进。”公司国产化控制系统改造项目的顺利完成，进一步夯实了兰电高质量发展基础，为兰电“十四五”规划开好局、起好步。国产化系统“唱主角”势在必行，浙能兰电的国产化改造实践为国内同类型项目提供了强有力的案例支撑，也为国产化系统“大放异彩”注入强劲动力。至2023年，浙能兰电4台机组的DCS国产化改造全部完成。后续，浙能兰电将在国产化控制系统上继续深耕，进一步提高自动化控制水平，把“能源饭碗”牢牢端在手中，立足“中国控”新阶段，在工控安全、科技自信、创新发展道路上阔步前行。

三、文化学习，员工腹有诗书气自华

作为一家发电企业，如何将“企业”与“文化”连接，是兰电在文化建设中需要解决的首要问题。读书使人明智、教人明理，唯有将企业读书活动有机融入企业文化建设中，让文化外化于行，内化于心，才能达到企业文化建设的良好效益。

因此培养员工爱书、读书的好习惯，是兰电自建企以来一直孜孜不倦的追求。为培养员工阅读兴趣，兰电专设员工阅览室，提供借阅服务，凭借员工证件即可免费借阅书籍。“书香支部”建设助推了书香兰电建设，公司各党小组纷纷建立“读书角”，根据员工兴趣选购书籍，经常性组织员工开展“读书活动”，掀起一波波阅读热潮，同时兰电团委还开展图书以旧换新、交叉阅读等活动，一项项读书活动，让读书成为了兰电的“时尚”。

兰电公司处于浙江金华所属的兰溪市地界，兰溪盛产兰花，为兰溪市花，兰花产业为其主要产业之一。兰花以其典雅、高贵著称，与兰电人的理想与追求具有极高的契合性，为此，位于兰江之畔的浙能兰电，在20年兰电文化建设中，强调和突出人的美好品性培育、人的德行才华塑造。无论是浙能集团的企业文化内涵、浙能兰电的“三园文化”建设，和石刻文化建设，最终都与兰花品质相关，即树立兰电人的优雅有内涵、高洁有节操的“君子兰”形象。最初作为廉洁形象的象征，现明晰为高雅廉洁、清新干净“君子兰文化”。

文化润其内，养廉固其本。浙能兰电不断推进宣廉、倡廉、促廉的廉洁文化建设，深化廉洁文化传播，形成兰电特色廉洁文化景观。兰电人在浓厚的尚清廉、崇实干、重修养的廉洁文化氛围影响下，积极参与以“君子兰文化”为代表的廉洁文化学习中去。

兰电人积极参与廉洁文化宣传活动，将自己学习成果进行转化，为公司发展提供“廉”动力。兰电人多次举行以廉洁和安全为主题的金句征集活动，在活动中兰电人的灵感如泉水般涌现，纷纷参与投稿，展现自己的创意，展现出极高的活力。

以创促学，以创促建。兰电人充分发挥自己的创造力，手绘“君子兰”帆布袋，开展手绘“君子廉香”漫画活动，将清风正气落于笔端，用画传廉；制作君子兰盆花，送“君子兰”文化牌进各个班组，将廉洁文化的种子播撒到各部门，做到举头见廉，低头思廉；“清风”汇“正气”，以“梗”话“清廉”，在“启航新征程　浙 Young 说清廉”首届“青”廉脱口秀大赛中，兰电人要求围绕“清廉”+“青年”进行主题创作，拍摄以《“兰”朋友送“青廉”》为题的脱口秀短视频，用“冒热气”“接地气”的新形式分享自己对于清廉的看法和观点。厚植清廉之土、播种清廉种子、浇灌清廉之水、培育清廉之花，名为“君子兰”的清廉之花将在兰电盛开。

兰电公司外送供电，内练内功，注重以“责任，执行，执着”为核心的安全文化学习。安全文化是兰电公司企业文化的重要构成之一。公司各部门不定期开展学习会、读书会、交流会等，交流工作经验。以每季度一次安全警示教育、每月两次学习班的形式开展安全学习，多方面促进安全文化学习，增强安全意识。还有兰电人在自己对安全文化的理解的基础上自创了《安全生产之歌》，彰显出了兰电人的无限创造力。

“道虽迩，不行不至，事虽小，不为不成。人生漫途，当持敬业之态度，恪尽职守，敢于履责，自觉尽责，勇于担责，穷则独善其身，达则兼济天下。”是兰电人一直以来坚持的态度。秉持着这种态度，兰电人从未停下过学习的脚步，为自己赋能。

正如《旭日兴言》的序里所说“阅读延伸了生命的宽度和厚度。经天纬地，这种奇迹或多或少发生在每一个兰电人身上，作用于‘兰电’这艘航行在历史长河的巨轮上。”兰电人从未停止过阅读学习。公司基于此成立了文学协会，并在党群驿站开设读书角，满足兰电人的阅读需要。文学协会定期开展读书分享活动，营造出“爱读书、读好书、善读书”的良好氛围，即使在疫情期间，也坚持开设线上读书会，做到“与书本为友，与知识为伴，为人生奠基”。同时，公司在新闻中心又开设文学作品板块，兰电人在此板块畅所欲言，分享自己的所感所思，所想所悟。散文、诗歌、小说等各式体裁均有涉猎，呈现出百花齐放之景。

读书使人进步，读书使人有内涵，读书使人明事理。胸藏文墨虚若谷，腹有诗书气自华，兰电人在读书中让自身的气质与兰花气韵高度吻合，书香与兰花香飘扬在浙能兰电，让浙能兰电更具科技特性、更有谦谦君子风，让兰电人更有风华，更具内涵。李克强总理在 2015 年《政府工作报告》中提出“倡导全民阅读，建设书香社会”，兰电人一直在践行中。

兰电人将继续秉承爱读书优良传统，深化示范点建设活动，让书香像阳光一样洒满兰电的每一个角落，让学习像雨露一样润泽员工的每一处心田，在墨香中，让员工们汲取企业文化的“根”与“魂”，不断推动企业健康可持续发展。

第六章　石刻文化植底气，红色管理正风气

第一节　传承石刻文化，兰电厂区再添美景

凡来浙能兰电的人，首先映入眼帘的一定是公司正大门的大型石刻“浙能兰电”，这是浙能兰电在“三园”文化建设基础上的又一创新：兰电石刻文化建设——打造以石刻为主的企业文化长廊。初始设想有三：一是把“家园、校园、公园”文化的理念与景观有机结合，为厂区增加一道有温度、有情怀、有底蕴的人文之美，打造员工与企业共同成长、共同奋斗的独特印记与景观。二是取“刻”字的深意，让兰电人通过长期的耳濡目染，把兰电文化理念“刻”进心里，融入工作、生活中，是以景育人、以石喻坚，刻骨铭心。三是取“石刻”的谐音“时刻”——时时刻刻，激励兰电人要时时刻刻以先进理念为指导、为要求，做好工作、做强兰电，既添美景，更助力兰电品德塑造。

一、国学文化，石刻艺术源远流长

石刻文化是指以石头为材料，在上面刻画文字、印章等图案的文化现象。石刻作为一种重要的文物形式，与陶瓷器、金属器、纸本类共同构成了中国历史文物的四大主干。石刻文化在中国历史文化中有着重要的地

位，源远流长，几乎在所有的自然景观处，都会有石刻、崖刻或碑刻、画像、题名等。

早在石器时期，人类把天然石穴作为主要的居住地点，开始采集和打磨天然石块作为使用工具，来从事打猎，以之作为生活来源。到了新石器时代，先民逐渐在生活生产实践领域形成了一定的审美意识，对石头本身的实用价值之外的特性萌生了好感，有意识地在岩壁上刻画人与自然万物之间的关系，从而实现了自我自觉意识。

秦的统一，社会发展，铁的广泛使用及各方面条件的成熟，出现了“秦刻石”。刻石是中国石刻的第一种文化形式。汉朝，石刻文化兴盛，碑刻等新石刻形式大量出现，庙碑、墓碑大量建立，形成“汉碑”时代，成为社会经济文化史和书法艺术的重要载体。例如东汉灵帝熹平四年（175 年），蔡邕等奏求正定五经文字，得到灵帝许可。于是，参校诸家经书，由蔡邕等将《易经》《尚书》《诗经》《周礼》《春秋》《公羊传》《论语》七部儒家经典刻于碑石之上，立于洛阳城南太学门外，此即熹平石经，开中国儒家石经之先河。

唐朝时期，唐玄宗爱好石刻文化，优待石工，扶持石刻艺术，使石刻文化达到古代的峰值，其石刻文化表现出无妄之美，刻画精细，技艺娴熟。代表作品有龙门石窟、大佛峰、龙泉寺以及洛阳白马寺石窟等，石刻文化成为当时文化艺术中的重要组成部分。把时代拉长一点，隋唐五代出现第二个高峰。刻石碑刻、墓志、画像、造像、题名等得到了充实与丰富。同时也有新的石刻形式出现。

宋代，石刻技艺得到了更进一步的发展。首先，宋代加强了对古代刻石技艺和传统文化的保护，借鉴了唐代的技艺和尖端技术创新，还加入了一些政治教育内容。其次，宋代石刻文化随着经济的发展而蓬勃发展。宋代石刻文化表现出旷世之美，以佛教、道教、儒教三教文化为主流，还有以民间文化为特色的石刻作品。在宋代，人们对石刻技艺的推崇，也使得工艺技术变得越来越高超。

石刻文化内容涵盖中国古代政治、经济、军事、民族、宗教、文学、科技、民俗、教食、地理等，堪称大型中国古代史料文献汇编，更是研究史料、撰写论文不可或缺的现代化工具。而且，石刻与藏之于秘府的典籍不同，它铭之于石，公之于众，记录着各个历史时期的社会状况，所揭示的史实也较为可靠，可以作为订正古籍的有力证据和补充经史的珍贵资料，其价值不亚于甲骨文，在中国文化传承中的发挥着巨大作用。

传承中华石刻文化，开创现代红色石刻，正是“浙能兰电”建设石刻文化的意图所在。

二、兰电石刻，陶冶情操提高素养

兰电石刻是浙能兰电党委决策下、在浙能集团和电力板块的引领下，将长期形成的价值理念文化、行为制度文化和物质形象文化的总和，也就是兰电文化体系，有规划地刻在景观石上，作为兰电企业文化长廊项目的一个重要组成部分和核心景观。

浙能兰电最早最大的石刻，是 2004 年公司成立之初设置矗立在兰电西南门——1 号大门正门口，也被兰电人广泛认可是企业的“压舱石”“振企石”。正红色的“浙能兰电”四个大字彰显国企担负社会责任和使命的正气、大气与朝气，构成大门一道独特的风景线，也是浙能兰电对外的一方“红色窗口”和定位标志物。那个时期，周边的民众提起浙能兰电，都会说“门口有一块大石刻，很方正!”对每次经过兰电的民众都留下了深刻的印象，也默默起到企业文化内核对外辐射企业影响力，陶冶情操的作用。

后来，兰电最早的这块石刻“浙能兰电”，从 1 号门搬运放置于 4 号机主变侧，为浙能兰电镇守着发电机组；如图 6－1 左图所示。而在浙能兰电公司正大门的花坛上，矗立起一块巨大的“元宝石”，上面依然大书“浙能兰电”四个大字；如图 6－1 右图所示。

2010 年 10 月，浙能兰电领导与职能部门视察厂区绿化和设施时，与专业规划人员进行了沟通，基本确立了浙能兰电公司整体美化布局和企业文化长廊展示方案。2010 年 12 月 10 日，浙能兰电召开了文化长廊施工图纸审查工作会，对每一块石刻的具体石材、放置位置、朝向角度、刻字内

图 6－1　浙能兰电 4 号机组边石刻、现公司大门前新石刻

容、陈列次序等进行详细的论证。12 月 28 日，相关部门人员对文化长廊中的石块安置位置与安置方式进行了协调沟通，浙能兰电石刻文化建设方案进入实施阶段。

经设计单位相关人员实地考察，认定浙能兰电相关地面的土地已经过五年多的沉降，已经形成了较为厚实的覆土层，不需要重新挖开后进行混凝土的浇灌，可以保证放置重量达 5 吨左右的石块后，不影响下方管路的安全运营；而对 30 吨左右较大石块安置，将原公司正门口的 32 吨重量的石块，原定移至公司 1 号主变的右前方，即香溪路最西头，但经多方论证和对地下管线的排查，参会人员一致认为此处地下管线较多，会影响到生产的安全运营，为此改为将此石块移至 4 号机组主变前方，即公司 2 号门进入生产区处，既保证了公司地下管路的安全运营，也为公司 2 号门进口处增添了一条亮丽的风景线。在经过了公司各部门和各党支部对文化长廊方案的具体施工细节、效果图可行性、实施步骤等进行了细致讨论和详实商榷，为浙能兰电公司文化长廊方案的具体实施做足前期工作。

浙能兰电公司文化长廊是一种独具特性的文化展示方案，是进行企业文化宣传的有效形式。2011 年 1 月下旬（春节来临之前），公司文化长廊已初步建成，标志着浙能兰电企业文化建设又上了一个新台阶：浙能兰电正大门的防洪大坝上，常青树以另一种“石刻”的形式醒目写就浙能的“三为”使命：“为发展提供动力”彰显公司鲜明的行业特色，“为社会创造价值”体现公司崇高的企业精神，“为员工谋求幸福”反映的以人为本理念。每天员工进出企业大门时都收到被强烈的幸福感、使命感和责任感鼓舞着、激励着。就如同 2011 年文化长廊建成后，每一位初进公司的新员工，从 2011 届至 2023 届，超百名刚刚从大学踏入兰电企业的青春稚嫩“娃娃脸”，都会在入职感想中对兰电的石刻文化印象深刻，或是被“以德立人 以能立业”的企业价值观深深感动，或被“让事业精彩 让生命闪光”企业精神点燃奋斗火苗，又或被“家国 公园 校园”的兰电“三园”文化焕亮对现代化绿色能源国企的新认识，抑或被“仰望星空 脚踏实地”的石刻晕染对前路的无限憧憬……这一切都在兰电人踏入这个企业的第一步，那个坚实坚定的起点，如石刻一样，印上了一份有情怀、有梦想、有叶有花亦有果有实、有泪有汗亦有血有肉的“兰电烙印”，说是陶冶、说是提高，更确切说是一份企业文化的洗礼、一份与企业共同成长的馈赠。

同时，在初建成的企业文化长廊特别是厂区内主干道上耸立着的一块块大黄石石刻，这是浙能兰电为员工创造价值观，加强文化长廊建设，融入本地文化风格，集中体现公司价值理念的内涵和发展历程。读懂一个行业，埋藏一份情怀，往来间兰电人耳濡目染、备受鼓舞，陶冶情操、提高素养，一股子力量在他们心里深扎根、茁壮成长。

三、文化融合，时刻创新时刻进步

在浙能兰电，文化融合是每时每刻的，文化发挥作用的形式也是不拘一格、与时俱进的，企业文化内化于心、外化于行、固化于制。浙能兰电从筹建以来，先后经历了几个历史时期：

第一是从无到有的创业时期。这一时期的兰电，既要基建、又要在基建中为发电机组及电力生产与供应流程预设、预埋、预建，意义十分重大，任务极其繁重，同时情况十分复杂，条件异常艰苦，困难特别集中。经过全体干部、职工的众志成城、艰苦奋斗和顽强拼搏，一座装机容量为 4×600MW 的现代大型火力发电厂，以自己特有的英姿和风采，横空出世，傲然崛起在浙西大地上。正是在这一时期，兰电的员工队伍在经受和经历了创业的砥砺和磨炼之后，迅速地成长和成熟了起来，变得更有精神和思想，更加自由和自信。正是在这一时期，兰电人用自己的心血、汗水和勤劳，用自己的忠诚、激情、智慧和信念，孕育了公司一切辉煌时刻，赋予了公司与生俱来的一切优秀品质，注入了必定将公司引向基业长青的各种先天基因。兰电的每一位员工，都有理由为自己能够亲身经历、见证并创造这一创业时期，感到无比的光荣、自豪和骄傲。

第二就是从基建到生产的转折时期。这一时期，浙能兰电要一手抓基建，一手抓生产，任务更加繁重，情况更加复杂，困难更加集中，工作更具挑战。正是在这一时期，兰电人再一次凭着自己永不褪色的创业激情和经过创业洗礼与升华的各种优秀品质，又好又快地实现了公司从基建到生产的历史性转折，并在这种转折的过程中，使公司迅速跻身于优秀企业的行列。虽然这一转折时期很短，但这一转折时期却很闪光，兰电人作了出许多探索，创造了许多经验，留下了很多财富，值得每一位兰电人回味、珍藏和记忆。兰电的每一位员工，同样有理由为自己能亲身经历、见证并创造这一转折时期，感到无比的光荣、自豪和骄傲。

无论是从无到有的创业时期，还是从基建到生产的转折时期，浙能兰电广大干部职工的开拓进取、无私奉献、忘我劳动、杰出表现和所取得的突出工作业绩都在当时汇聚凝结成一份宝贵的精神财富、文化结晶，以一种非常特别的形式存留下来，比如兰电报、兰电杂志期刊，兰电文集，宣传窗、报告资料和视频等等，那时，兰电石刻还未出现。

第三是浙能兰电从优秀走向卓越的历史时期。从优秀走向卓越，是企业提升和创新价值的最好途径，是企业生存和发展的最佳形态，是企业基业长青的必由之路，是一切伟大企业之所以伟大的奥秘所在。正因为如此，从优秀走向卓越，成为浙能兰电与生俱来的梦想，成为兰电人执着不变的人文情怀，成为浙能兰电和兰电人在跻身于优秀行列之后超越自我、成就自我、完美自我、永恒自我的欣然与必然的唯一选择。比如说，要把当时安全生产好的局面一直保持和发展下去，可能更加困难。从优秀走向卓越，相对来说是企业最为漫长、最具挑战的一个历史时期。可以肯定地说，这一时期比前面两个时期要长得多，因为从优秀走向卓越的历史进程，是伴随着企业整个生命周期的事情。

卓越没有终点，浙能兰电的生命周期有多长，追求卓越之路就有多长，而且只有基业长青的公司，才是一个真正卓越的公司。所以，那些员工与企业共同成长的点点滴滴，那些经历发展变强变优的经验，是时刻在进步、时刻在创新、时刻被铭记、时刻被传承的。

不是只有基建期或是基建到生产的转折期才有精彩，而是在今后漫长的过程中，更需要兰电人去演绎精彩、展示精彩。在这个过程中，浙能兰电将优秀升华到极致，要超越优秀、成为最好，超越最好、挑战极限，超越时空、走向永恒。公司的每一位员工同样都有充分的理由，为自己已经并将继续亲身经历、见证并创造这一新的历史时期，而感到无上的光荣、自豪和骄傲。

在 2010 年，公司已明确提出：着力推进党建与企业文化工程，努力提升公司的软实力。这是党的领导下，党建与企业文化融合最直接的体现。一是进一步实践“大党建”理念，努力构建更加科学、更具特色的公司大党建格局；二是开展公司党建质量体系建设，进一步实践和探索以“五项建设”“五大工程”“五个结合”为内核和特色的公司党建模式；三是制订并颁发《公司管理手册》，进一步丰富和完善公司的事业理论建设，努力探索具有先进性和自身特色的兴企之路；四是以“人本、科学、创新、一流”为核心理念，加快建设和培育以家园文化、校园文化、创新文化和开放文化为内涵和特征的公司先进文化；五是制订员工《行为评价管理办法》，持续加强员工行为建设，不断推进公司的“争气、正气、大气”建设；六是扎实开展学习型组织、省级文明单位和职工之家创建活动，进一步拓宽和丰富公司精神文明建设的载体。

在此背景之下，兰电以石刻为核心要素的“文化长廊”被明确提到建设日程上，同时石刻也谐音蕴意“时刻”，时时刻刻在进步、在创新，追求卓越，把党的先进思想、集团的优秀理念、兰电的科学管理经验等，通过石刻的形式，庄重矗立在企业内每个员工工作生活都会经过看见的地方，时刻提醒员工要时时刻刻进步、时时刻刻创新，时时刻刻奋斗、时时刻刻追求卓越，以文化提升促进打造企业核心竞争力。

第二节　创设红色石刻，创新兰电红色管理

浙能兰电石刻不是古代传承下来的，而是在2010年以后创建起来的，也就不重历史文化性，而着眼于时代特色的内涵，准确地说，这些石刻作品是红色石刻，体现着兰电的红色管理风格。石刻文化长廊，以1号大门为起点，将石刻分布在君子兰广场、行政楼到5号门路段（即香溪路），路左侧的石刻主要凸显以人本精神为主的红色企业文化，右侧主要凸显以安全生产为主的红色安全文化。石刻与周围的绿化、建筑以及整体氛围协调统一，不单单是几个字、几句标语，它们时刻提醒着也激励着兰电人在工作和学习中创先争优。

一、薪火相传，兰电石刻继承精神

兰电石刻文化，坚持党的正确领导，坚定文化自信，是对浙能集团精神的继承和发展。

浙能集团一直致力于打造具有浙能特色的企业文化，以“双让”精神、“双立”价值观、“三为”使命等为核心的文化理念深入人心，在标识司歌、行为规范等方面也已成体系。公司在文化建设初期就提出，核心部分与集团母文化高度统一，个性部分更具特色和生命力。因此，在汲取浙能集团公司文化精髓的基础上，浙能兰电结合自身特色和发展模式，提炼出“把公司建设成为一流的现代化发电企业”的共同愿景——与浙能集团具有一致性。而逐步形成的“三园文化”“石刻文化”是独具兰电特色的文化，最终引向“君子兰文化”。

1.“三为使命”石刻

在浙能兰电正大门的江堤上，常青树通过特别的排列和种植构成特别的“防洪坝石刻”，写就浙能“三为”使命，用使命激励人：

“为员工谋求幸福”——反映了公司的以人为本理念。员工是企业的

主体，是推动企业发展的动力源泉。公司以人企共进、共享成果、共生共赢为宗旨，在保证国有资产保值增值的同时依法保障和落实广大员工的各项权利，让员工幸福自豪地工作与生活。

“为社会创造价值”——体现了公司崇高的企业精神。国有发电企业是国民经济的重要支柱，是社会价值的重要创造者，公司在不断提供卓越价值的同时，促进公司建立和保持竞争优势，从而为人民生产生活带来更大价值。

“为发展提供动力”——显现了公司鲜明的行业特色。能源是国民经济发展的基础，更是保障民生的基础产业，公司以提供电力及清洁蒸气能源产品为己任，为社会经济发展提供不竭动力。

2. “双让精神”石刻：让事业精彩，让生命闪光

“让事业精彩”——昭示了浙能兰电人肩负发展电力事业这一神圣而崇高的使命，表达了兰电人使命感与责任感的统一，自豪感与成就感的结合，喻示着兰电人在不懈追求中铸就电力事业的辉煌与精彩，如图 6－2 左图所示。

“让生命闪光”——蕴涵了浙能兰电人的人生价值观，表达了兰电人崇高的思想境界：在建功立业中演绎闪光理念，在无私奉献中诠释闪光精神，在平凡岗位上塑造闪光形象。

图 6－2　浙能兰电“双让精神”“双立价值观”石刻

3. “双立价值观”石刻：以德立人，以能立业

“以德立人”——是公司对员工品行、修养、行为的衡量标准，体现了公司以德塑造人、以德成就人的道德追求、用人导向和育人理念。如图 6 - 2 右图所示。

“以能立业”——是对公司行业特性、社会责任和企业价值的反映，体现了公司电力事业服务社会的价值取向；是公司对员工知识和技术、能力与业绩的素质要求，体现兰电人凭智慧与才干实现自我价值的人才发展理念。

4. “三园”文化石刻：家园、校园、公园

“家园”——要把公司建设成为和谐、温馨、繁荣的“家”。包含两层含义：一是要把“家”的软硬件设施建设好，把公司打造成员工心中的“港湾”；提供一个员工成长成才的广阔舞台，一个安全可靠、公平公正的工作生活环境，让员工更有归属感、幸福感、安全感、成就感，快乐工作，幸福生活。二是员工要自发地把自己当作“家”的重要支撑，团结奋进，为把公司打造成自己心中温馨的“港湾”努力奋斗。

“校园”——要把公司建设成为一所教育人、培养人、成就人的“学校”。包含两层含义：一是要确立“建企即建校”之理念，为员工的学习和技能训练“铺好路、造好桥”，竭尽全力地促进员工成长成才；二是员工作为“学校”中的一员，要始终保持学习热情，永无止境地追求进步，尊师重教，报效企业。如图 6 - 3 所示。

“公园”——按照“优化、美化、文化”的要求，构建资源共享、文化互通、企地共荣的景点式工厂。包含二层含义：一是企业内部要抓好绿色环保、节能降耗工作；对厂区植被、景观进行优化、美化，让员工在公园式的厂区中身心愉悦地工作、学习；加强环保设施的建设和维护，坚定地为地方的碧水蓝天撑起一把防护伞。二是企业外部要充分利用自身资源促进地方经济发展，构建和谐社会。积极开展集中供热改造，为地方节能减排排忧解难，优化地方招商引资大环境，推动地方经济发展；通过组织共建，搭建企地党组织发挥作用新平台；文化联姻，营造企地合作发展的

图 6－3　“家园校园公园”三园文化石刻

良好环境。

5. 兰电“三化”企业文明生产核心理念石刻：优化、美化、文化

“优化”——通过科学的方法、实用的技术和必要的投入，竭力推进观念、制度、装置、布局等全面优化。

“美化”——按照公司整体美观的要求，使公司文明生产活动的过程及成果与公司环境协调统一，完美契合。

“文化”——主动践行具有感召力和的公司精神、价值观、核心理念，处处彰显优秀文化气息，持续提升公司品位和员工整体素养。

这也是浙能兰电在 2011 年提出的，目标是提升价值，以优化、美化、文化的“三化”为要求，以文明生产专项行动为主要载体，在抓好公司安全生产、经济生产、清洁生产、文明生产的基础上做好精益生产，力争在红海竞争中取得好成绩。如图 6－4 左图所示。

6. 兰电“三气”企业品位提升核心理念石刻：正气、大气、朝气

“正气”——刚直正义，坚持原则，敢于担当的浩然之气。树立忠诚奉献的心态、光明正大的作风、纯正良好的风气、正大刚直的气势，有正心、走正道、讲正义、扬正气、促和谐，营造“风正、气顺、心齐、劲足”的浓厚氛围。

“大气”——顾大局识大体、厚德载物、淡泊名利的宽广胸怀。展现服务大局、勇担重任的气度，追求厚德载物、行稳致远的品行，弘扬淡泊名利、无私奉献的精神，大道无形、大气成器，事业上同心、同德、同力，互帮、互助、互爱。

“朝气”——蓬勃向上、锐意进取，与时俱进的气概与激情。时刻拥有突破现状、追求卓越、敢于表达的勇气；时刻保持精神振作、奋发向上、力求进取的气概；时刻保持闻道勤行、朝气蓬勃、厚积薄发的激情。如图 6 – 4 中图、右图所示。

图 6 – 4　浙能兰电“三化”“三气”文化石刻

文化建设的过程：概括起来是八个字：从无到有，有归于无。从无到有是企业文化的落地生根过程；有归于无，是企业文化的浓缩升华过程。两个过程要有机结合，统一于企业文化建设的全过程之中。

从无到有，也就是老子曾说过的：道生一（从核心理念到事业理论）、一生二（有形领域和无形领域）、二生三（物质文明、政治文明、精神文明建设）、三生万物（三个文明建设的一切成果）。而有归于无，即公司形形色色的一切都要体现企业经营的大道——以人为本。继承了中华文明的传统、中国文化的内涵，体现了传统红色文化的同时展现了时代红色。

二、时刻安全，红色文化兰电风格

浙能兰电以全面提升公司形象和管理水平，有效增进公司凝聚力、竞争力和创造力，促进公司精神文明建设长足发展为目标，通过以文化凝聚人心、以文化创新管理、以文化规范行为、以文化培育先进，坚持以安全生产为基础，通过石刻、橱窗等将安全文化所倡导的价值观、愿景、理念等时时刻刻渗透到员工日常行为中，切实增强员工安全意识，倾力打造具有自身特色的高品位企业文化。

1. 兰电“三大历史任务”石刻：安全生产、科学发展、保持活力

“安全生产”——是基础，坚持安全第一，是企业的庄严承诺，是兰电人共同肩负的责任。树立安全生产，人人有责、人人参与、人人重视的信念，落实责任制、提高责任心，人人都为实现企业本质安全尽心、尽力、尽责。在公司，安全生产不仅仅是企业领导和安全管理部门的事，而是“大家的事”“每个人的事”。公司分时段、分层次严格把控、落实各项安全生产责任，形成了凡事有人负责，凡事有人监督，人人（层层）抓安全的良好工作氛围。

全力以赴抓好安全生产，夯实安全生产基础。仍然要强调既围绕安全抓安全，又要超越安全抓安全；仍然要强调居安思危、警钟长鸣；仍然要强调以人为本、科学管理；仍然要强调赢在策划，有效组织；仍然要强调对问题“零”容忍、追求问题的根本解；仍然要强调推进本质安全工程，打造本质安全型企业，实现本质安全化；仍然要大力实践人本、速度、集中、预见、系统、协同、执行、反馈的核心理念；仍然要大力强化设备管理核心能力和安全生产应急能力的建设。

“科学发展”——是目标，浙能兰电公司坚持以科学发展观统领全局，确立了“把公司建设成为一流的现代化发电企业”的目标，以科学发展观为指导，强科学管理、抓全面对标、树行业先行，企业各项工作稳步推进。

坚持一只眼睛向内，一只眼睛向外；要一手抓硬实力建设，一手抓软实力建设；一手抓公司的先进性建设，一手抓公司党的先进性建设；一手抓人本管理，一手抓科学管理；一手抓内涵发展，一手抓外延发展；一手要立足于红海竞争，一手要放眼开辟蓝海。所有的工作都要围绕提升价值和创新价值来展开，一切活动要么能带来价值的提升，要么能带来新价值的创造，否则这些活动没有任何意义。一个是提升价值。联系到浙能兰电公司就是要去实现安全生产或者更安全的生产，经济生产或者更经济的生产，清洁生产或者更清洁的生产，而要实现安全、经济、清洁生产，最重要的就是要去追求更高的目标，那就是文明生产，通过对这一更高境界的追求，来加快实现公司安全生产、经济生产、清洁生产水平的提高。

“保持活力”——是条件，公司的活力来源于公司的先进性建设，来源于公司的学习、变革与创新，来源于公司的争气、正气与大气建设，来源于朝气蓬勃的干部和员工队伍，来源于蒸蒸日上、欣欣向荣的公司事业，来源于和谐的企业内部和外部环境。如图 6 – 5 左图所示。

图 6 – 5　浙能兰电历史任务与管理理念石刻

2. 兰电企业管理核心理念石刻：引领先进、系统推进、持续改进

引领先进，系统推进，持续改进是公司所有管理工作的指导思想，是公司科学发展的灵魂。“引领先进”——公司各项工作永远和不懈追求的最终目标和方向。“系统推进”——实现目标的手段。“持续改进”——实现目标的方法。如图 6 – 5 右图所示。

通过导入和融合各类先进的管理方法并持续完善，最终建立以“引领先进”的流程清晰、符合实际、具有公司特色的完善的管理体系。

3. 兰电安全方针石刻：安全第一，预防为主，综合治理

“安全第一”——“人民群众生命财产安全”是首要考虑因素，包括企业及个人的一切行为。浙能兰电在生产发展、经营管理、标准制度建设等各个方面，把“安全第一”作为最重要的原则。

“预防为主”——企业确立一种防范和预防为主的重大产生原则，安全工作任何事情都要及时采取相应的预防措施，遏制矛盾的升级发展，化解风险隐患，预防社会不稳定因素。

“综合治理”——在治理过程中，积极开展全面整治行动，综合运用法治、自律、教育、科技、督查等多种手段，形成统一工作思路，切实发挥员工作用，各部门加强合作和协同，全面治理各类安全问题，积极预防和解决安全问题。如图 6 – 6 所示。

图 6 – 6　浙能兰电安全方针与工作态度石刻

4. 兰电工作态度石刻——系统点检、精益运行、敏捷检修

“系统点检”——以系统全局的视角认真思考和巡回检查生产设备、审视安全生产。巡检要细心，永远做缺陷的第一发现者；运行分析要用心，从分析中发现隐患提高操作技能和经验；职业规划要专心，以积极的心态追求自身能力发挥的最大化；工作要有责任心，严格工作流程、强化监督管理和培训教育。

“精益运行”——精益求精、持续改进、实现运营效益最大化。强调物的明朗化和人的规范化，努力实现精益生产、精益改进、精益管理、精益运行，争取效率和效益的最大化。

“敏捷检修”——始终视维护设备的健康为重要使命，始终以高质量的检修和高水平的服务为追求的目标，努力实现由修理向护理的转变。

5. 兰电“企业梦想”石刻——本质安全、卓尔不凡、基业长青

“本质安全”——努力建设本质安全型企业，积极打造安全生产发电企业标杆，是公司及公司员工永不放弃、永无止境的追求。在牢固树立安全生产常抓不懈思想的基础上，深化安全文化建设，提升安全管理水平，锲而不舍追求企业的科学发展、安全发展。

“卓尔不凡”——眼睛向外，善于向外部、同行、竞争对手学习，向一切先进的组织、一切先进的事物学习，不断向外部寻找、学习、赶超标杆，并最终使职工自己成为标杆；眼睛向内，不断修炼自己、提高自己、升华自己，不断提升职工自己心中的标杆和心灵的境界，并且永不疲倦、永无止境、永不停息地去超越职工自己心中的标杆和心灵的境界。

“基业长青”——始终把学习、变革和创新放到事关公司先进性建设的全局来认识和对待，把学习、变革和创新注入公司的肌体，使它成为推动公司一切进步的原动力和永动力，扎实发展基础实现可持续发展。如图6－7左图所示。

图6－7　浙能兰电企业梦想与检修管理目标石刻

6. 兰电“检修管理目标”石刻——零缺陷、快响应、求时效、不重复

“零缺陷”——做好安全管理，真正把安全工作深入落实到每一项消缺、每一个岗位、每一台设备，动态实现“零缺陷”。

“快响应”——提高执行力，做到发现快、响应快、动作快、复位快，以最快的执行解决安全生产问题。

“求实效”——突出问题导向、实效导向，安全生产管理的每个环节都要务求实效。

“不重复”——全力做好安全生产落实工作，并举一反三深化整改，消除管理、经营、生产等各项工作上的薄弱环节，缺陷不重复填、不重复处理，错误不重复犯、漏洞不重复补。如图 6 - 7 右图所示。

7. 兰电“燃煤管理目标”石刻——敏捷、安全、经济、清洁

“敏捷”——蕴藏着充沛的精力、行动的敏捷、充满活力。日常工作中时刻保持充沛的精力和充足的热情，充满活力，行动迅速，不拖泥带水，始终秉持高效、优质的工作理念，如图 6 - 8 所示。

图 6 - 8　浙能兰电燃煤管理目标石刻

“安全”——本质安全，企业的生命，永恒的旋律。紧抓安全生产工作，贯彻本质安全理念，排查各类安全隐患，全面杜绝安全问题，一切工作应以安全为前提、为基础。

“经济”——以技术创新为动力，优化资源（煤）配置，为社会创造价值。倡导品质管理，推崇经济高效的集约型生产模式，致力于通过系统化的品质管理方式，优化燃料输送的经济效益。

“清洁”——清廉、廉洁、体现“6S”管理。全面推行文明生产理念，落实包干区责任制度，使“6S”管理在日常工作中得到体现；廉洁从业，规范管理，“出煤而不染”。

三、以人为本，民族复兴文化强企

举定中国特色社会主义旗帜，兴文化、聚人心、展形象。企业文化是一个企业发展的灵魂。经营一个企业，就是要让自己的员工生活得更好、更加有尊严、更具幸福感，让更具幸福感的员工去创造更多的价值，让更多的人幸福。实际上，还可以把企业的真相概括为一个字，那就是“人”。

浙能兰电位于小城兰溪，建立之初，员工大多来自台电、镇电、萧电等兄弟电厂，此后招聘的大学生也是来自五湖四海。因此，文化背景的多样性、人员结构的复杂性以及企业建设的使命感共同促使不同文化理念的融合、特色文化理念的构建成为年轻兰电的迫切需求。

1. 文化石刻——成为自我、超越自我、认识自我

“成为自我”——作为一个具有“个性、理性、德性、灵性”的企业；一个永无止境地追求“真、善、美”的企业；一个有精神、思想、文化的企业；一个自由、自主、自立、自强的企业；一个具有丰富的想象力和创造力的企业；一个心灵和心胸都无比宽广的企业；一个独具价值、独领风骚、独树一帜、独一无二的企业。

“超越自我”——“真正的竞争对手不是别人，是我们自己”，最强大、最顽固的竞争对手正是我们自己，对于个人是如此，对企业也是如

此。要不断检讨管理假设、改变“心智模式”、突破自我设限、回归企业真相，将优秀升华到极致，要超越优秀、成为最好，超越最好、挑战极限，超越时空、走向永恒。公司的每一位员工同样都有充分的理由，为自己已经并将继续亲身经历、见证并创造这一新的历史时期，而感到无上的光荣、自豪和骄傲。

“认识自我”——要重视认识自我，勇于并善于认识自我。既要认识我们的优秀，又要认识我们的不足；既要认识我们的企情，又要认识时代的背景；既要认识我们的外部，又要认识我们的内心；既要认识我们有利的条件，又要认识我们不利的因素；既要看到积极的一面，又要看到消极的一面；既要看到硬的一面，又要看到软的一面；既要认识当前，也要洞察未来。不怕有问题，就怕我们不去认识问题，或者认识不到问题。只要我们认识到存在的问题，我们就一定有办法去解决问题，如图 6 – 9 所示。

图 6 – 9　浙能兰电新时代文化石刻

2. 文化石刻——尊重知识、尊重人才、尊重创造

“尊重知识”——重视知识，重视学习是获取知识的阶梯。建立全员

"工作学习化、学习工作化"的培训理念，完善教育培训制度，营造良好教育培训环境，充分听取一线职工的培训需求，借鉴优秀培训模式，制订教育培训计划，有针对性地采取多种培训方式，推行培训激励考核机制，完善人才教育、选拔、培养机制，提高员工学习积极性和能动性，同时做好教育培训工作监督检查和评估工作，提高教育培训效果。

"尊重人才"——牢固树立"人才是最重要的资源"的观念，以造就素质优良、结构合理、技艺精湛的经营管理人才、专业技术人才和技能操作人才的三支人才队伍为目标，统一规划、分层储备、分级管理，建立各类人才信息库，积极做好人才战略储备，进一步加强人才前瞻性管理，按照重要人才、关键人才、后备人才进行超前思考、超前规划、超前培养，推进人才交流，促进人才跨专业、跨岗位、跨部门有序流动，不断提升人才优势，以适应企业发展和集团公司大能源战略的要求。

"尊重创造"——具有丰富的想象力和创造力的企业才会有更大的发展前景，要观念创新、体制创新、科技创新，不断学习先进的事物；是我们的精神面貌，是高度振奋、斗志昂扬、学习进取的；是内外部环境，内部环境建设是美丽的、和谐的，外部环境是与当地搞好关系，提高抗风险能力。创一流不仅是一句愿景、目标、口号，还可以延伸出很多大的，主要核心的是这三大标准。如何达到这样的标准，实现创一流的目标，需要我们有扎实的工作、严密的规划、有力的措施作保障。

3. 文化石刻——思维自由、精神自由、物质自由

"思维自由"——员工在兰电实现思维自由，就是实现"心智模式"和创造力、创新力的成长，与兰电共同成长，形成员工与兰电共同的格局、视野、胸襟或是一种看待事物、解决问题的思维方式和思考能力。

"精神自由"——员工在兰电实现精神自由，就是实现"内心世界"和精神生活的独立与成长，在与兰电干事创业的奋斗中，培养积极向上的心态和丰富充实的精神世界。

"物质自由"——员工在兰电实现物质自由，就是实现个人发展和生活水平的稳步提升，在与兰电共谋发展的同时，为员工的个人提供坚实的物质基础。如图 6－10 左图所示。

图 6－10　浙能兰电新时代文化石刻

4. 文化石刻——仰望星空、脚踏实地、勇往直前

“仰望星空”——永不疲倦地“梦想、理想、思想”。每个员工有理想有抱负，所有的努力都在于、也全神贯注于公司的先进性建设，只争朝夕地把公司打造成真正具有先进性、能够代表先进性的公司，只有先进的公司才是最具价值的公司，才是最能生存和发展的公司，才是最能带给员工安全感和幸福感的公司，才是最能帮助员工成就理想和梦想的公司。

“脚踏实地”——永不停息地“创业、创新、创造”。千里之行，始于足下。着眼长远，着力当前，付诸行动，从我们的打算开始，到我们的行动，我们的实践，我们的努力，我们的学习，都要敢于创新、敢于实干、敢于创造，扎扎实实做好每一件事，为实现个人发展和企业发展动真枪、动真格、求实效。

“勇往直前”——永无止境地追求“真、善、美”。从政治上、工作上、学习上、生活上、安全上、健康上、成长上，全方位、系统化、制度化地关爱员工，并且要团结、动员、引领全体员工为，更应该底气十足，应该正气浩然，应该大气磅礴，把公司建设成为国内管理和经营最为精良的现代一流企业，如图 6－10 右图所示。

第三节　融合石刻文化，形成君子风兰花意

作为内陆电厂和浙西南骨干支撑电源，浙能兰电对优化地区电源结构、调节电网稳定具有重要作用。浙能兰电积极响应上级党组织部署，以文化建设提升廉洁风险防控能力，不断推动“清廉国企”建设，为打造百亿廉洁工程提供坚强保障。从“集团文化”到“创业文化”，再到“三园文化”“石刻文化”，浙能兰电文化建设不遗余力，逐渐形成独具特色的“兰电文化”，总结提炼后，结合浙能集团企业文化、公司所在地兰溪文化，将浙能兰电的文化建设明晰为“君子兰文化”，既打造兰电廉洁品牌，也打造兰电人的君子之德、兰花之品。

一、盆栽石刻，大家小家修身齐家

浙能集团的企业精神、兰溪市市花“兰花”的内涵，与兰电追求的廉洁文化价值导向高度一致。据此，在原兰电文化建设的基础上，提炼、升华、发展出“君子兰”为核心的兰电文化品牌。“君子兰”文化内涵与隐喻的君子人格和春兰品行，极好体现出浙能兰电的企业之德、廉洁形象、美好人品。促进兰电人自觉清除心灵之垢，保障浙能兰电坚强党性。

文化建设，从可视化开始、潜移默化影响、提醒着兰电人在欣赏兰花的美丽、花香的醉人与感受工作证的魅力的同时。为此，浙能兰电专门设计打造了君子兰盆栽专用的花盆，花盆上的图案是兰电员工自主设计的（如图6－11所示），并根据运行部、维护部、设备管理部、燃料部、管理科室等实际工作设计了不同版本，在设计过程中结合了浙能集团及浙能兰电公司的文化理念。“君子兰文化”寓意被做成小卡片插在花盆里，一盆盆“君子兰”将廉洁文化、德能文化的种子播撒到企业每个角落、种植到每个兰电人的心坎里，举头见廉，低头思德，在日常工作、交往与厂区休闲中，就能让员工潜移默化地接受廉洁文化、德能文化的熏陶。兰花原生长于人迹罕至的深山里，人们喜欢它，将之移栽到庭院里、盆砵里，天

天侍弄、日夜观赏，有了无数咏兰文学作品流传。而在今天，兰溪市定其为市花、兰电人将其明确为兰电文化，兰电的各个部门里甚至很多员工的家里都有了盆栽兰花，正所谓“君子花落大家小家，格物知止修身齐家”，浙能兰电，将君子兰与“三园文化”“石刻文化”结合起来，形成了石刻文化的兰电特色。其中一些做法也具有兰电风格。

图 6－11　浙能兰电新时代文化石刻

其一，石刻盆栽——盆栽中放入石刻、或将栽花用盆刻上字都不是难事，其珍贵在于将“君子如兰”的文化意义融入石刻之中。以此彰显文化处处在，品质时时升的追求。

其二，平面兰石——把石刻文化的文字性融合于平面宣传画中，构建成“君子如兰”宣传画，既体现企业对员工坚强刚毅、品德高尚的追求，又凸显员工对企业蒸蒸日上、繁荣昌盛的祝福，更象征社企携手同行、共守一方净土、造福地方百姓的期望，如图 6－11 所示。

其三，花心相连——“君子兰”为花，兰电人的心灵为心，将兰花文化与兰电人心相连、相通，一体推进“三不腐”机制，持续推出创新举措，切实推动廉洁文化、德品文化的建设实起来、强起来。以德品为基，升华廉洁思想意识。

其四，时刻齐家——石刻，音谐“时刻”；齐家，管理家庭者能用自己的德行感化家人，让家族内部相宜。兰电人守住内心的净土，时刻提醒自己绷紧德品弦、廉洁弦，因而才有送“廉”进部门、进班组、进岗位、进家庭……以“身边人身边事”提醒和感染员工，营造风清气正的政治生态，即“清除心灵之垢、清廉立身、阳光从业”。

浙能兰电公司文集中有一篇这样的文章《咱们“大”家的幸福味》①，细数了“育人树人，成长中的幸福味”“衣食住行，舌尖上的幸福味”“缤纷多彩，活动里的幸福味”，把浙能兰电“工作着是幸福的”意义诠释出来的同时，充分表述了兰电职工在浙能兰电这个大家庭里感受的“齐家”与“修身”。而更为让人惊讶的是，作者是一对企业里的“小夫妻”，他们写的是公司双职工的那些幸福味，在文章最后，小夫妻感慨道：“公司守护初心、使命，不断增强职工的幸福感，用一点一滴的凝聚与累积、一丝一缕的努力与坚持，让职工甜甜的笑容和满满的幸福绽放在这片垫款上。”②

以小见大，以物喻人，融合石刻文化，自觉修身齐家，形成君子风兰花意。

二、主题布展，树人育人君子品德

在浙能集团党委指导下，浙能兰电继承中华传统文化之洗心、炼心、洁心之修身之法，运用党的思想政治工作之优，开展主题教育、红色文化学习等活动，无论是质量年、安全年，还是文化建设年等等，目的都在永葆政治方向不偏航、人品德性不下滑，归根结蒂可以理解为：育人思想坚、立场稳，树人君子德、兰花品，使人心纯洁，让人品高尚。

也就是说，浙能兰电懂得一个基本道理，任何思想工作，都是让员工从心坎里接受、认同，然后自觉自愿去坚定政治原则、立场，去修养人品、道德。这是思政工作的任务，浙能兰电因地制宜找出新路径、新方法，把政治工作与道德品质教育，融化于国学文化、红色文化学习，结合在文化自信与红色之旅中。

---

① 周舧，周建伟：《咱们“大”家的幸福味》，公司文集《韶华·初心集》第89－94页。

② 周舧，周建伟：《咱们“大”家的幸福味》，公司文集《韶华·初心集》第96页。

所以，兰电人在延安之行后写道："延安精神没有过时，对今天的我们与我们的国家依然有着伟大的现实意义。这种意义体现在廉政建设上、体现在经济建设上，体现在精神文明建设上。它是我们广大党员干部实现伟大'中国梦'政治信仰的精神动力；它是我们广大员干部恪守立党为公、执政为民的理论指导；它是我们广大员干部艰苦朴素、勤俭节约的行动指南。正如总书记考察延安时说：伟大的延安精神滋养了几代中国共产党人，始终是凝聚人心、占用困难、开拓前进的强大精神力量。延安精神具有永恒的价值。"①

兰电人嘉兴之行后，走上演讲台，激情洋溢地演说着："浙能集团是习总书记'八八战略'的实践者，是转型升级、勇立潮头的担当者。在党的'母亲船'上孕育而生的'红船'精神，凝结着中国共产党人不变的初心和使命。我们坚守能源大业，久久为功，步步为营，让红船听涛扬帆前进。"② 这是浙能兰电教育员工并取得成效的一个侧影。

浙能兰电在树人育人方面的另一重要做法，就是按集团提出的"标杆点创建要运用安全生产管理的思路去创新，且要与安全生产管理充分融合"的思路，通过对这一创建工作的专题研讨谋划，从高点站位、全局统筹出发，在原有廉洁风险防控对标安全生产试点工作之成效基础上，结合"君子兰文化"建设，创造性地提出"君子廉香"工程系统化建设，并以此推进"清廉浙能"标杆点创建，坚持把创建工作与公司改革发展同谋划同部署同推进，将公司标杆点打造为与浙能"八个一流强企"相匹配的国企清廉样本。

所谓"君子廉香"工程，从文化意义上就是以"君子兰文化"为内含，让君子之德、兰花之品如同花香一样飘扬在浙能兰电，从而促进廉政建设。据此，浙能兰电进行了顶层设计，提出了包括"四责六单"责任体系、"标准化"制度体系、大监督体系、"君子兰"文化体系；对这四大体系，在实践层面通过十个行动机制来落实，即以清单工作、责任记

---

① 付维：《一碗鸡蛋面遐想——延安党员教育之感想》，公司文集《但问耕耘》第29页。

② 盛淑慧：《红船精神作指引，转型升级谋新篇》，公司文集《韶华·初心集》第53页。

实、分析研判、问责考核四个机制保障责任体系落地；以 5A 标准化良好企业建设目标和风险智治机制保障制度体系落地；以“四式监督”和网格监督机制保障监督体系落地；以一体宣贯和警示教育机制保障文化体系落地。

“君子廉香”工程在浙能兰电持续落地生根，为巩固效果、警种，浙能兰电公司决定在行政楼一楼创新开设《君子廉香》移动式主题布展，一方面让进进出出的兰电人低头不见抬头见，时时刻刻提醒自己以“廉”为本，保持永远的纯洁；另一方面也让所有来浙能兰电的人关注到，受到影响。《君子廉香》移动式主题布展，就是让所有经过的人在这儿等人时、休闲时，也可能会去关注主题布展的内容，不经意接受教育。所以主题布展以简约、醒目为要，不在文字量多，而在图文并茂中让人一目了然，如图 6－12 所示。

图 6－12　《君子廉香》移动式主题布展

《君子廉香》移动式主题展，以一块 4 米高、5 米宽的核心主展板加上 15 块门型展示架，排成“Z”型阵列布展，寓意“正气”之势。主展板清晰地展示“君子廉香”工程的具体思路、总体构架，15 块门型展示架分别从“四责六单”体系、“标准化”制度体系、大监督体系、“君子兰”文化体系展示具体详细内容。

《君子廉香》移动式主题布展以常态化、专题化、窗口化的形式，在室内打造了全新的兰电君子兰文化“新石刻”“新时刻”，与文化长廊中的石刻文化相呼应、相映衬、相补充，是对浙能兰电“君子兰”文化的全新探索与系统深挖，多层次、全要素将廉洁文化渗透到企业主阵地、新窗口，使员工时刻沉浸在“君子廉香”氛围中，树人君子品德、育人兰花品质。

三、广场雕塑，开放合作兰花飘香

君子兰，翠如碧玉映纱窗，红似残阳照羽裳；一片丹心邀日月，九州清气漫钱塘。兰花，本是花中四君子之一；君子兰，其品质就是君子中的君子。所以陈毅情不自禁赞美：“幽兰在山谷，本自无人识。只为馨香重，求者遍山隅”（陈毅《幽兰》）。君子兰的奇妙之处就在于，任何人几乎都一见并喜欢，而喜欢的缘由又各不相同，有人喜欢花朵的美丽、鲜艳；有人喜欢叶子的碧绿、饱满；有人喜欢花香的明媚、醉人；有人喜欢她的柔和、有人喜欢她的刚毅；有人喜欢她的纯洁、美好，有人喜欢她的刚正、不屈。所以人们解读出许许多多关于君子兰的花语，每一种都寄托着人们的美好愿望或心灵追求。

而在浙能兰电看来，君子兰是一种文化，这种文化是新时代、新时期下，对浙能兰电文化体系、标准化制度化体系的创新性继承和发展，是20年兰电人思想、文化追求的成果总和，是对兰电特色文化的进一步凝练、升华，使兰电文化在继承传统的文化建设的同时，又焕然一新，并且不断散发出清新脱俗的兰花香味，展现企业新精神。

为此，浙能兰电党委总结公司的文化建设历程，从浙能集团公司到兰溪兰花纵横交错视角，于2023年进行专题研讨、细致谋划，正式将行政楼前广场命名为“君子兰广场”。并设计部署了君子兰雕像和君子兰石刻，为进一步推动“君子兰”文化，扎根企业党员干部和职工的自我革命深化、亮化、长效化，突出“勤廉并重”，持续弘扬清廉守正、担当实干之风，营造风清气正干事创业新氛围。

1. 石刻——君子兰广场

“君子兰”石刻是全公司唯一一块用青石雕刻的石刻文化，青石石材耐磨耐风化，寓意清正、廉明、自洁。兰花是兰溪的市花，也是浙能兰电公司廉洁文化的主角。“君子兰”文化与兰电渊源深远。“君子兰”隐喻君子般的人格和品行。浙能兰电党委着力打造“君子兰”廉洁文化品牌，将其作为一体推进思想教育、廉政建设的基础性工作，为企业健康发展、安全稳定保供提供重要支持。

“君子兰广场”是职工自己的心声。在正式命名厂前区广场为“君子兰广场”前，浙能兰电党委开展了面向全体职工的公开征名活动。2023年9月21日至10月8日，在全公司范围内对行政楼前广场名称进行了征集，有近百名热心职工参与。后经职能部门对征集结果进汇总及综合评议，并提交党委会统一讨论，确定了“君子兰广场”名称。

2. 雕塑——君子兰

这是对“君子兰”文化的具象化体现和升华，设计高约4米，长宽各约2米，以通体金属的材质和三向三立三正的高洁质感，雕塑成“君子兰”的形象，矗立在浙能兰电正大门进门处。具体展示分白天、夜晚两个模式，以更醒目、更直观地向员工展现出君子兰的刚正不阿和一身正气，兼具美感观赏性、教育警示性，宣传入眼、教育入脑、廉洁入心。

“君子兰”形象雕塑也是全体职工共同的智慧结晶。浙能兰电党委为进一步推动“君子兰”文化的深化、亮化、长效化，在前期征名确定“君子兰广场”的基础上，充分发挥广大职工众智众谋，于2023年11月7日至2023年11月17日向广大职工征集了“君子兰广场”的雕塑创意。当时，要求创意设计紧扣公司“君子兰”文化，主题鲜明、富有新意、独具美感，与兰电企业文化相呼应。交付创意形式可以是平面的设计图、概念图，或者是手工泥塑、橡皮泥手工设计作品，也可以是音频类，包括音乐、介绍性语音、音效等。创意的内容要求积极向上、美感观赏性强、具备一定教育意义，同时应确保原创性。公告一经发出，就在职工中引起了热议，很多职工都跃跃欲试。在后期与广告公司的设计理念沟通中，也考虑了职工的想法和创意。

浙能兰电深刻领悟习近平总书记的重要讲话精神，在品德教育、廉洁文化教育上，深化标本兼治、系统施治、多措并举，力争让反复发作的老问题逐渐减少，让新出现的问题难以蔓延，推动防范和治理腐败问题常态化、长效化。君子兰文化雕塑正是企业内反腐倡廉的“紧绷之弦”，是全体党员干部职工必须做到勤廉并重的警钟，是持续创新的“君子兰”文化新名片进一步形神并举固化了浙能兰电的“君子兰”文化形象。

第七章　浙能之德德立人，浙能之能能立业

浙能集团的企业精神是以德立人，以能立业。德，是中国文化的精神气质，是中华民族的文明特质；能，是中国文化的人文才华，是中华民族的善美力量。德能兼备，以德治理、以德教化而使人顶天立地；德能兼备，以能开拓、以能精深而使业兴旺昌盛。兰电人认为，德，思想而言是德操，伦理而言是德性，行为而言是德行；能，对人而言是能力，对事而言是能量，对物而言是能源。在中国特色社会主义新时代，德，首先是政治品德，然后是社会公德、职业道德、家庭美德、个人品德；能，首先是思想之能，然后是事业之能、专业之能、生活之能、协作之能。有德者有品质、有精神、有气节、有境界，有能者有才气、有才情、有才华、有才略。故以德立人、以能立业，这是兰电人永远的追求！

第一节　兰电修养，为事业树德立人

中国文化的德，是与道紧密关联的，所以合称“道德”。诸子百家皆论道、皆明德，尤以道家学说与儒家学说为显。但道家侧重天道天德、以自然为本；儒家侧重人道人德、以仁礼为本。儒道合一，德并行而不相害，道并行而不相悖，自然之道、天然之德，落实在德治与德化上，就是要有仁德。所以“大学之道在明明德”——弘扬正大光明之德。

兰电人把自然之德落实在浙能兰电公司的工作中，首要的是德化——

德育教化，然后是德治——以德治企，还需要德政——政治品德。

一、人文关怀，心灵港湾工作坊

生活出现倦怠、职场出现懈怠、思想出现疲怠，是受了打击还是信仰失落？生活遇困境甚至遇家破、职场被冷落甚至被打压、事业遭挫折甚至遭失败，类似的打击，会让人一蹶不振，也会让人更加奋起；20 年浙能兰电奋斗不息，没有懈怠、没有疲懒，而是为了火电事业一直充满激情、一直斗志昂扬。这是怎样的一支队伍？如果原本就没有信仰何来信仰失落，如果原来就有信仰又怎么会失落——《辞海》解释说，信仰是“某种宗教，或对某种主义极度信服和尊重，并以为之行动的准则。”兰电人心中有主义、有政治品德、有红色理念，红色信仰从未改变。一家企业、何以能够如此，正因为浙能兰电的文化建设，让兰电人的精神得到升华，让自身的价值观和道德观念得到进一步的完善，并且在工作中找到了自己的追求、心中的期盼、奋斗的目标。在文化建设中，人文关怀是兰电管理的重要特色。

浙能兰电树德立人，首要工作是德化——德育教化——德化中首要的是政治道德。自从党的十七大开始，每一次党代会都会提到“人文关怀”与“心理疏导”，说明党对人民群众十分重视人文关怀、开始着眼于心理健康。如果说党的十七大报告提出的是“注重促进人的心理和谐”，那么党的十八大报告则强调了“加强和改进思想政治工作”，把心理和谐与思政工作紧密联系起来；党的二十大报告进一步明确，注重人文关怀和心理疏导是思想政治工作深入贯彻习近平新时代中国特色社会主义思想的重要体现。浙江省在充分发挥人文关怀和心理疏导在基层思想政治工作中的作用实践中，通过省“思想政治工作研究会”开展了建立“心灵港湾”工作坊的工作，旨在帮助员工及其家属解决心理和行为问题，提高员工工作绩效并改善组织氛围和管理。浙能兰电敏锐意识到结合心理学方法创新思政工作，是新时期的一种崭新的德化方法。浙能集团于 2012 年开始探索建立员工心理疏导和干预机制，进一步创新党建工作方式方法，拓宽思想政治工作思路，并把浙能兰电公司作为试点单位之一。

浙能兰电在这项工作中，坚持从“心”出发，规划“心”思路、实践“心”动作、丰富“心”平台、发挥“心”作用的人心管理，实现“为员工谋求幸福”的同时，潜移默化于政治道德的教育，完善思政工作体系。事实上，凝聚力量，从心开始、入心而行的行动，浙能兰电早在多年前就已经做出了重要的努力，兰电人在2013年的一篇思政论文中总结道：“在规划‘心’思路上，规范组织机构、明确职责任务、建立长效机制，细化实施方案。在实践‘心’运作上，开展全员身心健康知识培训增加正能量，引导员工自我调节，解决实际问题，帮助员工减少困惑。在丰富‘心’平台上，建立双向交流的沟通方式，营造轻松愉悦的氛围，通过丰富多样的文体活动完善员工自我展示平台，提高幸福指数。并引导员工树立‘与企业一起成长’的理念，为公司员工建立情感纽带，加深员工的自豪感和归属感。在力求发挥‘心’作用上，引介员工人文关怀范围，让员工的‘小家’更融洽地融入企业的‘大家’，让‘大家’更和谐，让‘小家’更温馨。”[①] 很显然，浙能兰电在德化问题上，根据新时代新要求，不是简单地政治说教，而融思想政治工作于“心理疏导”，融德育教化管理与“人文关怀”，在人心管理与红色管理的结合上，走出了兰电之路。

这条兰电之路，浙能兰电也不是将其剥离于现实，而是落实在日常工作中、日常生活中，并且将其与当时的“三园”文化建设紧密结合起来，也就是把现代德化的思政工作与家园文化、公园文化、校园文化建设紧密结合起来，做好事情先学会做人，提升效率先理顺人心，后方稳定先安顿小家，把主题教育、政治教育融汇于“心灵港湾”工作坊，渐渐完善了三条工作坊建设途径，总结出健全员工心理预控机制的六个“法宝”。

这里将其归纳为“心灵港湾”工作坊建设的“三途径六做法”[②]。“三途径”：一是以先进的理念，引领建设“心灵港湾”；二是以多样平

① 黄祖平、陈夏等：《员工心理预控机制的探索》，公司文集《躬行始成》第26页。

② “三途径”引自黄祖平、陈夏等：《国有企业心灵港湾工作坊建设实践》，公司文集《躬行始成》第19－20页；“六做法”见黄祖平、陈夏等：《员工心理预控机制的探索》，公司文集《躬行始成》第27－29页。

台、丰富活动，推进“心灵港湾”建设；三是加强机制建设，确保“心灵港湾”工作坊科学运作。“六做法”：（1）建立有效的网络管理体系，明确职责，做到有“法”可依；（2）强化心理教育培训体系，紧贴实际，提升心理认知水平；（3）文化引领员工自我调节，营造氛围，帮助员工调整；（4）全面实施系统关爱工程，和风细雨，温暖员工心扉；（5）拓展员工交流沟通渠道，舍得用心，以热心换真心；（6）建立员工思想动态分析反馈体系，关注去向，及时疏通思想。

兰电人在技术创新上从不落后于人，在工作效率上从不落后人，在思想政治工作上也从不落后于人。在全面贯彻落实党的二十大精神、凝聚起亿万职工为全面建设社会主义现代化国家开好局起好步团结奋斗的磅礴力量的伟大历程中，兰电人明白这是习近平新时代中国特色社会主义思想教育的一个目标任务，兰电职工要全面实现，兰电家属也要全面实现。以崭新的面貌、积极的心态、昂扬的精神投入新时代中国式现代化建设中去。

二、思想引导，倡廉洁强化监管

浙能兰电作为一家内陆电厂，是浙西南骨干支撑电源，对优化地区电源结构、调节电网稳定起到重要作用。无论是开创那些年的基本建设、还是转为电力生产和供应之后，其项目投资体量大、资金多，在严肃反腐、推动清廉国企建设方面任重而道远。浙能兰电历届党委一以贯之的做法是坚持发挥国有企业党组织政治核心作用，用红色思想引领企业、引领员工，实现党政互融，以精细化思路做深做实做活党建工作。而在文化建设方面，“三园”文化、石刻文化建设，都与思想引导、心灵纯洁有关，以此来转变工作思路，创新工作方式，推进廉政建设；而一直坚持致力于打造百亿廉洁工程，逐渐走向打造“君子兰”廉洁文化品牌，兰电文化建设进入一个新时代：以兰廉香，以德治企。

德治，是中国传统的治国理论。发展到现代，既要德治、也要法治。企业管理，同样需要德治法治结合，德治就是既要有纯洁美好的道德品质，也要有优良的政治品德；法治既要有毫不妥协的党纪国法，也要有文化建设的规章制度。两者结合，实现以德立人；红色文化，以能立业，把党建文化优势转化为企业生产力，成为推动企业不断发展的内驱力。

20 年兰电以德治企，前半段以党建抓管理、以党建促廉政，具体就是：(1) 坚持以《管理手册》为指导核心全面加强事业理论建设；(2) 坚持以党建质量贯标为载体提升党建科学水平；(3) 坚持以深化延伸预防机制为抓手扎实推进廉政建设；(4) 坚持以学习型组织建设为载体打造高质量人才基地；(5) 坚持以“三贴近”“六大作用”为准绳加强思想政治工作；(6) 坚持以“人本、科学、创新、一流”为核心构建公司先进文化；(7) 坚持以节能环保工作为先锋努力建设绿色电厂；(8) 坚持以建设优秀安全文化为保障打造本质安全工程；(9) 坚持以全面推进信息化管理为重点打造数字化、智能化电厂。尤其在廉政建设方面，“借鉴了现代生产先进管理理念，从源头防范抓起，从体制、机制建设入手，教育、制度、监督三管齐下，强化公司党廉政建设，筑牢防腐拒变的防线，确保廉政安全。”①

20 年兰电以德治企，后半段以党建抓管理、以党建促廉政的主旨不变，但更关注人，关注人内心的成就感、获得感、幸福感。着重于兰电职工的精神洗礼，弘扬兰电人逆行中的平凡、平凡中的聚力，聚力中的德性绽放、能量绽放——兰电人称之“逆光中的绽放”。当别人可以休息的时候，兰电公司与兰电人都需要逆行到最前沿，是电力人在保障着电力的供应，让一切有了源源不断的电力能源。兰电人就是在为人民群众感受“岁月静好”时的担当者、付出者、逆行者！冬日的严寒，他们依然在电力保障的第一线；夏日的酷暑，他们依然在抗疫奋战的第一线。辛苦不断、劳动不息，却仍保持思想的干净，在廉洁文化、德育文化上贡献着兰电人的真诚与努力。君子兰文化内涵在以德立人的价值观中，渐渐充实、显现，20 年磨一剑，兰电文化建设进入新时代。

在浙能兰电公司的所有文集中，每一集都有反腐廉洁、道德教育的系列文章，既有严谨研究的论文，也有情感飞溢的思想倾诉，还有内涵丰满

① 《公司党建工作简介》，公司文集《我们的打算》第 8 - 10 页。

的散文诗。政研论文集《躬行始成》，是浙能兰电2013～2015年的课题论文集，涉及廉政建设的系列课题中有一篇《加强企业内部控制，构建廉洁国有企业》，在分析发电企业内部控制存在问题后，针对发电企业的特殊性，提出加强内部控制促进构建廉洁国企的措施，最后总结说："火力发电企业在内控建设中，持续通过建立健全内控体系、强化风险认识、提升信息化管理水平、加强内控人员的培训、加强内部监督等手段，一定能使我们的内控体系更加科学、合理、全面，从而促进企业稳定、健康地发展，为构建廉洁国企保驾护航。"①

在《国有企业深化惩防体系建设有效建立腐败风险防控机制浅析》中，对腐败风险防控机制建立确立了几项重要举措：（1）以廉政风险防控工作为基础，通过对排查结果的充分拓展运用，分三步走完善闭环验收，开发教育、预警、防控功能；（2）形成"大宣教"的格局，以"教育助廉"强化廉政职工法治意识，自律意识，推动廉政教育载体的提升；（3）强化监管和惩防职能，以兰电公司"四大监管重点"为主要内容健全监督管理，强化他律和律他意识，使监督全面细化，推动人员素质和监督管理双提升双促进；（4）完善约束机制，规范业务流程，有序形成"制度促廉"工作局面，推动制度创新，使廉政防控机制真正融入具体的岗位和业务工作之中，进行事前、事中、事后全监督，实现反腐倡廉与业务工作的有机结合，达到廉政预警的作用，保证权力的正确行使。②

兰电人还把廉政建设具体到工作内容之中，如《工程建设质检点的廉政风险防控浅析》《从发电企业采购议价能力看监管重点》《浅谈设备管理技术人员的讲道理建设》等，深入研究了廉政建设在具体工作中的风险、防范措施。而《兰电公司纪律廉政风险提醒制度初探》，也是重点研究了"风险提醒机制"问题，在强化监督方面做了有益探索。

每一次的红色之旅，在兰电人看来就是一次党性洗礼和灵魂升华之旅。在"延安行"后，兰电员工提到了三点感悟：一是延安行是坚定信

① 王润之、何海斌等：《加强企业内部控制，构建廉洁国有企业》，公司文集《躬行始成》第120页。

② 王润之、郭燕平等：《国有企业深化惩防体系建设有效建立腐败风险防控机制浅析》，公司文集《躬行始成》第123－125页。

念之旅，二是延安行是追寻真理之旅，三是延安行是使命催征之旅。而浙能兰电的使命就是“为员工谋幸福，为社会创造价值，为发展提供动力”。革命战争年代先辈对理想、对事业、对责任的执着与担当，激励着兰电人从使命中积累能量。而德治——以德治企，就是给兰电人提供了源源不断的能量与智慧补给。

兰电之美，美在有内涵；兰电之美，美在有修养；兰电之美，美在有道德。为了火电事业，兰电人加强修养，树德立人。

三、火力发电，服务型党建实践

阅读公司系列文集时，读到一篇文章《这些年，我们丢掉了什么》，是一篇难得的反思文章。在一正面宣传的颂扬声中，这位员工却冷静反思着兰电人自己的言行，不合时宜吗？不，反思是成熟的标志，反思中有开创性建议、针对性举措，那就是价值所在。“金钱让我们漠视道德，权势让我们看淡信仰，看他活得轻松了，其实呢，在不知不觉间已失去了应有的、正确的价值判断。”那些美好品德为利益让路了，“是缺失价值观的土壤造就了现在社会上各种光怪陆离的怪相……我们痛恨道德沦丧，我们鄙夷荣辱观的错乱，可这样并不能改变什么，我们需要找出一条出路。”出路在哪？“我们必须要树立正确的价值观，去驱散这些看不见、听不见却异常无罪的阴霾，还内心一片清净。”[①] 作者提出的举措是“树立正确的价值观”。而兰电人的共同价值观就是以德立人，以能立业。这种价值观，日积月累，成为深入兰电人心中的一种信念。

信念是一个人、一个组织、一个正常对自己的想法、观念及其意识行为倾向，有着强烈的、坚定不移的确定与信任。兰电人从红色之旅中、从历届党代会报告的解读中、从 20 年从不停歇的党建活动中，深刻地理解了中国共产党人革命战争年代，因为有共产主义信念，抛头颅、洒热血，为人民打下了一个社会主义的红色江山；在新中国成立后前 30 年的红色

---

① 吴可泽：《这些年，我们丢掉了什么》，公司文集《精神洗礼》第 97 – 98 页。

建设中，作为执政党，以全心全意为人民服务的信念，内扫清一切反动势力、布局国民经济，外支援亚非拉革命，为建立国际新秩序作出巨大努力；在改革开放时期，中国共产党坚持让人民的生活好起来的信念，领导全国人民开展了红色经济建设，让国家、也让人民富裕起来；现在进入中华民族伟大复兴的新时代，中国共产党以人民是江山、江山是人民为信念，带领全国人民走上建设中国式现代化的强国之路。红色信念，让中国人民站起来、富起来、强起来。作为国企职工，兰电人的红色信念是扎根在血液里、骨髓里的。尽管信念看不到也摸不着，却存在于兰电人的思想与灵魂深处，形成为一种强大的精神力量。所以无论工作多辛苦、技术攻关多艰难，兰电人都能甘之如饴，因为他们心中有信念，要以德立人，要以能立业。至纯至真的信念可以感天动地，破一切障碍，成就火力发电事业。

为此，兰电人豪迈地说："有一种信念，不会因为岁月流逝而动摇；有一种情感，不会因为无心付出而淡漠。"从公司文化的价值观，兰电人认为"让事业精彩，让生命闪光"的企业精神是一脉相承的，都是兰电人心中永不磨灭的信念，如此才能实现把浙能兰电"建设成为一流的现代发电企业"。前十年，"公司获得荣誉无数：'中国电力优质工程奖'、国家建筑工程'鲁班奖''年度重点建设立功竞赛先进单位''浙江省五一劳动奖章、'金华市文明单位'、2 号机组'2008 年全国火力发电（6000MW 级）可靠性金牌机组、1 号、2 号机组更是双双获得 2012 年全国火力发电可靠性金牌机组……"①

而在后十年里，浙能兰电更获得荣誉满满（省内行业奖项、集团公司奖项因为数量太多，这里不提，省级以上奖项，也只选择小部分以作说明浙能兰在火力发电事业中做出的巨大贡献）："2014 年获得 4 号机组荣获全国火电 600MW 级超临界机组竞赛（2013 年度）一等奖""2013 年度全国发电可靠性 CER A 级机组（4 号机组火电 600MW 级）""2014 年华东电网迎峰度夏系统反事故演习最佳组织奖""电力标准化工作先进集

① 李海强：《坚持信念，执着前行》，公司文集《始足千里》第 127－128 页。

体”“2014 年中国技能大赛浙江省发电企业集控值班员技能竞赛团体第一名”“基层服务型党组织示范点”以及中国企业文化促进会“企业文化创新优秀单位”和“企业文化创新优秀成果奖”“全国安全文化建设示范企业”……中华人民共和国版权局“满足电力市场 AGC 指标考核的算法软件 AGC－CA－2000 计算机软件著作权登记证书”、中国电力企业联合会“标准化良好行为规范 AAAAA”及“2020 年度全国发电机组可靠性标杆机组称号（1 号机组）”“2020 年电力企业信息安全管理创新成果一等奖”“2022 年度国企廉洁文化创新案例”“2023 年全国电力安全文化建设精品工程”……此外，还有浙能兰电相关部门、班组获得的各类集体奖项、职工个人获得的各类奖项，如图 7－1 所示，只是获奖一角。

图 7－1　浙能兰电部分获奖成果

反思中有信念、信念里发猛力，浙能兰电成就无数。而这一切的背后不能不提浙能兰电坚强而有效的党组织，在党委统一领导下，各党支部共同努力，着眼于“服务型党组织”的创建，重点是“服务员工、服务企业、服务社会”。在企业内部，首先是服务员工。浙能兰电是浙能集团内首家自主开发、自主建设、自主管理的600MW超临界发电企业，又承担着为集团和系统外同类型企业输送高端技术人才的重任，所以“把培养人才作为对员工最大的服务”。其主要做法有两条，其一，明确“党管人才”，党委“从规划引导、机制保障、平台推动出发，三管齐下”，“借助党组织的政治优势，强教育、建平台、重激励、善任用……促进人才队伍的稳定发展和人才结构的不断优化……培养出了全国技术能手、中央企业技术能手和全国三八红旗手等一批先进典型人物和技能型人才”。其二，实施“全员成才”的人才兴企战略，“通过‘理论+实践’的方式，强化思想引导，学习专业技能知识。”① 两条举措，服务员工的同时保证了人才的德与能的升华。其次是服务企业。兰电人自己总结为四点②：（1）强化服务文化建设，树立全员服务文化意识；（2）落实民主政治，做好政治服务工作；（3）围绕企业中心开展创先争优活动，解决企业安全生产及经营管理难题；（4）企检共建，创新廉政防控机制。

第二节　兰电价值，为公司赋能立业

物质世界的一切物质都处于运动状态，即一切物质都具有“能”——能之源、能之力、能之量。能够提供物质运动的物质资源，便是能源；物质开展运动产生的力，就是能力；对物质可能变化程度的度量，则是能量。人类有区别于其他物质的一个特性：心灵思想。所谓意志力、所谓能动性，便是心灵修养、思想升华的结果。于是，心灵思想成为

① 黄祖平、颜晓玲等：《发电企业创建服务型党组织的实践与探索》，公司文集《躬行始成》第46页。

② 黄祖平、颜晓玲等：《发电企业创建服务型党组织的实践与探索》，公司文集《躬行始成》第47－48页。

人类世界的重要的动能或者说能源。浙能兰电所做的工作，就是用人“力”实现电“力”、人“能”实现电“能”的生产与供应。而文化建设，就是让兰电人实现电力、电能价值的力量、能量之源。所以兰电人从文化着手，创造兰电价值，为公司赋能、为人民立业——火力发电事业。

一、素质体现，显能出效创基业

刘邦的个人能力，无论是从武力水平还是从排兵布阵角度看，都远不及项羽。三国时曹操，文不及诸葛亮，武不及关公，雄才大略似乎也及不上周瑜。然而刘邦成就大汉帝国，曹操留下魏国大业。何以如此？能量是也！在兰电人看来，“能”的意义涉及人的能力、也涉及人的能量，还涉及人的能源、物的能源。“以能立业”，既要有个人能力，也要有组织能量，还要有必需的能源，这才能完成以能力干好工作，以能量创新技术，以心灵能源、思想能源提升意志力和责任心，为社会提供电力能源。能力是基础，能量是发展，能源是保障。

浙能兰电20年的文化建设，使得所有员工都获得了能力的提升。然而，职工能量的提升却各有各的不同，客观上有机缘巧合、有大势所趋，但更重要的是，浙能兰电公司在组织层面提供了各种可能，除了党委关怀、师傅言传身教外，最重要的是兰电文化的建设，从最初企业文化的落实，到富有兰电特色的“三园文化”建设，到提气提劲的“石刻文化”，再到发展为独具行业特色、地方特色的“君子兰文化”，都在着力培养兰电职工的能量，包括个人能量、班组能量、集体能量，这才有这20年无数的技术成就、管理成就、创新成就。

从校园文化上看，一方面学习型组织的养成，为能力提升、能量凝聚提供了源源不绝的能源。增强了员工素质的同时，整体提升了企业素质；另一方面，人才不断培养出来、不断输送出去，也给浙能兰电积聚能量，给在职人员提供榜样，而榜样的力量恰恰也是获得能量的重要途径，如图7－2所示。

兰电人认为，凡值得学习的人或事物都可以称得上榜样。榜样的力量

图 7－2　浙能兰电“三园”文化成果一角

可以鞭策职工努力成长；榜样是一面旗帜，鼓舞着兰电人不断向前。有榜样的地方，便有学习和进步。在浙能兰电约 20 册的文集中，几乎每集都有兰电普通职工的先进事迹介绍，其中有 6 册文集，主体内容就是公司树立起来的兰电职工的榜样：2008 年，公司党委面向全体职工开展兰电公司企业文化小故事征集活动，于是有了 60 个小故事的《兰电小故事》，故事主人公全部是兰电的普通职工。公司十周年的时候，公司向全体员工开展“与兰电同行”征文和“我是兰电人”小故事征集两项活动，于是有了“同根溯源”“风雨浓情”“相濡共勉”三大篇章的《始足千里》，兰电职工之“我”的感悟、“我”的经历、“我”的专业、“我”的班组、“我”的兰电。是英雄吗，他们是身边人；是榜样吗，三人行必有吾师，文化建设凝聚起兰电人的公共能量，而每一位员工自身的能量提升，便各由各的悟性、各由各的努力所决定了。

公司成立十五周年的时候，恰逢中华人民共和国七十华诞，兰电人“礼赞七十周年”，回顾“兰电十五周年”的同时，展开演讲比赛，将三篇演说稿、六篇职工“成长志”等内容构建成《韶华·初心集》一书，不吝笔墨赞美为国为民的兰电奉献平凡岗位卓越贡献的兰电职工，树立起在浙能兰电成长起来的优秀员工。而在2021年的文集《聚力逆行中的平凡》、2022年的文集《逆光中的绽放——旗帜领航之奋发有为的兰电人》中无一例外地撰写了公司的管理成就、技术成就、文化建设成就的组织与个人把各个获奖的先进集体、专业技能和职业操作获奖的团队，以及最美班组、最优工匠、最诚员工、最有出息的各领域佼佼者，全部写入文章、记入公司史册，树立起只要你努力，你就是优秀兰电人的榜样。2023年文集《一路高歌，磅礴担当》，一如既往把兰电职工放在最重要的位置，“排头担当”篇也是指各领域、各技术团队、各部门或班组的排头兵；“时代担当”则是传达、学习党的二十大精神的记录；“奋勇担当”“匠心担当”“巾帼担当”等的主角，依然是兰电的职工，职工的榜样。党政班子领导只是在后面默默推动着兰电文化建设、默默服务着各个专业团体，让兰电职工成长、显示出他们的巨大能量，讴歌并记录兰电人平凡中的不平凡、创新中的创新成就。

从公园文化上看，浙能兰电的人与环境是一体，环境成兰电人的潜意识，是兰电人身体与意识的延展与丰富。改变环境的是改变的兰电人的潜意识。作为真正开窍的人，兰电人自觉净化自己的生活工作环境，环境干净通透，心情走向自然平和，从环境中获取能量。而将家园文化、石刻文化融入公司环境中，就是要达到让兰电职工没有后顾之忧的条件下，从放松中积蓄能量，从大自然中汲取能量。学会放松，是一生的必修功课。完全放松时，就像跟整个宇宙紧密的连接在了一起。身心归位，天人合一，内在的生命能量才能得到唤醒，才能凝聚更多的能量，这时的兰电人，无论是工作还是生活，都将焕发出新的生机。

行到水穷处，坐看云起时，大自然总能赋予你无穷无尽的能量。江上明月，山间清风，浩瀚大海，草木丛林，日月星辰，蓝天星空，行不能至，但徜徉在浙能兰电的公园、家园式环境中，意可先达，兰电人把自己的意念放逐于大自然，齐万物，合天地，气场自成。

从君子兰文化上来看，20年文化建设，都在打造兰电人的君子德、兰花品，如此则素质自现，能力与自显，公司又给予源源不绝的精神能源、思想能源，激励、推动着兰电出效益、创基业，展现出极具风采的兰电价值，让所有的兰电人与公司一起赋能立业。

二、智慧闪光，学习型组织养成

能量和能力最大区别，是能力可以复制，能量只能积累不能复制。而能力运用，能量发挥，需要中国智慧的闪耀。而这恰恰是受君子兰文化熏陶的兰电人的特色。所谓“腹有诗书气自华”，兰电人的聪明智慧，在工作成效中、在各项获奖资料中已然闪现出耀眼的光芒。人的能量，从为人处世中的一言一行，从工作钻研的一举一动，从心态格局的一收一放中提升和积累。能量表现出来，是一种人格魅力，这是人的能量场，人格魅力越强能量场越广大。有能量，无论本事大不大，愿意追随的人就会趋之若鹜。这就是浙能兰电从一开始就人才济济、就能不断为集团、为同行输送人才的重要原因。

兰电公司的文化建设是在学习中提升组织凝聚力、在工作中加强员工学习力。简单说，就是兰电公司一直在养成学习型组织，一直在培养兰电职工的能力、一直在提升兰电职工的能量，也一直在让兰电职工智慧闪光。

在《但问耕耘》这本公司文集中，“正心·明道”单元中，有10篇政治学习的文章；在“笃志·尚廉”单元中也有10篇文章，论述廉洁奉公——这是政治品质学习的一个侧面红色中华、红色兰电，这是浙能兰电的立企之本，政治资料、主题教育、思想品德等的学习，也是浙能兰电历届党委从不敢丝毫懈怠的重要方面。

在加强政治学习的同时，浙能兰电努力处理好四种关系，进一步深化学习型组织的创建：（1）处理好学习型组织创建与学习的关系，重点是学以致用，强化员工的心智模式、世界观和思维方式红色化、超强化；（2）处理好学习型组织创建与企业文化的关系，重点是知识融合，把企业的文化理念、价值取向与广大员工的个人愿景、共同智慧融合在一起，展现兰电职工的君子德、兰花品；（3）处理好学习型组织创建与企业管理的关系，重点是以人为本，明人以心智、顺人以心态、给人以引导、教人以方法；（4）处理好学习型组织创建与员工的全面发展的关系，重点是人才转型，为此公司给全体员工的个人素质提出了三点要求。“一是人们的工作观正由达到某种物质利益的‘工具型’向寻求内在价值的‘精神型’转变；二是‘知本主义’正逐渐成为时尚，知识资源的重要性日益显现，迫切需要每个人不断地更新和充实知识；三是一个人的能力大小不仅表现于他的知识技能状况，重要的还取决于他的系统思维能力”① 其中的第二点是关注于工作的“工作型”人才向充实知识技能的“知识型”人才转变，第三点是埋头苦干型向系统思维型转变。这“四种关系”的处理与“三大转变”的落实，让“学习型组织”的创建真正落到了实处。

在所有的文集资料里，极少看到赞扬领导班子成员的文篇，倒是在《价值背后》文集中，看到了领导干部行为规范：“忠于事业，勤于事业，精于事业，廉于事业。”提出的党员行为规范是：“树立党性意识——讲政治；树立责任意识——讲奉献；树立市场意识——讲开拓；树立宗旨意识——讲服务；树立先进意识——讲表率。”② 浙能兰电历届党委都以此为规范，步步走得稳实。从这里也就可以看出为什么兰电人能一直保持昂扬的激情、永远的追求、不断的努力了。

还有三本公司文集在这里值得一提：一是《发电企业精细化管理》，这是在所有文集中唯一一本管理学编著，对精细化管理的起源、发展与实质作了表述之后，认真研究了发电企业生存状况与管理对策，并对兰溪发电公司精细化管理的实践作了总结，提出发电企业精细化管理操练与展望。所以针对发电企业的特性，提出实现精细化管理的实现基础是“制度标准”和“管理体系”，精细化管理的核心要求是“精益求精”与“持续改进”，精细化管理的根本要求是提升员工素质，创建学习型职业团队，精细化管理的推进保证是提升员工执行力、建设特色兰电文化，而执行保

① 曹家顺等：《关于深化学习型发电企业建设的思考》，公司文集《躬行始成》第 83 – 84 页。
② 《行为规范系统》，公司文集《价值背后》第 20、第 22 页。

障是规范绩效考核、强化目标与计划管理[①]。这是学习组织的一个成果。

二是《我们的打算》，这是一本完整的公司经营管理和企业文化建设的规划书，从公司的党建工作介绍、到公司管理理念的解读，从公司学习型组织创建规划、到公司创优争先活动实践载体及特色做法，从公司党委的打算、到各支部、各党小组、各党员的打算，都具体写出来、印出来，落字为据，这是一种胆量，更是一种自信，还是学习型组织的创建成果。

三是《旭日兴言》这本文集。因这本文集里，全部都是兰电人学习的感想、体会。从这里可以看出，兰电职工的读书范围很广，从一个侧面说明了浙能兰电的学习能力，这也是“能”的一种表现。而就是这种学习之“能”，让浙能兰电永远保持着强盛的战斗力，保证着 20 年的贡献不断；并且还将继续保证着更多个 20 年的兰电贡献。兰电，真正做到了以能立业。

三、快干实干，自我价值得实现

以德立人，以能立业，是不可分割的。“德”为“能”指明正确的方向，使“能”有效为党和人民服务，说以“德”为“能”保驾护航也不为过；德能结合，有益于党的事业、有益于人民的事业、有益于浙能兰电的发电事业、也有利于兰电人的个人事业的发展。

党对人才的要求是德才兼备，这“才”是才能、才华，与这里说的“能”具有一致性。有一个“德”与“能”关系梳理象限图，很能说明问题，如图 7 – 3 所示。

很显然，第二象限才能缺乏，虽有好品德却很难做出业绩；而第四象限才能却无德，那么其才能反而有可能造成强大的破坏力；第三象限无德无能就不用说了。只有第一象限的有德有能对本人、对家庭、对组织、对社会乃至对国家民族才是有益的。

浙能兰电 20 年的人才培养，努力点一直就落实在有德有能、德能兼

---

① 《发电企业精细化管理》。

图7－3　德能关系

备上。在浙能兰电项目建设大干快上的岁月，在浙能兰电产电供电实干巧干的日子里，员工的自我价值得到了实现，作为浙西南最大供电企业的价值也得到了实现。兰电人既在公司工作过程中实现了以德立人，也在企业成长中自身获得了成长，达到了以能立业。

人的内在世界就是人的思想、意识形成了责任心、道德心，产生了归属感、荣誉感，感受到了获得感、幸福感，所以就有了坚强的意志力、不屈的毅力，在道德方向引导下，成为一个纯粹的人、有道德的人，或者说，成为像君子兰一样道德品质优秀、而且把纯洁美好的做人准则传递给与其有交往的一切人，渐渐地有了一种能量，一种吸引人、感染人，让人们愿意与之一起创大业、谋大事，做一个君子德高尚、兰花品美好的人。

兰电人在生活和工作中，都以实际行动传递着正能量。工作中，扎实务实，做到凡事有交代，事事有回应、件件有着落；与他人相处中，多了一份耐心和关心，用行动去帮助别人；在社会公益活动中，兰电人积极参与，用实际行动去改善身边的环境，传递爱心和希望。同时，兰电人还从快乐中积累能量。快乐本身就是能量，就是生机，就是创造。无须向外费力抓取，你只需要调整自己的意识频率，进入平和喜悦的身心和谐状态，你就可以毫不费力地完成高品质的精神力生产。

管理学领域有一个“能量层级图”，既有正能量递增，也有正能量递减到负能量。正能量递增的是：勇气→淡定→主动→宽容→明智→爱→喜悦→平和→开悟。西方人用数值来表示其能量值，那么假设第一个“勇气”是200点，那么到中间值“明智”是400点，即提升了一倍，到最后能“开悟”时，就可以达到800点左右。所以，嘴角上扬，点头微笑，感恩结缘，与万事万物一起欢喜共振，一切美好自然发生。但同理，莫名其妙突然很烦、很无力很无助，对什么都提不起劲；或者遇到挫折对工作对生活失去热情，甚至胡思乱想怀疑一切、怀疑人生；或者在一些人或事面前忍不住发火，情绪不高、睡眠不好，沮丧暴躁——这些，就是负能量出现了。在“能量层级图”中，这些就在能量平均线以下：骄傲→愤怒→欲望→恐惧→悲伤→冷淡→内疚→羞愧，能量值“骄傲”下降到175点，而中间的“恐惧”则降到100点，最后到“羞愧”时已降为20，几乎接近死亡，严重摧残着身心健康。

兰电人十分注重调节自己的心理状态，公司也十分关注员工的心理健康，所以每一天总是以饱满的热情、旺盛的斗志和无限的憧憬走上工作岗位，所以在日积月累中不断积聚正能量，这也是浙能兰电20年风气优良，能够一直快干实干的秘诀，也是浙能兰电德能全面发展的秘诀。

能量决定能力，人在一些自己不熟悉，或者自己不擅长的场合、规格高于平时所经历的场合、面对气场强大的人，出现所谓的“上场晕”“镜头晕”“考试晕”“气场晕”的时候，原来会的不会了，甚至连手也不知如何放了、话也不会说了、思维也出故障了，其实不是在专业知识或专业能力方面不够，而是能量不够，怯场了。反而是那些平时都可能看不上的人，他无所谓，脸皮厚（心理素质强）反而在一些特定场合发挥得更好，让人徒唤奈何。

浙能兰电为了解决这样的情况，在内部管理中强化了两点：一是通过各种比试让更多的人才显露出来，给他平台、给他展示才华的机缘，人在岗位上、在专业上获得成功，自信心就上来了；二是在企业文化建设中，着力培养兰电职工的人格魅力，人格魅力越强，本人的自信心就越强，对别人的吸引力就越强，气场自然而然就出来了。

这就是浙能兰电一直以来非常重视文化建设的原因所在，用实际行动践行了“文化自信”，用出色的工作成绩实现了“文化强企”。

第三节 兰电德能，为社会立心立命

量子科学已揭示了宇宙间万物的本质是能量，物质是能量，意识也是能量。人需要有能力，有能力做事才有可能积聚出能量。虽然能力解决不了任何问题，但若凝聚出能量，能量可以解决各种问题。浙能兰电的眼里，一切纷繁复杂的世界、万千变化，剥去外壳，本质上都是能量的变化、能量的转化、能量的吸引、能量的匹配，同频共振，同类相聚，造就了德能兼备，以德引领而立心、以能成就而立命。兰电人想相信，没有白吃的亏，经历都是财富，万事必有美意，所有的付出都在积淀，累积到一个临界点，能力突破而成就能量。所以认可自己做的事情，一直做赋能的事情，一直做有价值的事。能量一变，身边的人和事也会随之改变。这就需要紧紧围绕“道”的层面，一心一意地构建内在灵魂工程，为自己积累能量。所以兰电人在德与能的匹配中，成就岗位业绩、成就科技创新、成就文化强企。

一、服务社会，电力供应负责任

浙能兰电公司为兰电职工培育德性、规范德行，为兰电职工培养能力、凝聚能量，为是把以德立人、以能立业的价值观深植于兰电职工的脑海中、心坎里，融化于兰电职工的血液里、骨髓里。这样才能不断增加作为一个火力发电企业职工的责任心，承担起为社会服务、保障电力供应的重任。养德育能是手段，以德立心——道德心、责任心，以能立业——火电事业、岗位事业，才是目的。人应该有正能量、公司需要这样的正能量，社会应该有这样的正能量，党和国家需要这样的正能量。

曾国藩在家书中说：“凡盛衰在气象，气象盛则虽饥亦乐，气象衰则虽饱亦忧。”意思是看一人、一组织、一军队、一国家命运的兴衰，观其气质、察其气象就可知道。一家生产电力，供应社会、服务社会的发电厂，其职工决不能是“气象衰”的人，哪怕不是“气象盛”者，至少也应该是有正能量的人，所以需要校园文化熏陶、石刻文化赋能，直到培养成如兰一样清香美好、如君子一样正道谦逊的人，即具有“君子兰文化”之品的人，所谓能者气正，所谓德强能强。也只有这样的人，才能变能力为能量，并用自己的能力与能量，为社会提供服务。这种服务，在兰电公司里，做好本职工作是基础，在本职工作的基础上，探索研究，获得科研成果、得到竞技奖项，已经在为社会作出贡献，已经践行了以德立人、以能立业的价值观。

至于为社会送温暖、做好事、看望孤寡老人、参与公益事业等，也是在为社会做贡献，但那是工作之余或集体活动的必要，应该鼓励、必须参加。只是这里提及的社会贡献，是电厂的事业、是火力发电的行业、是浙能兰电的本然内涵，为社会送去永不熄灭的光明、为社会提供永远有力的动能。而浙能兰电，分得清主次，努力于把火力发电人才培养出来。其实当看到公司20年的“荣誉榜”上长长的科技荣誉、生产荣誉、管理荣誉的时候，终于可以体会出公司历届党委的长远安排、用心良苦，终于可以发现培养员工德性、提升员工能力、凝聚员工能量的“兰电管理模式”的价值所在。

别人敬我一尺，我敬别人一丈，是被动的交换。智慧的交换，是先予，以真心换真心。浙能兰电对于企业管理、人才管理确实布局久远，让兰电职工获得的是智慧，是用企业的真心换得了员工的真心，君子兰君子德、兰花品，名不虚传。所以兰电人说：“原本我们可以欢快轻松一些/拥有安逸享受的日子/可总要有人，流着汗流着血/守护着坚定不移，一次又一次/接受着风雨侵蚀的考验/我们的电厂我们的似水流年/我们的梦想我们的玲珑情愫/让作茧自缚的蚕不断吐丝/让烙痛的巢孕育羽翼未满的小鸟/让秋日的蝉不停地鸣叫/让我们以所有的热情倾唱/划开消失色彩中，最初的纯真/用尽我们一生的花样年华/我们站立中的梦境，展示孤单的飞翔/流浪的电网终究会响起激昂的歌唱/世界从此再没有黑暗/那一天，请让我们孤身走进斜阳/不再苗条的身段和写尽沧桑的脸/我们泪流满面跌落在电厂的怀中”[1]。艰苦，能感觉到；期望，永在心中；不歇的信念，跌落在电厂的怀中。

兰电人为什么能如此？就因为心中有德、身上有能。所以兰电人愿意把青春挥洒在兰电事业中。“青春是什么/青春是一道风景，必有/生命的颜色才绚丽/青春是一片汪洋，必有/生命的征帆才壮阔/青春是一道阳光，必有/生命的振翅才热烈/青春是一片天空，必有/生命的绽放才精彩/而我精彩的青春/都写在浙能兰电”[2] 正是无数浙能兰电人的青春闪耀，才有浙能兰电 20 年的春光明媚、阳光灿烂，以及“风情万种”。

二、为仁立心，感动管理暖人心

浙能之德德立人，先有德，才能成正人君子，“积善之家，必有余庆；积不善之家，必有余殃”（《易传·文言传·坤文言》）。德性之美，更能凝聚能量。北宋儒学家张载的《横渠语录》有“横渠四句”（哲学家冯友兰所概括）：“为天地立心，为生民立命，为往圣继绝学，为万世开太平。”这四句，“为天地立心”是关于自身修养的，因为在中国传统文化里，仁，就是天地之心，识仁、求仁、得仁，立心也；“为生民立命”着眼于人民，是要为天下人找到一个“安身立命之道”；“为往圣继绝学”是对传统文化的弘扬与继承，把古代先贤的智慧，代代传承下去；“为万世开太平”则是着眼于国家社会而开创盛世，实现天下大同。

浙能兰电，真真切切是为仁立心，立心为仁，并落实在以德立人的企业文化建设之中，形成君子兰文化，把君子兰的花语、君子兰的文化内涵、君子兰的传统意义与现代意义，都融合在对公司的管理，对员工的管理之中，所以，公司境界高远，职工胸襟开阔，天地之间，唯有仁心在，兰电厂区内，处处显温暖，能力变为能量，能量创造奇迹。

有一位公司员工，在一次到兄弟单位接受培训时，在工区现场看到这

---

① 包利军：《感动青春，感动兰电》节选，公司文集《积微成著》第 54 – 55 页。

② 金建伟：《我的青春我的梦》节选，公司文集《我的青春我的梦——两学一做主题征文》第 136 页。

么一幕：一位大汗淋漓的老师傅提着笨重的阀门钩对一位年轻巡检说："我今天很忙，你去帮我抄一下汽机表"，这位巡检却不乐意："我还是见习期，凭什么帮你抄表?"两人不欢而散。这让他想起在浙能兰电发生的几乎相同的事，却有不同的结果，同样是一位年轻巡检，平常还可以凭自己完成工作，但在机组启动阶段，对巡检工作的体力要求比较高，可这时候，脏活、重活、累活总会有男同事主动帮助她；这是因为在平时，她就把班组内所有自己可以干的事都抢着干了，尽可能帮助别人，比如巡检室的卫生打扫维护几乎由她一个人承包了；当男同事巡检回来或干活回来，她会快速把洗手液一一挤到大家的手心里，或者帮忙掸去同事身上的尘灰，或是拿过同事的安全帽擦试得干干净净……点点滴滴间，让同事们也都十分愿意帮她干不了的活，班组内互帮互助的气氛极好。

回忆着这些细节，这位在外受训的员工笑了。他在单位里时，似乎也没怎么感觉到兰电的人文关怀有多好、管理水平有多高。可是这件目睹的小事，让他突然体会到兰电同事的和谐、互助和包容的那份情，感受到兰电运行操作的规范、精细和严谨的职业精神。他忽然间为自己是兰电人而深深自豪着、为兰电企业文化的美好而情不自禁地感动着。

这位员工后来作为人才输送到兄弟单位去了，离开兰电两年多后，他写了一篇文章《感恩兰电》，结尾他写道："离开兰电已经两年多了，如今我作为一名值长带领着30多人，开创舟电运行人的新的精神。我时常用兰电的情、兰电的事、兰电的精神来鼓舞和领导我的队伍。站在兰电的高起点上，立在兰电的新起点上，我更加自信地展望我的未来，相信我的队伍能够将兰电的人文情怀和职业精神发扬得更加熠放光彩。我再次感谢兰电，感谢兰电给我点点滴滴。"[①] 这是真情实感，这是以仁为心，立在在兰电工作过的每一位员工心中，这也是浙能兰电实施走心的管理让员工有体会、有思想、有进步的做法。

遵循感恩法则，对万物以感恩，则得万物泽被；对人以爱敬，则让世人礼让。感恩是一个能量的磁场，会吸引更多人追随。从这个角度说，感

---

① 殷兆广：《感恩兰电》，公司文集《始足千里》第32页。

动管理是心灵管理，一个人真诚感恩什么，就会与什么建立深度链接，从中获得能量的共振与升级。而这，恰恰是浙能兰电的特色，所以让曾经的兰电人也念念不忘——浙能之德的力量，兰电文化的力量。

从高素质人才能量角度来看，时时处处心怀感恩之心，能量会自动积累，而至诚至敬地感恩，是最快从万物中获取能量的方式之一。也许兰电人从没从能力与能量角度去想这些，但兰电人却不知不觉在以德立人中为仁立心，不知不觉地积聚了能量，兰电人才也是在这样的过程中，感动着、暖心着、成长着。

其实人们都知道，一般情况一群人在澡堂里，基本上分不出能量的高下；但若有一群人围绕着某一人转，在澡堂里也如此，那人的能量就显现出来。所以，人的能量是通过别人将其放大出来的，久而久之，气质自成、气度自在，能量显现。浙能兰电的文化建设，就是让兰电职工才有这份自信、才有这份能量。何况，以德立人，心生慈悲，敬天爱人，天地之间的正能量会自动加持滋养他的身心。

兰电人这样说："能够感动别人的人，大抵有两类。一种是利他精神，一种是超越自我。"这是在系统内学习浙能集团优秀共产党员、台州发电厂已故职工潘世岳事迹中的谈体会时的认识，"或许伟大能使我们感动，然而生活中的平凡，却因生命的脆弱触动我们的心灵，没有轰轰烈烈，没有惊天动地，他用一生的行动去践行共产党员这个坚定的称号，他是生活在我们身边普普通通的平凡人。他怀感恩之心回报企业、回馈社会，肩上背负的是沉甸甸的责任。"[①] 兰电人欣赏这样的平凡、兰电人也是这样的普普通通，因为他们心中有德、心中有仁，他们愿意在平凡中闪光。

三、为民立命，一切为人民服务

浙能之能能立业。立业，可以是开创基业，也可以是成家立业；可以

① 王顺丰：《在平凡中闪光》，公司文集《积微成著》第31页。

是建功立业，也可以是建立事业。浙能兰电是国有企业，作为兰电人，这立业必然是建功立业、必然是建立事业。问题在于为谁建功立业，建什么样的功、立什么的业；在于为谁建立事业，建立什么样的事业。很显然，作为国有企业，这个问题十分明晰：为祖国和人民建功立业，从公司讲建的是火力发电事业，从员工个人讲，成就的是专业领域的事业。

从传统文化角度说，兰电人是“为生民立命”；从时代角度来看，兰电人是全心全意“为人民服务”。两者之间具有相通性、具有一致性。因为“为生民立命”的“生民”就是指百姓、指民众，即人民群众；“命”是命运的意思，这里自然指民众的命运，即人民的命运。“为生民立命”是为民众选择正确的命运方向，确立生命的高尚意义——与中国共产党为人民服务、为中华民族解放、为中华民族复兴具有一致性。

很显然，浙能兰电在员工管理、人才开发、文化建设上的一致性，就是“为民立命，一切为人民服务”，立意高远、境界宽广，也就带动了兰电职工宁静致远、兰花高品，人人成为谦谦君子温润如玉。有这样的思想基础，有了这样的高洁人品，为民立命也就顺理成章了。作为能源型国有企业，所有的一切都是为了国家、为了人民；个人事业成功与企业事业成功具有高度的契合性，这才有浙能兰电 20 年的管理文化强企、科技文化强企、企业文化强企，这也就能理解浙能兰电八届党委都一如既往地坚持兰电文化建设，20 年磨一剑，成就君子德、兰花品的“君子兰文化”。火力发电没有出差错，就是建功；为人民保障安全供电就是立业——党的事业、人民的事业、国家的火力发电事业。

浙能之能、兰电之能如何培育、怎样展现？无能何以为生民立命，无能何以为人民服务！兰花有内涵，兰电有能量，汇聚于兰电人有能力、兰电人有能量。变能力为能量，需遵循和谐法则。浙能兰电公司、每个部门与每个班组，做到了和谐，所以都有能量。事实上，与自己和谐，人不生病；与他人和谐，人不孤独；与自然和谐，少有天灾——道法自然。这就是“校园文化”建设的原因所在，人才培养，永远是基业长青的核心要务；这也是 20 年汇聚成“君子兰文化”的原因所在，人才的德、人才的能，是基业得以常青永恒不变的重要保障，也是“以能立业”一个靓丽的案例，如图 7－4 所示。

图 7－4　浙能兰电以能立业成就火电事业

兰电人有能量，兰电人有勇气、兰电人肯努力，兰电人的价值观、兰电人的世界观，综合在一起，兰电人个人的能量汇聚了，兰电人也把这种能量分享给更多的人，兰电集体的能量就显露了，也就有资格、有能力、有能源、也有能量“为生民立命”了。

儒家将外在与内在统一结合起来，将天与人、顺应自然与自强进取结合起来。“为生民立命”，需要找到儒家所说的“仁”，兰电人君子兰那样成为仁人君子；并且如君子兰的“香”一样飘向四方，即将兰电能量推己及人，既把道德传扬，也把事业创建之“能”传授给大家，这是另一种意义上的“为天下人请命”；所以换个角度说，“为生民立命”是要关心人民的命运、反映人民的心声、消解人民的苦难，增进人民的福祉——为人民服务。

兰电人用他们在岗位的努力工作、用他们全心全意钻研业务、钻研专业践行着以能立业、践行着“为生民立命”。也许还是用曾经的兰电人的表述，更能说明这一点：“最喜处，便是良师有方友人在旁。曾想过考一考师父，也想过露一露手，几番折腾，末了才知道自己演了一出‘关公面前耍大刀’。前辈们的知无不言，突然袭击的技术考问，揽风随月的夜班巡检，加氢站里的流萤飞蛾，配氨间里的漏气声响，压滤机室撬不动的泥饼，锅炉房顶登高取水样……”[①] 廖廖数语，写出了兰电内部的和谐快乐，写出了技术考校与钻研，也写出了各个部门间的协作与浪漫。正是这样的兰电文化环境，造就了一代代兰电人“为生民立命”，一批批兰电人全心全意为人民服务，践行了以德立人、以能立业的浙能价值观。

而这一代一代兰电人的交接班，在这段文字可窥一斑：“作为一个进厂不久的大学生，我深深被同事们的行为打动了，他们的这种精神同时也深深在感染了我，让我不由自主以他们为学习榜样。他们让我看到了什么是负责任，什么是专业精神，我在他们身上看到了那种叫‘无私’的精神，也在他们身上看到了兰电的企业文化，爱岗敬业就是兰电的企业文化。”[②] 作者在描述了兰电人的艰苦奋斗、兰电人的并肩作战、兰电人的丰功伟绩后写下了这一段话，从中可以看出兰电的人才培养几乎是刻在老兰电人的骨子里的本能，也可以看出新兰电人的好学、谦逊和努力。所以，兰电人用他们青春活泼的诗句这样说[③]：

今年我们二十五六
强烈的求知欲，激励着我们勤奋刻苦的学习
我们是青工大讲坛里最踏实的听众
我们努力成为“导师带徒”中最出色的学员
我们以只争朝夕的紧迫感，如饥似渴地学习

今年我们二十五六
初生牛犊不怕虎的秉性赋予我们勇往直前的拼劲
我们自愿加入青年突击队
积极投身于防台抗汛、迎峰度夏的活动中

① 金飒飒：《应是当年侧帽时》，公司文集《始足千里》第 16 页。
② 方卉：《我们的价值观》，公司文集《精神洗礼》第 30 页。
③ 盛淑慧：《今年我们二十五六》，公司文集《精神洗礼》第 42 – 43 页。

我们凭着自己的一片赤诚
贡献一份力量努力为兰电安全生产保驾护航

……

今年我们二十五六
乐观积极的价值观支撑着我们立足本职、爱岗敬业
“以德立人、以能立业”是我们每一个人的座右铭
我们一如既往地踏踏实实做人、认认真真做事
售后无论遇到怎样的艰难险阻
我们必将义无反顾、勇往直前
……

第八章　君子精神君子德　兰花品质兰花美

习近平总书记强调，“要深入贯彻全面从严治党方针，充分发挥全面从严治党引领保障作用，坚定政治方向，保持政治定力，做到态度不能变、决心不能减、尺度不能松，确保‘十四五’时期我国发展的目标任务落到实处。”① 这再次传递出“把严的主基调长期坚持下去”的强烈信号，也在强调唯不忘初心者进，唯从容自信者胜，唯改革创新者强。

不忘初心，方可告慰历史、告慰先辈——唯不忘初心者进。浙能兰电党委坚决落实全面从严治党要求，贯彻清廉建设“八大行动”、迭代升级“清廉浙能”建设等部署要求，从高点站位、全局统筹，把“清廉国企”创建工作与浙能兰电改革发展同谋划、同部署、同推进角度，将浙能兰电20年来的文化建设汇聚成“君子兰文化”，以“君子廉香”工程系统化推进“清廉浙能”标杆点创建，构建出具有兰电特色的“四责六单”责任体系、“标准化”制度体系、大监督体系等。

接续奋斗，方可赢得民心、赢得时代——唯从容自信者胜。为更好地总结、交流、分享清廉标杆点建设工作经验，浙能兰电党委精心策划，梳理多年来清廉建设工作经验、成果，形成“君子兰文化”四大体系之清廉国企管理体系，清廉文化建设朝着“一年有新突破、两年有新提升”，

① 习近平在《十九届中央纪委五次全会上的讲话》，2021 年 1 月 22 日；转引自旗帜网评《态度不变 决心不减 尺度不松》，2021 年 3 月 11 日。

并向着“五年有大变化”的目标奋力迈进。

牢记使命，方可善作善成、一往无前——唯改革创新者强。20 年浙能兰电的奋斗，一代又一代兰电人的众志成城、接续奋斗，收获了全国先进基层党组织等荣誉。过去的精彩为今天的努力奠定了更高的起点。当前，伫立于新的时代方位眺望前路，兰电人将在新征程中继续谱写“为发展提供动力，为社会创造价值，为员工谋求幸福”新篇章，为打造与浙能“八个一流强企”相匹配的国企清廉样本贡献兰电力量。让君子精神更放异彩，让兰花品质深入人心，兰电人有君子之德，有兰花美品。

第一节　精致典雅，以勤廉之德铸兰花品质

兰花以其淡泊名利、与世无争的品质，诠释了谦逊、内敛、宽容的美德；兰花也代表着友谊和忠贞不渝的爱情，它是一种特殊的情感纽带，将人与人之间的情感紧密相连。兰花是人们寄托情感的载体，唤起人们内心深处的共鸣，让人们感受到生命的美好与真挚。君子兰是兰花的一种，其形端庄素雅，妩媚多姿；其寓意高贵、温和有礼、有才而不骄，得志而不傲，居于谷而不自卑，深受人们的喜爱。为此，浙能兰电党委从 20 年文化建设的总结提炼、并因地制宜提出“君子兰文化”品牌建设，一方面是“廉”，为职为官、处事行政廉洁奉公；另一方面是“洁”，政治思想、道德品质洁白无瑕。其核心价值观为“敬畏、尊严、知足、惜缘、感恩、价值”。谦谦君子兰、养心正清风。

一、一如既往，文化建设从不懈怠

自 2004 年浙能兰电成立党风廉政建设责任制领导小组以来，纪检审计室全面负责公司党风廉政建设责任制工作的部署、检查和考核。浙能兰电经过长期积淀和不断总结提炼，凝炼出了企业倡导、全体员工认同并自觉遵守的“君子兰”廉洁文化，兰溪市市花“兰花”的形象及花语与兰电追求的廉洁文化价值导向高度一致。为促进“君子兰文化”落地生根，

浙能兰电紧扣一体推进“三不腐”机制，持续推出系列创新举措，切实推动廉洁文化建设实起来、强起来。

作为内陆电厂和浙西南骨干支撑电源，浙能兰电对优化地区电源结构、调节电网稳定具有重要作用。聚焦能源企业项目投资体量大、资金多等廉洁风险点，浙能兰电党委不断推动清廉国企建设，为打造百亿廉洁工程提供坚强纪律保障。“君子兰”廉洁文化品牌，一体推进不敢腐、不能腐、不想腐的“三不腐”工作，为企业健康发展提供重要支持。

国企是国家经济发展的“顶梁柱”。党的二十大以来，随着党风廉政建设和反腐败斗争的不断深入，各地国资委相继出台推进清廉国企建设的实施意见，各地国企积极行动，在不断探索和实践中，总结出了以清廉建设增强党的生命力，提升企业的竞争力、催生企业的凝聚力等诸多成功经验。但是，清廉国企建设仍处于初探阶段，各项制度机制还未成熟定型，不敢腐、不能腐、不想腐的“三不”机制仍未坚固，清廉国企建设中还存在一些困难和问题。为此，浙能兰电以君子兰文化为切入点，探索清廉国企建设路径。这是与浙能兰电的文化建设具有一致性，以兰花品质映衬勤廉之德，以勤廉之德铸兰花品质，构建兰花的精致思想、典雅的行为方式，展现君子之风、君子之德，从而实现权力运行规范有序，清廉成为国企新风尚，形成以清为美、以廉为荣的价值取向和清廉文化，促进浙能兰电清廉程度提升。

廉政教育是保持中国共产党优良传统和政治优势的思想教育，是一种以廉政为内容的文化活动，它通过加强国有企业领导干部及其工作人员的“为民、务实、清廉”教育，以树立科学发展观、政绩观、权力观、价值观和社会主义荣辱观，更加模范地遵纪守法，增强廉洁自律意识，保持清正廉洁，更加自觉地克服官僚主义、个人主义、拜金主义和享乐主义，消除奢侈浪费、以权谋私等消极腐败现象，提高执政能力和拒腐防变能力。

浙能兰电重视党风廉政教育，坚持用身边事教育身边人，主动把案例资源转化为教育资源，充分用好违纪违法案例“活教材”，让党员领导干部在生动、形象、直观的“第一现场”，加深对党纪法规、廉洁从业的理解和把握，教育引导党员干部以案为鉴，坚决筑牢拒腐防变思想防线，切实增强廉洁底线不能破、纪律红线不能越、法律高压线不能碰的意识，防止党员干部踩上“地雷”、掉进陷阱，从源头上筑牢拒腐防变思想防线。在清廉文化引领上下功夫，全国各地有许多清廉教育基地、家风家训馆，让清廉文化“春风十里，润物无声”，为国企清廉文化建设提供了借鉴。浙能兰德的“君子兰文化”建设，意在根植“敬廉崇洁”理念，增强清廉文化的感召力。同时拓展清廉文化阵地，及时准确推送清廉信息、清廉文化作品、廉洁家风故事，增强清廉文化的影响力，营造了良好的政治生态。

在清廉网格打造上下功夫，在互联网时代，许多企业实施了网格化管理提升企业治理效能。清廉网格管理能够充分整合各种管理资源进网格，将管理重心下移，选聘的党员骨干作为“廉情监测员”，具有人熟、流程熟、情况熟的优势，发挥过程监督、信息公开、详情收集、宣传教育、联动服务五大职能，补齐企业基层监督薄弱的短板，实现监督全覆盖、打通基层监督的“神经末梢”，有效解决了国企监督力量不足的问题。

在清廉队伍建设上下功夫，打铁还需自身硬。全面从严治党，在浙能兰电，纪检监察队伍和党员干部首先把自己摆进去，以党的政治建设为统领，打造忠诚坚定、担当尽责、遵纪守法、清正廉洁的铁军。一方面加强学习、提升能力，熟练掌握党章党规党纪和纪检审计业务，提升监督专业性，善于发现问题、超前堵塞漏洞，发挥好事前监督作用。另一方面修身立德、严于律己。这正是君子兰的特性，其高尚、谦和、清雅、不屈的花语，隐喻君子般的人格和品行，一身凛然正气，展现高尚品德。

只有自身过硬，才能挺直腰杆去监督别人。只有时时处处严格自律，经得住考验、顶得住歪风，自觉做严于律己、清正廉洁的标杆，才能提升清廉工作满意度。

二、继承传统，知性职工君子品德

君子兰的花语除了“高贵”“宝贵”外，还有“丰盛、有君子之风”等寓意；它既有碧绿光滑的叶片，也有盛开时令人赏心悦目的花朵；既象征着坚强刚毅、威武不屈的高贵品格，也象征着富贵吉祥、繁荣昌盛和家庭幸福美满，同时也彰显了团结奋斗、勇于创新的精神，它隐喻君子般的人格和品行，是中华民族传统的理想人格精神的体现。

兰是一种多年生草本植物，与“梅、竹、菊”合称“四君子”。《说文解字注》记载：“兰，香艸也。〈左传〉曰：‘兰有国香。’”因兰有松之朴实，竹之坚韧，梅之高洁，自古以来就颇受人们的推崇和钟爱，也涌现了不少赞美兰花品质高洁的诗句，朱德元帅钟爱兰花，他不仅写下了30多首咏兰诗中，在他身上也有不少清廉故事。他的诗《春兰》：“浅淡梳妆原国色，清芳谁得胜兰花”；《鹦鹉曲·石笋峰采兰》：“若得供献作国香，不朽芳名留处处”，以花喻人，以人寓花，《咏兰展》：“幽兰吐秀乔林下，仍自盘根众草旁。纵使无人见欣赏，依然得地自合芳”，纵使萧艾杂处、盘根虬错，饱经雨打风吹、云笼雾锁，兰也从未堕其志。洁身自好，正是兰矢志不渝、坚贞如一品质的体现。正如兰电人一直以来汲取中华优秀传统文化的滋养，以中华优秀传统文化的厚植廉洁文化底蕴，加强新时代廉洁文化建设。

古往今来廉洁之典范不胜枚举，廉洁文化一直是中华文明的重要组成部分。在2007年10月30日，浙江省“五大百亿工程”预防职务违法违纪工作现场经验交流会在浙能兰电召开，浙江省检察系统、监察系统、发改委、百亿工程项目单位等80余名代表参加，共同助力实现百亿廉洁工程。浙能兰电与兰溪市检察院联合交流了“发挥职能 优势互补 共同构建‘浙能兰电’工程惩防体系”工作经验，由于兰溪市检察院三年多来全程介入预防，不仅节省了15亿元资金，而且工程保质保量提前一年发电，浙能兰电党风廉政建设及预防职务犯罪工作得到了广泛的肯定。兰溪电厂还曾创造了另一个纪录：从开工到投产没有发生一起职务犯罪案件，投资106亿元的总投资安全高效。兰电人不无自豪地说：“这是浙江省三级检察机关与我们共同打造的廉洁工程”。浙能兰电与兰花结缘，埋下了廉洁的种子。

以史为鉴可以知兴替，以案为鉴可以清底线，兰电人传承廉洁基因擦亮清廉国企品牌，通过开展公司领导带头上廉洁党课、“从古至今话廉洁”

“廉洁书画交流”“清风廉韵、履职尽责”“学廉从此，思廉、清风相伴”等一系列活动，学习中国传统文化涵养克己奉公、清廉自守境界的故事，进一步用教育引导党员自觉按照党员标准行为规范，树立清风正气，严守政治纪律政治规矩；进一步提升广大干部、员工的廉洁意识，在公司内营造浓郁的“宣廉、倡廉、促廉”工作气氛。廉的前提人心的洁净，以君子兰喻人品，恰如其分。

君子精神源于中国的传统文化，强调的是品德高尚、言行一致、仁爱宽容等价值观。而企业文化则强调的是企业的核心价值观、使命和愿景，以及员工的行为准则等。将君子精神融入企业文化，可以为企业注入深厚的文化底蕴和道德力量。这有助于企业在激烈的市场竞争中保持独特的优势，提高员工的归属感和忠诚度，推动企业的可持续发展。兰电将君子精神中的仁、义、礼、智、信融入企业文化中，提炼出君子兰文化，兰电人具备兰花的品质，并转化为对工作的精益求精，追求卓越的精神，不为世俗所动，坚守自己的原则和信念，自觉做到政治上把握方向，感情上把握住原则，行动上把握住分寸，生活中把握住小节。

中华优秀传统文化历来重视修身之道。“修身齐家治国平天下”修身在前，以铸就君子人格的基石。君子人格集中承载着中华民族的优良品德，其包含的清心养廉、戒奢以俭、慎独自律等内容，也是新时代廉洁文化的基本要素。

一是清廉养心。古代君子贤哲始终将清廉自守、淡泊明志、宁静致远视作人格理想。如“出淤泥而不染，濯清涟而不妖”，表达的则是对洁身自爱君子人格的赞赏；“见素抱朴，少私寡欲”强调了君子应保持纯洁朴实的本性，减少私欲杂念。腐败的出现，源于人性的贪婪和现实的种种诱惑，因此强调“君子有所为，有所不为”，始终保持君子人格、清廉之心就格外重要。

二是慎独自律。所谓“慎独”指人在无监督的状态下仍要坚守道德要求，谨慎不苟。习近平总书记曾指出：“官德修养需要我们做到一个‘慎’字，具体说来就是慎初、慎独、慎微。”习近平总书记强调的“慎独”，不仅是对中华优秀传统文化的继承与发扬，同时也是对当代“君子”的一种新要求，即将君子人格的文化基因融入新时代党员干部的道德建设之中，融入日常工作之中，浸润廉洁文化建设。

习近平总书记指出：“正所谓‘天下之本在家’”[①]。中国自古以来就十分重视家风建设，这是因为“治家”是“治国”的基础，涵养良好家风自然也成为廉洁文化的根基。

一是孝忠合一。“孝”在中华传统文化之中，不仅是在家对父母的孝顺，也是诸多道德行为发生的前提。纵览历史长河，力行孝道者，在家是孝子，在外多忠良，孝与忠同根同源互为整体。忠诚作为共产党员必备的优秀品格，不仅源于艰苦奋斗的磨砺，还源自良好家风的影响。正如习近平总书记曾在一封拜寿信中这样形容父亲习仲勋：“您像一头老黄牛，为中国人民默默地耕耘着。这也激励着我将自己的毕生精力投入到为人民群众服务的事业中。”[②] 这一句评价不仅饱含了对父亲的深情，也揭示了他“我将无我，不负人民”的思想源头。

二是忠孝廉洁。有孝必有忠，有忠必有廉。正如《廉矩·廉枢广运章》中有“忠非廉则欺”，说的是为政一方，廉洁奉公，不仅是对自己负责，也是对父母对家庭负责，更是对国家负责。党员干部是党和国家的宝贵财富，一旦贪腐犯罪，不仅是对自己家庭的不负责任，也是党和国家的巨大损失。对于党员干部而言，家风建设并非个人私事，要“防闲子弟”“莫用三爷”。因此，涵养良好家风的目的就是在新时代弘扬克己自律、戒奢以俭、善事父母、清正廉洁等伦理价值，以此撑起廉洁民风、国风。

三、廉洁奉公，高雅兰电兰花风情

廉洁奉公的意思是廉洁不贪，忠诚履行公职，一心为公。“廉政”的概念古已有之，其本来的含义与“廉正”相同：“廉”为官德，“政”者

---

① 原出处为《孟子·离娄章句上》。原句为：“天下之本在国，国之本在家，家之本在身。”习近平在会见第一届全国文明家庭代表时的讲话，2016 年 12 月 12 日。

② 《习近平写给习仲勋的拜寿信》，原载“央视新闻客户端”，转引自“时政微视频”《父亲的叮咛》，2023 年 6 月 18 日。

"正"也，最基本的意思就是清廉公正。专讲古代政治的儒家经典《周礼》主张从六个方面考核官吏的廉德，即：廉善、廉能、廉敬、廉正、廉法、廉辨，称为"六计"，也就是说，一个官员必须具备善良、能干、敬业、公正、守法、明辨是非等品格才算"廉"。《论语》则记载了孔子关于"政"的一个非常恰当的解释："政者正也。子帅以正，孰敢不正?"也就是说，政治的根本要义就是公正无私、光明磊落。如果执政者带头做到公正无私，那么下面的官员就不敢以权谋私了。历史上种种有关廉政的经验，是中国廉政文化的宝贵财富，至今仍有极其重要的人文价值，值得在新的历史条件下予以总结、继承，并且发扬光大。

廉洁奉公是一个领导干部应有的基本品质，也是党的光荣传统和优良作风，作为国企员工，更应筑牢廉洁自律底线，自觉践行廉洁奉公要求，作为新时代党员干部，必须时刻保持思想上的清醒，知道禁区、雷区不可僭越，明白底线、红线不能触碰，在廉洁奉公、树立信奉中展现良好形象。

在浙能兰电编著的《浙能兰电年轻干部和新入职员工廉洁从业教育手册》一书中也包含浙能兰电实施的廉洁从业管理办法、公司党风廉政建设谈话制度实施办法、公司职工奖惩管理和员工行为规范，方便员工从迈上职业生涯的第一步就能受到"君子兰"文化的洗礼，时刻自觉对照党纪国法、对照企业规章制度、对照风险案例，守住拒腐防变的防线；帮助引导年轻干部积蓄"廉"动能，发扬"好"作风，练就"硬"本领，创造"新"业绩，在新时代新征程上不断推进企业创新改革、转型升级留下骄人的奋斗足迹。

所以，在保证电力生产与供应的同时，兰电人不断探索清廉国企建设，将廉洁风险防控和安全生产、物资采购、工程建设质检双融合，并构建企业惩防体系，有力推动廉洁理念贯穿生产、经营、管理的全方面、各环节，廉洁文化建设新成效为企业高质量发展提供了坚强思想保证和文化支撑。浙能兰电的高雅，通过廉洁奉公体现出来，兰花风情在其中。

严管就是厚爱，预防就是保护，制度就是力度。完善公司制度、加强教育、强化监督等方面的努力，共同筑牢反腐倡廉制度防线，就是在保护干部群众。在以案释纪让党员干部知晓哪些“不能做”基础上，浙能兰电着力教导党员干部“如何做”，进一步扎实企业内部管理制度，加强对重点领域和关键环节权力行使的监督，依法公开权力运行及办事流程，以决策科学、执行坚决、监督有力的权力运行体系，强责任见行动促提升。

为此，浙能兰电采取专项监督检查、随机抽查和交叉检查等形式，开展正风肃纪专项行动，将柔性的“教育”与刚性的“检查”相结合，刚柔结合形成常态化监督格局，形成高压震慑态势。各类检查也为保持党员干部队伍“肌体”健康，严防精神上的“软骨病”开展的“政治体检”，是压力传导的有效载体，以“祛病疗伤”，激浊扬清。

合规风险识别清单、岗位职责清单、流程管控清单，是《中央企业合规管理办法》明确企业必须建立的关键清单，习总书记强调“要完善风险防控机制，建立健全风险研判机制、决策风险评估机制、风险防控协同机制、风险防控责任机制，主动加强协调配合，坚持一级抓一级、层层抓落实”。清单管理就是诸多国企在这方面的有效实践，即紧紧抓牢“责任”这个牛鼻子，聚焦责任落实落地，以管理标准制度为依据，梳理企业、部门（支部）、岗位三级风险清单，清单每个条款都对应给出了具体的落实举措，每条落实举措都对应到岗位具体的执行人，风险清单也是开展工作监督检查的依据。清单管理的实施在国企中树立了你我都是清廉建设责任“共同体”的新理念，企业清廉建设由“抽象概念”转变为“具体行动”。

浙能兰电为了能够有效地应对风险，保障自身的可持续发展，建立了一套完善的风险预警管理制度。为确保清单所列责任与日常工作业务有机融合、有效落实防范风险，可以将电力安全生产管理经验引入清廉建设，对标生产安全风险管理理念和方法，将工程项目管理等七大监管重点领域的问题嵌入 ERP 等管理系统和管理流程，借助信息系统实现廉洁风险预警，对风险实施高中低分级管控。比如在廉政风险较高的工程项目管理中，在业务流程中设置由项目主管部门党政负责人对项目承接方负责人、现场作业人员通过签订清廉协议书、开展面对面清廉交底和警示教育等，敲响廉洁警钟，严明纪律红线，制约权力的规范运行，确保项目廉洁风险在控可控。

闭环管理是综合闭环系统、管理的封闭原理、管理控制、信息系统等原理形成的一种管理方法。资金密集、资源富集、资产聚集是国企最鲜明的特点。这也意味着，国企人员更经常、更直接地受到各种物质利益的诱惑。“严管是爱，放纵是害”。全面从严治党就是要把清廉国企建设抓在手上，扛在肩上，确保各项职责履行到位。闭环管理是现代企业普遍遵循的一种管理模式，通过闭环管理，有效堵住漏洞，培育严细实的良好作风，管控住各类风险。

“君子兰”作为浙能“兰电廉洁”形象的象征，一是谐“君子”之品质，寓意君子谦谦，温和有礼，有才而不骄，得志而不傲，居于谷而不卑，一身凛然正气，品德高尚。二是谐“君子兰”花之象征，厚实光滑的叶片直立似剑，象征着坚强刚毅、威武不屈的高贵品格，丰满的花容、艳丽的色彩，象征着公司蒸蒸日上、繁荣昌盛和员工幸福美满。三是君子兰花与兰溪有同一“兰”字，象征着社企携手同行，共创廉洁氛围，共守一方净土。

“君子兰”作为“兰电廉洁”形象象征，既体现企业对员工坚强刚毅、品德高尚的追求，又凸显员工对企业蒸蒸日上、繁荣昌盛的祝福，更象征社企携手同行、共守一方净土、造福地方百姓的期望。

第二节　榜样力量，以君子廉香固浙能清风

浙能集团是首家全国先进基层党组织，积极响应省委《关于纵深推进清廉浙江建设的意见》，省国资委《全面实施“八大行动”深入推进清廉国企建设的实施方案》，及浙能集团打造“清廉浙能”建设迭代升级版的要求，根据集团《关于培育“清廉浙能”建设标杆点的通知》部署，浙能兰电高点站位、全局统筹，结合企业实际制订创建方案和 33 条工作任务，将“君子兰文化”建设与“廉洁文化”结合起来，形成“君子廉香”工程，系统化推进“清廉浙能”标杆点建设，把创建工作与公司改革发展同部署，将浙能“兰电标杆点”打造为与浙能“八个一流强企”

相匹配的国企清廉样本。

一、清廉浙能，以标杆创君子廉香

“君子廉香”工程包括四大体系十个行动机制，与浙能兰电“君子兰”文化一脉相承，是在浓郁的君子兰文化基础上对“清廉兰电”的进一步深化，争取达到“君子兰”花香四溢、神清气爽的新境界和新风尚，“清廉浙能”五大体系、八大行动的本土化实践，是对“清廉浙能”标杆点六大标准的创新性探索，也是对浙能“清茶馆”精神在兰电的生动再现。

“君子廉香”工程的主要思路来源于对标企业安全管理，最终的目的是推动党风廉政建设和企业安全管理双促双升。已完成的廉洁风险防控就是对标安全风险分级管控，2019 年开始实施的“四式监督”及一直以来开展的自查自纠、分析研判等就是对标安全生产双重预防中的隐患排查治理，对外包项目现场负责人开展廉政交底就是对标安全交底，廉规考试就是对标安规考试，2020 年推出的“四责六单”是对标安全生产全员责任制对“四责协同”的深化，2021 年还对标目前安全生产责任制各岗位安全责任到位标准，拓展“四责六单”个人履责口袋书及责任履行电子反馈表，如图 8－1 所示。

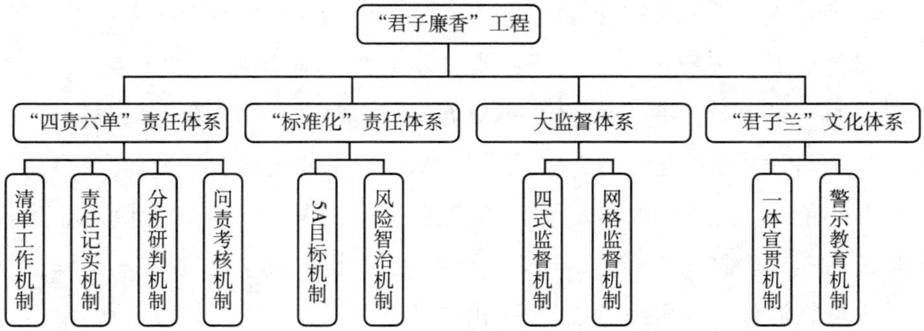

图 8－1　“清廉浙能”标杆点创建总体思路

通过标杆创建，促进国有企业政治建设引领保障作用更加凸显。从

“清廉国企”试点到“清廉浙能”标杆点创建，党委班子在国有企业坚持和加强党的领导、发挥党建引领作用等方面的认识更加统一，各党支部、各部门对责任下沉到底落实到边的认识更加清晰，重要敏感岗位及以上人员的纪律意识、规矩意识、清廉意识进一步提升，依法治企的理念更深入人心，企业大党建工作成效发挥日益凸显，浙能兰电公司党委获评集团党建工作突出集体、集团先进基层党组织，同时公司也获得了集团纪检先进集体。

通过标杆创建，推动企业高质量发展朝着更高目标奋进。开展党风廉政建设试点以来，在党委强党建引领的思路领导下，清廉从业及大监督氛围更加浓厚，有力保障了企业生产经营工作取得高质量目标，2020年的“争先创优”工作富有成效，安全生产形势平稳，班组建设与管理工作取得突出成效，全员凝心聚力、使各现场面貌焕然一新，获评集团优秀企业、安全生产先进单位、班组建设先进集体、财务工作先进集体、依法治企先进集体，浙江省电力行业管理创新工作优秀组织单位等荣誉。2021年安全生产形势继续保持了平稳态势，机组检修、封闭煤场改造等工作按既定目标进行，光伏项目取得积极进展，与外单位联合的碳捕捉工作完成调研，项目还获省委书记点赞，兰溪电视台、浙江六台等多家新闻机构予以宣传。

标杆创建，促使“三不”机制一体推进深化、固化；浙能兰电标杆点“四大体系”创建深入推进“三不”机制，紧盯“责任”这一牛鼻子，人人知责明责、守责担责、履责尽责，系统地同职责使命“对照”，如有不到位的严肃追责问责，强化“不敢腐”；坚持“严细实”的主基调，构建以5A标准化为基础的制度体系，干部职工常态化以制度标准“扫描”，强化“不能腐”；坚持固本培元，培育廉洁核心理念、核心价值观、廉洁从业理念、风险防控理念等丰富的君子兰文化体系，以文化人、以文育人，从思想源头上消除贪腐之念强化“不想腐”，“四大体系”建设有力推动了“三不”机制建设一体推进、同向发力。

二、靶向思维，上下左右责任协同

浙能兰电纪委紧盯“关键少数”领导干部，综合运用重要事项报备，谈心谈话、专项检查等措施，完善制度机制，找准着力点，持续探索新途径，破解监督难题。深化党委主体责任、党委书记“第一责任人”、班子成员“一岗双责”、纪委监督专责落地，有效打通“四责协同”纵向压力传导及横向责任联动，在完善浙能兰电公司层面《党委及其班子成员党建责任清单》《党风廉政建设党委主体责任清单》《党建党风廉政建设纪委监督责任清单》《党委班子成员党风廉政建设责任清单》四张清单基础上，党委统筹推动，研究制定了《党支部党建责任清单》《部门、党支部党风廉政建设责任清单》两张清单的“四责六单”，党委率先以清单工作机制、分析研判机制、考核问责机制及责任记实机制支撑起“四责六单”的责任体系落地，层层落实中为“清廉浙能”建设富有成效提供了有力保障，如图 8－2 所示。

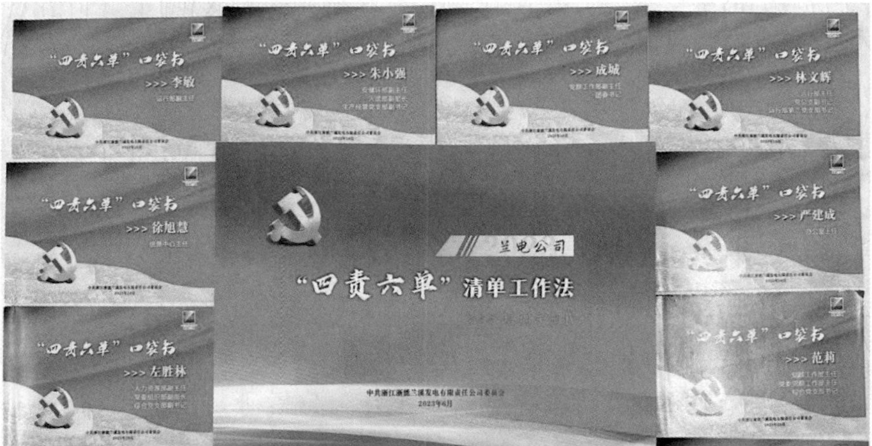

图 8－2　“四责六单”培训手册

1. 清单工作机制

为落实“四责六单”，党委职能部门整理汇编了《“四责协同”清单工作法培训手册》。“四责六单”中的每一条任务条款都对应企业现有的制度标准，细化了部门、党支部的主体责任、监督责任，将每项责任条款具体到执行人，既作为部门、支部年初制订工作计划、党支部检查考评及责任制落实的首要标准，又是人员岗位培训教材，纪检部门则不定期以清单为依据开展督查，通过报告通报、讲评述职、考核问责、责任记实等将责任履行融入日常，实现管党治党责任贯穿到公司各项业务中、融入管理制度中、强化在工作流程中、落实在日常管理中，一贯到底逐级压实责任。“四责六单”责任清单工作机制既引导重要敏感岗位及以上人员习惯“用权有约束”的氛围中工作，又指导各部门各党支部担负“履责要监督”的思想自觉和行动自觉，真正推动“四责协同”落地。2021 年重点就多部门管理型支部、外委项目班组较多的部门以及各职能管理部门在主体责任及主体监督职能履行上做进一步深化，强化部门与部门间的业务职能监督，使责任落实的“最后一米”更实更有效。

2. 分析研判机制

安全生产管理每日的碰头会、月度例会、季度安委会以及技术分析会等，从制度层面健全完善党风廉政分析研判工作机制，构建了由党委统筹、纪检和有关部门协作配合的“四会三化”工作格局。“四会”即公司党委通过定期或不定期召开党委会、年度党风廉政建设和反腐败工作会议、党风廉政建设分析会、党风廉政监督联席会议。“三化”是指分析研判工作常态化、规范化、科学化。通过此机制谋划、研究、部署、推动全面从严治党、党风廉政建设和反腐败工作，分析研判落实“四责协同”机制，专题研究清廉建设迭代升级、标杆点创建工作，建立分类负责、动态推进、全面覆盖的党内政治生态分析研判要素体系，每季度开展政治生态建设自查自评，每半年开展政治“画像”，给领导班子和领导干部进行全面“体检”的同时，营造良好政治生态。公司纪委书记参加各支部党风廉政建设分析会旁听，详细了解基层廉情。纪委加强不同时期监督重点、作风建设、廉洁风险、问题线索等方面情况的分析研判，在履行全面从严治党监督责任同时，通过重大事项请示报告、提出意见建议、监督推动党委决策落实等方式，及时与党委报告沟通，协助党委落实全面从严治党主体责任的同时，发挥好监督保障执行，促进完善发展的作用。

3. 问责考核机制

以制度开展检查，以检查发现的问题督促制度的完善实现“PDCA”有效循环。一是对标安全隐患排查治理开展的自查自纠，就是围绕上级巡察审计、专项检查、正风肃纪等开展自查自纠、发现问题、落实整改，同时，将上述问题整改提出的新要求及党员、重要敏感岗位人员违反廉洁从业承诺等细化到相关制度标准的考核条款中，双轨推进。如针对企业实际情况新增考核条款 4 条、修改 4 条、删去 3 条，进一步强化考核和制度保障，确保纪律约束力和制度的执行力。二是在安全生产联合督查中合理应用约谈机制，制订分级分类约谈细则，强化工作作风建设和责任落实，推进问责考核机制在安全生产联合督查中的应用和实践。三是针对各类检查督查发现的问题及时以“六见”标准督促整改，完善制度，举一反三，有效运用监督执纪“四种形态”特别是第一种形态，督促纠正苗头性、倾向性问题。2021 年上半年，在各类监督检查中，对相关部门责任人运用监督执纪“第一种形态”批评教育 1 人次，提出考核 6 次，促进修改制度 4 个，对各部门已完成的整改事项，开展了“回头看”抽查，防止问题反弹，强化监督执纪问责，有效发挥了不敢腐的震慑作用。

4. 责任记实机制

责任记实重点是落实好“二报告一讲评二述职”工作。二报告即公司党委书记每年向上级党委纪委报告全面从严治党主体责任、“第一责任人”责任落实情况，公司纪委每半年向上级纪委和公司党委汇报纪检工作情况。一讲评即公司党委书记每半年对班子成员在政治思想建设、意识形态工作、清廉建设等方面履行“一岗双责”情况进行讲评。二述职即公司纪委书记每半年向上级纪委述职，每年组织各党支部书记集中专场述职，向公司党委纪委汇报履职情况，压实全面从严治党责任。同时，把各级党组织班子成员落实全面从严治党责任情况的年度检查考核结果与中层干部年度考评、评先评优挂钩，完善中层干部廉政档案和中层干部重大事项报告制度，推行部门和支部党风廉政建设责任履行季度反馈表，实现责任落实全过程的可监控、可留痕、可追溯。

三、合力监督，君子风吹浙能清风

浙能兰电通过左右协同机制、上下贯通机制，构建了监督“共同体”。建立左右协同机制，即统筹安监、财务、法务、风控、审计等专业力量，推动管党治党从“一人摇橹”到“众人划桨”。建立上下贯通机制，即建立廉政三级监督网络，强化队伍建设增强监督力量。

1. 落实“五个到位”

监督“共同体”，将“五个到位”落实，将监督目标任务细化、落实到具体责任人，同时强化监督关口前移。计划到位，即每年公司纪委深入各部门各领域摸底调研，搜集日常管理存在的疑点、难点，分析形成调研报告，通过纪委会议讨论后，形成“监督计划”表，监督计划为全年指明了监督方向。责任到位，即监督计划以“任务单”明确监督人员、监督责任、监督项目、进度控制、时间安排、发现问题、跟踪整改等，每个监督员看到的是一份监督工作开展的清晰“路线图”。检查到位，即公司配套量身制定了《监督工作手册》，以规纪阐释、以案说纪、经验分享等方式，对监督员进行全方位培训。改进到位，即针对检查中发现的问题督促整改，根据情况予以曝光考核，倒逼主体责任落实，把内外部检查发现的问题清单纳入岗位廉洁风险，提高主体责任履职意识。结果到位，即为了充分应用监督成果，各领域以规章制度闭环问题整改，修改标准把存在的漏洞彻底堵塞，避免问题再次发生。

2. 实施5A目标机制

5A标准化方针是“引领先进、系统推进、持续改进”，这一管理目标在浙能兰电安全生产、经营和党的建设中全面贯彻，兰电特色的制度体系优势较好地转化为企业治理效能。一方面，以5A标准化建设的高目标，梳理规范“大党建”制度体系。将党建、党风廉政、工会、组织干部等相关制度的规范性、适应性、先进性进一步纳入公司5A标准化建设工作总体方案。在创建5A标准化良好行为企业期间，对《党委工作管理规定》《党建党风廉政建设责任制考核办法》《党务公开管理办法》《纪委工作管理》等54个制度标准进行修订完善，将责任清单也纳入党委工作管理条款。另一方面，以各种审核推动制度标准整体质量的提升。通过每年开展能源、测量、质安健环体系内审、外审及管理评审等，全面分析制度标准的适应性，对需改进的内容限期整改，在此基础上每年进行内控风险评估，以此来抓实内控管理，2021年就对新增的1条重大风险、对13条变化项进行了分析评估、对27条未按制度执行的条款进行了整改，确保内控制度完善，业务风险受控。将“第一议题”“四责协同”等相关要求纳入兰公司党委制度体系。此外，按照标准化管理的方式，还可依据日常实际运行情况，实时修订，把日常管理要求纳入制度中加以规范和固化。

3. 开展“四式监督”机制

纪检监察体制改革以来，对标安全监督检查，围绕建立与企业发展新形势新任务相适应的内部监督体系目标，浙能兰电创新完善大监督格局，推行任务积分制，有效协调各部门各支部的专兼职监督网络成员参与监督检查，以清单式常规督查、协同式专项督查、驻点式调研走访、点穴式核实核查的“四式监督”为主线，以职能监督为基础，聚集重点领域重要岗位，统筹发挥党内监督、民主监督、审计监督、财务监督、法务监督、安全监督的作用，实现目标统一、工作协调、优势互补、资源共享、成果共用的大监督体系，明确监督重点、压实监督责任、细化监督措施、健全制度机制，持续坚持抓监督与抓业务相结合，实现监督工作系统性、整体性、科学性、实效性的有机统一，把权力置于严密监督之下。并纳入党委工作管理规定长效固化，促进监督下沉，扩大监督覆盖面，激发大监督网络成员、业务骨干的廉动力，主动担当廉政监督员，基本形成了各级责任协同发力的工作格局。

4. 构建风险智治机制

“廉政安全等同于生产安全、廉政安全对标生产安全”，浙能兰电党委以“小切口”推进“大治理”，以廉洁风险防控为切入点，将安全生产的管理经验引入清廉建设，从安全生产管理体系、管理方法、管理理念三方面开展系统对标，以岗位职责为依据，通过业务流程的清权确权、廉洁风险的排查分类、防控措施的评估确定、风险预警和修正管理、监督考核和教育并重“五步曲”，建立“一企一部一岗一域”岗位廉洁风险信息库和“清廉兰电”数字化管理平台，在平台上实现了廉洁风险的辨识、廉洁风险信息库汇总和公告、廉洁承诺书签订、廉政视频教育等对日常风险管控数字化管理功能。每年持续进行“双查一优”，即风险的常态排查、动态检查和管理平台的优化升级。排查的过程就是一次廉洁从业教育过程，从员工被动防控、被动监督到主动防控、主动监督和相互监督联动的转变，切实提高了风险防控的自觉性。

5. 制订廉洁风险表

平台优化方面，除增加了问题清单共享、重要敏感岗位人员信息动态更新、廉规考试教育、廉政交底公告等功能外，还增加了自动生成廉洁风险信息分析表，从 7 个维度得出风险集中的业务领域和岗位、风险等级分布等综合情况，让数据为风险精准管控服务，实现风险智治防控。编印《发电企业廉洁风险防控手册》和《发电企业廉洁风险防控可视化提醒手册》，使廉洁风险清单既是重要敏感岗位及以上人员在工作中严格自我防范的“底线表”，同时也是纪检人员开展监督的“对照表”，针对风险内容开展廉政建设责任谈话、驻点调研走访、监督检查等，实现责任交底、风险交底、问题交底，对各类苗头性、倾向性问题及时预警提醒，有效控制廉洁风险，强化对从业人员权力运行的制约和监督。

第三节　纯洁作风，以君子兰之品润心铸魂

一、兰花纯洁，品质高雅廉洁奉公

清廉立身、阳光从业是浙能集团廉洁文化理念，清正廉洁是立身之本、成事之基。倡导诚实守信、合规经营，不用手中权力谋私利、不用企业资源办私事，始终保持廉洁高效、风清气正；倡导堂堂正正做人、勤勤恳恳做事、认认真真履职，始终保持优良品行和作风。阳光公开是从业之道、强企之要。倡导公私分明、光明磊落，讲原则不徇私情，讲公道不破规矩，始终在阳光下工作；倡导公平公正、公开透明，阳光决策、阳光建设、阳光交易、阳光消费、阳光监管，企业内部运作，皆如君子兰一样，纯洁正道、公开公正。

勤廉、奉公、守规是"兰电廉洁"从业理念，勤廉是勤勉廉洁，既要按照勤业敬业的要求，责任在心，恪尽职守，生无所息，踏实工作，做到勤勤恳恳兢兢业业，又要按照廉洁的要求，严于律己，清正廉洁，自觉遵纪守法和谨遵社会公德、职业道德、家庭美德、个人品德。勤廉是成就事业的基础和保证，奉公是追求公私分明；倡导员工为人正直，品行端正，一心为公，不徇私情，不存贪念，以企业和全体员工的利益为重，不为一己私欲而损害公共利益。"君子兰文化"还体现在忠诚履职，明察守正，奉行公事。守规是"凡善怕者，必身有所正，言有所规，行有所止，偶有逾矩，亦不出大格"（明朝学者方孝孺）。既切实提高守法、守纪意识，又用党纪法规严格约束自己，心有所畏，言有所戒，行有所止。

兰电清廉建设坚持文化教育到位，培育廉洁理念。"君子兰"隐喻君子般的人格和品行，浙能兰电将其作为廉洁形象的象征，致力于有效激发"君子兰"廉洁文化活力：以阵地示廉、教育引廉、宣传导廉等，系统化开展具有时代性、知识性、趣味性的廉洁文化活动，拓展廉洁文化载体。从心出发打造了"线上＋线下"双线清廉港湾，为员工充电续航。线上开发"君子兰"网站、"清廉园地"微信公众号等阵地，线下开辟"清廉

展厅”和党群驿站“清风区”“阳光”评标室和党支部清廉示范窗等清廉活动场所，培育浓厚的文化氛围。

兰电人积极探索文化教育之载体新、形式活的方式。君子兰“班组送廉”活动是廉洁文化教育的一个剪影，活动由公司纪委书记、纪委委员、支部书记向每个班组、每个职能部门送上“君子兰”。将“君子兰”廉洁文化寓意做成小卡片插在花盆里，一盆盆“君子兰”将廉洁文化的种子播撒到公司各处，举头见廉，低头思廉，日常工作中潜移默化接受廉洁文化熏陶。此外，浙能兰电利用廉洁文化资源，开展了“夫妻手牵手，小手拉大手”家庭助廉活动，以文化启智润心，推进廉洁文化进部门、进班组、进岗位、进家庭，不断增强文化互动性和员工获得感。通过多年“君子兰”系列文化创建，提升了廉洁文化的引领力、传播力、感染力，将廉洁从业道德要求内化于党员干部的精神意识，筑牢不想腐的思想根基。浙能兰电系统化开展具有时代性、知识性、趣味性的廉洁文化活动，拓展廉洁文化载体，如图 8－3 所示。

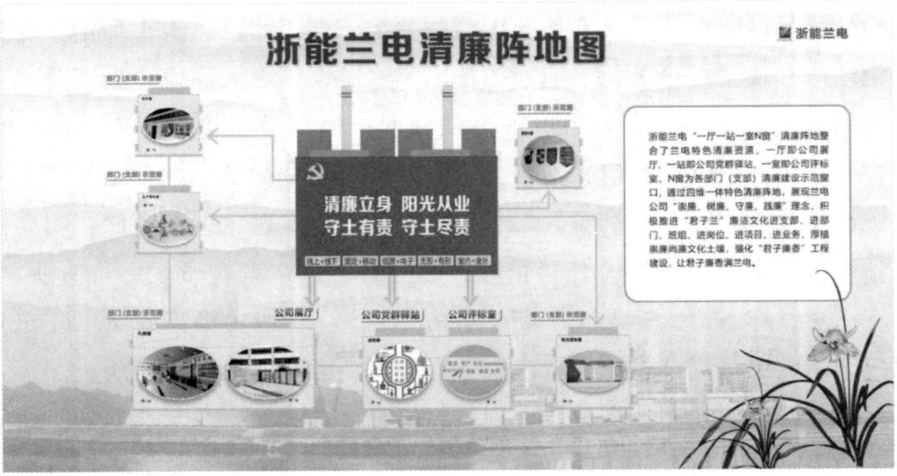

图 8－3 “君子兰”文化阵地

纪法教育是一项全面覆盖的系统工程，不仅要在点上发力，更需要在面上铺开。浙能兰电纪委专门整理了与全体员工有可能会涉及触犯的规纪、法律条文要点，并将《刑法》《民法典》《道路安全交通法》《中国共产党纪律处分条例》等相关法律法规和纪律规定纳入普法教育内容。各支部、各部门通过观看警示教育片、谈心谈话等不断强化日常教育和“八小时外”的教育监督。在公司每年一度的廉规考试中均增加纪法教育相关内容，让大家切切实实感受到纪法在身边，营造知法守法、知纪守纪的良好氛围。

浙能兰电纪委从年轻干部教育出发，以老干部带新干部方式迅速搜集各类资源，精心编制《年轻干部和新入职员工廉洁从业教育手册》，引导年轻干部树立正确的事业观、价值观，提醒年轻干部扣好廉洁从业“第一粒扣子”。浙能兰电纪委紧盯年轻干部成长周期中的关键节点，推出履新第一课、清廉故事宣讲等一系列“青廉套餐”，为青廉工程“再加码”，希望年轻干部无论是顺境还是逆境，始终保持自己的初心，矢志前行、久久为功。

认真对照党章党规党纪和企业规范化管理相关法律法规和要求，汇编《守纪律、讲规矩》实用手册。手册内容涵盖了廉洁从业、职务消费、公务接待、厉行节约等多个方面，兼顾全面性及精简实用性，为干部员工自主学习党风廉洁知识及查找相关制度规定带来便利，为增强干部员工认知及执行廉洁规定夯实基础。

充分利用现代媒体平台开展党风廉洁宣教。在“君子兰”廉洁网站上丰富宣教内容，方便学习。通过多举措廉洁宣教，用实际行动践行“三严三实”，进一步增强全体党员干部廉洁自律意识，浓郁风清气正的从业环境。

借力造势，发挥检企共建优势助力廉洁从业教育。浙能兰电公司与兰溪市人民检察院的“检企共建”，建立的共同预防职务犯罪协作工作机制，把预防职务犯罪工作贯穿到生产经营的各个环节，实现“构筑检企联防堡垒、共建平安廉洁兰电”共建目标，得到了相关领导的高度肯定，其经验也在系统内广泛推行和应用。

警钟长鸣，筑牢拒腐防浪堤。在每年召开的党风廉洁专题教育讲座中，还曾邀请兰溪检察院对公司重要岗位人员及外委单位代表进行以案说法的方式进行廉洁警示教育，并在兰溪检察院的见证下签订三方廉洁协议、组织公司中层以上领导干部赴兰溪市人民法院旁听职务犯罪的案件庭审、组织全体党员干部及重要岗位人员赴金华监狱廉洁教育基地参观学习、组织观看廉洁警示片等多渠道多形式加强廉洁教育，不断提高廉洁自律和拒腐防变的坚定性与自觉性，做到警钟长鸣、反省自身、自省自律，切实做好本职工作。

二、文化润德，君子兰文化入心间

文化润其内，养廉固其本。浙能兰电依托多样化的宣贯平台，结合系列廉洁教育活动的开展，在宣廉、倡廉、促廉的廉洁文化建设过程中，不断丰富廉洁文化宣传内容，深化廉洁文化传播，形成兰电特色廉洁文化景观，让“君子兰”廉洁文化成为广大干部员工共识，营造“善孝、尚廉”“勤业、敬业”的良好氛围。以廉洁制度和规范为支撑，以群众广泛参与的廉洁文化创建活动和丰富多彩的廉洁文化产品为载体，不断推进企业廉洁文化建设向纵深方向发展，以培育廉洁价值理念为根本，不断发挥廉洁文化在企业反腐倡廉建设中的作用。

1. 厚植“君子兰”清廉之土

培育适合“君子兰”文化的肥沃土壤，让廉洁文化扎根一线。在党建质量体系认证及5A标准化建设基础上，公司建立“一企一部一岗一域”岗位廉洁风险信息库和“清廉兰电”数字化管理平台，编印《发电企业廉洁风险防控手册》《发电企业廉洁风险防控可视化提醒手册》，推进“风险智治”，以有效的廉洁风险防控为廉洁沃土铺上一层“防护网”。同时以“四式监督”即清单式常规督查、协同式专项督查、点穴式核实核查、驻点式调研走访作为检验清廉沃土质量的“红绿灯”，以23个监督网格作为最小清廉单元，发挥“探头”作用，甄别和警示工作可行与否、有效与否。

2. 播种“君子兰”清廉种子

宣传入眼、教育入脑、廉洁入心，持续创新“君子兰”文化名片，采用多种载体、形神并举固化“君子兰”文化形象。每年5月开展“思廉月”廉洁警示教育，广泛组织家庭助廉、漫画话廉、书法述廉，一起分享廉洁家书、制作兰香莲韵团扇、描绘“君子兰”文化布袋、拍摄廉洁金句诵读视频并以企业吉祥物“兰兰”“能能”创作廉洁漫画，编印《年轻干部和新入职员工廉洁从业教育手册》，组织手册进岗位，启智润心，在他们心中埋下清廉种子。

3. 浇灌“君子兰”清廉之水

为保证“君子兰”文化不断有源头活水注入，推进文化“四进”工作和定期考核。一是以贴近企业及员工实际为出发点，动员员工设计“君子兰”文化形象，并选取手绘“君子廉香”漫画，制作“君子兰”盆花，送“廉”进部门、进班组、进岗位、进家庭，让员工在日常工作中潜移默化地接受廉洁文化熏陶。二是通过一年三次的党组织建设考评和一年二次的班组建设考评评估文化建设实效，并按照企业标准兑现考核奖金，注重从班组这个企业最小细胞出发，持续激发“君子兰”文化活力。

4. 培育“君子兰”清廉之花

经过多年的深耕“君子兰”文化成果丰硕、清廉之花璀璨。“1+1+1+N”的线下阵地充分展现了“君子兰”文化建设成果，即一厅一站一室（企业文化展厅、党群驿站、特色评标室）和“N”个各党支部党员活动室清廉窗口及移动式特色专题展。同时，打造了3个线上平台即工作流“清廉兰电”专栏、微信公众号“清廉园地”专栏、公司内网“党风廉政”专栏，多层次、全要素将廉洁文化渗透到企业各个方面，使员工时刻沉浸在“君子廉香”氛围中。如图8-4所示，以“君子廉香”，固“浙能清风”。

企业廉洁文化建设必须根据企业的实际情况，作为一项长期工作来抓，统筹兼顾，创新发展，在强化领导机制、工作机制，建立责任机制，健全督查考核机制，加强责任追究制，建立测评机制，强化保障机制和研究机制上取得成效，为廉洁文化持续、健康发展提供有力保障，纵深推进清廉建设取得显著成效。

图 8-4　浙能兰电“君子廉香”工程顶层设计图示

一是企业干部职工队伍得到净化。建设“君子兰”文化十余载，廉洁文化基因已成为员工思想意识、行为规范的一部分，每年“君子兰”文化教育涵盖人数不少于 500 人、2000 人次，既引导员工习惯在“有约束”的氛围中工作，又指导员工提升主动履责的思想自觉和行动自觉，为企业发展提供了坚强有力的人才支撑。

二是企业廉洁从业风气持续改善。持续开展警示教育等文化建设，以“身边人身边事”提醒和感染员工，营造了风清气正的政治生态，员工对“君子兰”文化认同感高，廉洁从业意识更加强烈，建厂以来在工程项目投资、工程建设等领域无违纪违法问题发生，无职务犯罪问题发生。

三是企业治理体系不断完善。企业 5A 标准化体系从根本上保证了“君子兰”文化建设的目标与企业高质量发展目标相匹配，使文化基因融入日常，实现文化建设贯穿到公司各项业务中、融入管理制度中、强化在工作流程中、落实在日常管理中，企业治理规范化水平持续提升，获全国企业文化建设成果一等奖、浙能集团党建工作突出集体、先进基层党组织、优秀企业等荣誉。

四是“清廉国企”标杆点建设影响力日益增强。“君子兰”文化体系作为兰电创建“清廉国企”标杆点打造“君子廉香”工程的举措之一，是整体创建工作的“灵魂”所在。“君子兰”文化建设的主体既是企业也是员工，促进组织及个人的主体责任、监督责任履行，同时，“专班化”凝炼“君子兰”文化建设成果，编印《君子廉香》文集、制作宣传视频，标杆点建设在企业内外取得了较好的成效和口碑，2021~2022年两年来累计接待省内外单位参观交流近20次，参观人数超1000人。

三、成德于行，谦和清雅自律高尚

君子以成德为行，日可见之行。在“君子兰文化”的潜移默化之下，在崇廉尚廉、倡廉树廉、思廉践廉的浓厚氛围之下，廉洁已经融入兰电人的日常工作生活之中，不断夯实党员干部“不想腐”的思想堤坝，浙能兰电也在多年的廉洁文化建设中取得显著成效。

浙能兰电以“教育助廉”强化职工法治意识，自律意识，推动廉政教育载体的提升。深化反腐倡廉教育，增强思想道德的约束力，拓宽教育覆盖面，用道德环境和廉洁氛围，潜移默化地教育、陶冶和感染、影响企业员工。建立廉政文化并融入企业管理，形成企业精神和行为规范，净化从业环境，从而更加有效地发挥预防腐败的重要作用。

教育助廉形式将有形载体和无形载体相结合，灌输式教育和自主学习相结合，将教育主体从重要岗位人员向重要岗位家庭和全体职工延伸。多措并举通过以下形式促使员工养成谦和清雅自律高尚的君子品德：

第一，浙能兰电从重要岗位人员向其家庭、工作团队等周边延伸，将重要岗位的岗位廉政风险、公司反腐倡廉政策、党纪法规等以廉政倡议书、报纸杂志等形式对重要岗位家属和全体职工进行廉政风险宣教，为重要岗位人员创造一个较好的廉洁从业氛围。通过微信公众号平台开展廉政警句征集活动，职工发挥聪明才智，在征集中进行一次自我教育。同时，获奖警句可通过手机廉政课堂、网上廉政教育平台及制作廉政台历、反腐倡廉小手册等形式充分运用以起到再次教育之目的。内外结合，企地结合，邀请地方政法系统人员进公司讲课或参观一些廉政主题展览等廉防形式。《浙能兰电廉政文化手册》将浙能兰电反腐倡廉相关制度、廉政警句征集、廉政家庭信征集等相关内容汇编成册，形成系统宣教材料。通过君子兰特色廉洁文化推进“三结合”：一是廉洁文化建设要与企业制度建设相结合，二是廉洁文化建设要与坚持人本理念相结合，三是廉洁文化建设要与企业经营管理相结合；把廉洁文化深度融入企业管理发展的方方面面之中，并形成君子兰特色廉洁文化推进的“持久力”。

第二，在君子兰特色廉洁文化推进过程中，“君子兰”文化品牌效应日益彰显。廉政建设为浙能兰电“君子兰”文化内化于心、外化于行、固化于制、实化于效提供了最佳落实落地路径。浙能兰电“君子兰”文化以品格高尚、伫立含蓄被兰电人喜爱推崇，逐渐印刻在内心，并从中持续汲取营养、涵养廉洁力量，孕育出了“中央企业技术能手”“全国技术能手”“全国三八红旗手”“全国无偿献血奉献奖金奖”等众多谦谦君子；“君子兰”文化以其润物细无声的独特感染力，与企业管理中刚性的制度体系相生相长、共同作用，释放出教育引导、约束规范、激励浸润多重功能，提升了企业软实力；“君子兰”文化作为浙江省国企新时代廉洁文化的品牌之一，在新时代廉洁文化“百花园”中以可视、可听、可感的方式呈现，为全社会持续营造崇廉尚廉、踔厉奋发的浓厚氛围不断扩大其影响力。

第三，在君子兰特色廉洁文化推进过程中，“三不腐”一体推进的综合效应持续释放。“君子兰”文化创建过程也是推进“三不”机制在基层深化的探索实践过程，是一项基础性并且是长期性工程，实践中把一体推进“三不腐”的理念、思路、方法嵌入每一个清廉小微单元、每一位责任主体心里；坚持“严细实”的主基调，常态化以制度标准“扫描”；坚持固本培元，以文化人、以文育人，从心理机制、思想源头消除贪腐之念。真正将正风肃纪反腐与企业深化改革、完善制度、促进治理贯通起来，充分释放“三不腐”一体推进的综合效应。公司建成近二十年来，在项目投资、工程建设等领域无违纪违法问题发生，无职务犯罪问题发生，多次获得浙能集团优秀企业、纪检工作先进集体等荣誉。

第四，在君子兰特色廉洁文化推进过程中，企业治理体系不断完善基础更为牢固。浙能兰电清廉小微单元创建责任体系、“5A 目标”制度体系，以安监、法务、风控、纪检、审计“五位一体”监督体系、“君子兰”文化体系等“四廉体系”为蓝本，形成支部、部门、班组（包括外包工程项目班组）三个层级，涵盖干部、党员、员工、外包单位人员四种类型管理对象的一系列可执行、可量化、可监督、可评价的子体系，有力推进了公司“三重一大”决策的实施、风险的有效防范、难点堵点问题的专项治理。各党支部、部门（班组）和广大员工对公司清廉建设责任下沉到底、落实到边，在生产与廉政双轮驱动下，企业生产经营平稳有序，压缩空气、供热等发展项目取得较大进展，清廉小微单元建设成果丰硕，五星级党支部和五星级班组比例不断提升，技术技能竞赛获奖人数不断增加，颗粒饱满度不断提升的各清廉小微单元，为浙能兰电建成“一流现代化清洁低碳发电企业”扎牢了根基。

船欲行千里，风正助帆扬。兰电将持续深化清廉国企建设，引导职工在廉洁文化阳光的沐浴下，沿着“君子兰文化”建设的光明之路、奋进之路勇毅前行，以革新的勇气、实干的担当加速前进，推进公司发展持续向好，创造高质量发展的新天地。

第九章　文化强企建兰电，奋力拼搏创伟业

浙能兰电在文化建设方面有一项很重要的工作，就是每年都会汇编一本文集，命名为“与公司一起成长”系列丛书，有职工论文集，如《但问耕耘》《政研文集》《躬行始成》，有主题征文和专题文集，如《我的青春我的梦》《旭日兴言》《背后价值》《精神流光》《积微成著》等，有红色管理文集，如《韶华·初心集》《始足千里》《逆光中的绽放》《聚力逆行中的平凡》等，有管理专业文集，如《发电企业精细化管理》《我们的打算》《一路高歌，磅礴担当》等，还有记录企业建设历程的《工程图册》《企业文化手册》《兰电小故事》等。本章中“节”的标题，就是选用其中的文集名结合本章所要表述的内涵而确立。

20 年来浙能兰电总在前行，不敢有丝毫马虎、不敢有丝毫懈怠、更不敢有丝毫停歇，因为不敢忘记初心，所以但问耕耘一路高歌，成就了浙能集团又一份伟业，走出了一条文化强企“中国控的浙能样本”①，绽放了中国君子兰的无限芬芳。

第一节　始足千里兰电行，但问耕耘文化强

“合抱之木，生于毫末；九层之台，起于垒土；千里之行，始于足

① 《中国控的浙能样本》，公司文集《聚力逆行中的平凡》中的一篇文章。

下”（《道德经》第六十四章）。20 年的征程，是一步步走出来的，起步走得扎实、迈步行得坚实，践诺了“让事业精彩，让生命闪光”的企业精神，让浙能兰电绽放出独特的光芒。

“夫尽小者大，积微成著，德至者色泽洽，行尽而声问远。”（《荀子·大略》），“故不积跬步，无以至千里；不积小流，无以成江海。”（《荀子·劝学》）。兰江是由涓涓细流汇聚而成的，浙能兰电的今天，是兰电人从一件件小事做起来的——路越走越宽广，层次越走越高，事业越走越大——浙能兰电，在不断耕耘中，独特文化给浙能兰电赋予越来越大的能量。

一、足下耕耘，步步生莲建兰电

步步生莲，本是形容女子走路姿态轻盈优美，《南史·齐纪下·废帝东昏侯》有云：“（东昏侯）又凿金为莲华（花）以贴地，令潘妃行其上，曰：‘此步步生莲华（花）也。’”显然，要达到步步生莲的妖娆美丽步态，要符合以下几个条件：一为“凿金”，在地板上雕刻镶金的莲花，这是一种能力，也是一种底气；二为“潘妃”，高贵典雅身姿绰约的美人“行其上”，这是一种风姿，也是一种限制。地面无金色莲花、其上无绝色美人，成就不了步步生莲。

足下无一份事业何以耕耘，平地无成就伟业何以遗香。这里引用“步步生莲”，是要说明浙能兰电每走一步足下生莲花，一朵莲花代表一个建设成就。兰电人 20 年勤奋耕耘，在兰溪灵洞乡的大地上刻出金莲（浙能兰电）、种下兰花（兰花文化），兰电人摇曳生姿行其上，步步生莲显内涵，建设兰电勤耕耘，满园皆飘兰花香。

浙能兰电在创业初期，就非常明确“不重视企业文化的企业是没有核心竞争力的企业，不重视企业文化建设的企业经营者是缺乏远见的企业家”，因此一开始就重视文化建设，并在企业文化建设的指导思想中，明确提出：“根植于中华民族优秀传统文化的土壤，积极吸收和借鉴国内外现代管理的优秀成果，以爱国、奉献为追求，以人本管理为核心，以学习创新为动力，着眼于内强素质、外塑形象，立足于文化强企，产业报国”（《兰电政研文集》（2004～2005年度）前言）。在这一指导思想中，有几个亮点具有极强的前瞻性企业文化建设的切合性：其一，“根植优秀传统文化”；其二，“吸收和借鉴国内外”；其三，“以人本管理为核心”；其四，“以学习创新为动力”；其五，“立足于文化强企”。20世纪90年代，在管理思想与管理理论上西化特色比较明显，21世纪初本土管理刚刚在理论上有所冒头，浙能兰电就提出了对“民族传统文化”是根植、对国外管理优秀成果是“吸收和借鉴”，无疑是“文化自信”的一种展示；而“文化强企”观念的提出，奠定了浙能兰电的文化内涵、文化风格与文化价值——企业文化建设须赋能企业做强。

正是在这样思想指导下，浙能兰电在企业文化中，输入了坚强坚毅、吃苦耐劳等内涵，为后来兰电文化建设成果凝聚而成的“君子兰文化”打下扎实的基础。2005年，公司确立为“企业文化年”，当时的党委书记在那年的政研论文中引用总经理提出基建工作者应具备“苦、拼、精、高”的四种精神后说，“我们兰电人距‘精与高’的要求还有一定的距离，但我们完全体现 了‘苦与拼’的精神。我们常常听到职工同志们说：‘有时候工作干得真是太累，但咬咬牙还是坚持下来了’，这就是我们兰电建设者的真实写照。”在“苦与拼”中，兰电人“都有一种共同的信念和文化支撑着，整个团队才显示出强大的工作能力、工作效率和高效敬业的工作精神。”说得非常到位，也论证了可以用文化赋予企业精神与企业能量。

这个时期，是创业初期，却在文化建设上作了奠基，明确了“国学管理”（传统文化）与“红色管理”（思政与党建）是管理根基，而“文化自信”与“文化强企”是管理核心，从而在建设中焕发出浙能兰电的无穷力量，焕发出兰电人的惊天能量，在吃苦耐劳与勇敢拼搏中一步步成就了企业，如图9－1所示。

金华江边，灵洞乡大地上，兰电企业从挖基开始到冷却塔崛起，从一无所有到厂房矗立，轰轰烈烈又踏踏实实，以制度规范行为，以事业统一思想，以企业文化凝聚共同价值，既展现出中华传统的君子精神，也体现

图 9－1　浙能兰电一期工程建设

出纯洁雅致的兰花品质，这是对文化建设重视的最佳表现。创业初期，兰电职工中的多数人，是从浙能系统各个电厂抽调来的，也有从其他单位人才引进的，还有一批新招聘的大学生，可以说来自五湖四海。这批人，要么是擅长电力生产，要么刚刚踏上社会，对电厂基建都不熟悉，又带有原来的思维习惯与行为方式，初到新工作点，思想、情绪、精神等都有待企业管理者去帮助、去融合、去提升。

兰电创业者针对这样的现实，在充分调研基础上明确了一点：打造先进的企业文化，通过企业文化统一思想，提高认识，形成共同的价值观和核心竞争力，推进工程建设打好兰电发展的基础。这就抓住了问题的本质、事情的根本，也就顺理成章有了“高效稳健促进工程建设，为党旗增光添彩”的主题活动，把思想凝聚与文化建设统一起来，把红色管理融化在人的心灵里、落实企业的建设中。可以说一是抓住了“心”（红心之心），二是抓住了“和”（谐和之和），这才有步步稳健的兰电步伐、有后来不断创新的成就。

二、积微成著，厚积薄发创业绩

细微的事物经过长时期积累，会逐渐显著而光耀；充分地积蓄能量或物质，能后续不断地慢慢放出。积微成著、厚积薄发两个成语，非常典型地表现了浙能兰电20年一步一个脚印的扎实前行步伐，在管理文化、科技文化、企业文化等方面渐渐显著、发电事业佳绩频现。

浙能兰电项目2003年立项，2004年开建，而2007年是一个非常重要的节点，公司从基建转向电力生产，意味着项目报批、政策处理、工程建设、生产准备的工作基本结束，而火力发电的生产与供电正式开启。须肯定的是，三年的基础建设，基本确立了管理文化、科技文化与企业文化的三剑合一的兰电模式，奠定了浙能兰电文化强企的战略基础。

在管理文化方面，工程开建之初就确立了“强业主、大监理、广咨询”的管理模式，实质是业主、监理、参建单位三方和谐合一的管理，围绕“强业主”这个核心，保证电厂建设目标一致而又各负其责。这种“和谐合一”的基础，是兰电公司的管理思想、管理体系，坚持“凡事有人负责，凡事有人监督，凡事有章可循，凡事有据可查”的闭环管理原则。鉴于电厂的特殊性，工程建设必须保持稳健，不得有任何冒险行为，所以要赶进度，但不能以牺牲安全和质量为代价，为此确立了“优化设计、优化施工，新技术、新方案”的“两优两新”管理要求，并实现了三方管理标准一体化“三标一体”，推出共同执行的《管理手册》与《程序性文件》，在管理制度、管理流程上统一管理，各方既相互独立、各负其责，又相互牵制、协作分工。所有兰电人都明白一个简单的道理：工程建设、设备安装、机组调试，必须是精益求精——后来的“精心、精益、精致”的精品文化就是在这时候打下基础的——保证问题为零，以保障电力生产时的安全可靠；不然，哪怕再小的问题，都可能在未来变成不可估量的大问题。这是后来创新发展成的君子精神、兰花品质的最初践行。

在科技文化方面，“效率第一、效益第一”的要求下，直奔工期领先、技术领先、造价领先的目标，通过实施基建 MIS、KKS 编码、P3 运用，保障工程建设的高品质、高质量，并于细微处见真章，将技术要素分解到每一个环节的每一个细微处，实现目标管理。浙能兰电的发电规模，设计为 4 台 60 万千瓦超临界燃煤发电机组。但这 4 台机组不是一次性安装成的，而是分期落实，这就是 P3 网络进度计划，2006 年中第一台机组投产发电，之后每隔 5 个月投产一台机组，到 2007 年底全部建成年总产发电。显然，如此庞大的工程，不是简单土建就可以完成的，工期紧的同时，劳动强度大、施工难度大、技术含量高、管理压力高。比如桩基须旋挖，桩基旋挖须全程护筒，还要建设主变防火墙、机构搅拌澄清池、防洪大坝、循环水坑墙板及埋件、管子穿楼面、PVC 地坪、汽机望到面网架结构（外墙是彩钢板）、消声导游片安装、循环水管道、冷却塔建造。而在热机部分，有规模宏大的锅炉水冷壁过渡管组、管道纵横交错的锅炉房及锅炉受热面安炉内管排焊接、等离子点火装置、发电机转子穿装等；汽机运转层建设，包括汽机扣缸、转子吊装、汽轮机给水泵、电除尘器、工业废水处理池及处理管道、工业废水处理设备的安装等；脱硫主设备、脱硫控制室、脱硫吸收塔的建设以及生产处理设备、化水车间的建设等；保温工艺方面，涉及炉底供水管、小口径集束管道整体平板保温、小口径管理领跑布置和综合管架、低压加热器、疏水管理布置、阀门保温、吹灰蒸气管道等；电气仪控方面，有中央集中控制室及辅控、锅炉配电室、汽机配电室、电气盘柜、升压站、主变以及内部的仪器管路配置、线路布置、照明排管等等。所有这些的建设、安装、调试，技术性强、要求高，每个环节、每个步骤、每个细节都需要兰电技术人员全程设计、全程安排、全程跟踪。事实证明，兰电人经受住了责任心、技术能力、时间规定等的考验，展现了专业技术人员的严谨作风与兰电特色。

在企业文化方面，浙能兰电创建之初就确立了“以人为本”的文化内涵，并且到运营、设备、维护、燃料、行政科室、工会文化、共青团文化等领域，把具有浙能兰电特色的价值观念、经营准则、管理制度、企业精神、道德规范、发展目标总和在一起，通过宣传、教育、培训和文化娱乐，通过文化环境和文化体系的内化之力，深入员工的心灵里、行为中，从而最大限度地统一员工意志，规范员工行为，凝聚员工力量，充分发挥兰电人的主观能动性，人与企业荣辱与共，电厂建设、人才培育、思政教育同步进行，为实现“人企合一”而促进员工与公司同呼吸、同成长、同发展，内聚合力、外塑形象，展现文化的巨大伟力。这才能在反腐防腐、廉洁奉公方面，在梳理人心、疏通思想方面，在基层党建、人才培养方面达到事半功倍。这就是远见、这就是格局、这就是全局性的韬略。所以，兰电人从最初的《简报》到后来的《兰电报》《浙能兰电杂志》，到新闻中心网站、企业文化展厅、企业文化长廊的建设，到“与公司一起成长”系列丛书，是一脉相承、是持续推进。不断创新、不断进步，不断反思，兰电人在企业文化建设的论文中，提出了若干思考：“第一，企业领导者、管理层必须成为推动企业文化建设的中坚力量……第二，企业文化建设必须与企业管理相互融合……第三，企业文化必须得到企业全员的认同……第四，企业文化建设必须坚持长期建设和不断创新。”① 这是真正从实践中提炼出来的认知，是对文化建设深透的理解。

由此文化奠基，就有了兰电风格、有了兰电特色、有了兰电管理、有了兰电科技、有了兰电文化，有了兰电英雄群像、有了兰电君子精神、有了兰电兰花品质……有了积微成著、有了厚积薄发，有了兰电千里行，有了兰电耕耘美，有了兰电科技强企、文化强企。

三、展现精神，火电事业攀高峰

在浙能兰电“与公司一起成长”的系列文集中，有一本书叫《精神洗礼》，解读浙能兰电到底展现出的是什么精神，这样的精神为什么能够推动浙能兰电在火力发电事业中攀登高峰。这本书不是论文，不是教科书，而是兰电人的散文、诗歌、随笔、体会，说的不是直上云霄的宏图大志，不是叱咤风云的建设辉煌，而只是员工的心声呢喃，员工的日常思

① 黄祖平等：《企业在发展初期的文化管理与建设》，公司文集《躬行始成》第 70 页，2015 年。

想、员工的工作感触，从中却依然可以解读出虽说不上宏大却仍是深刻的“兰电精神”。比如《送站》写的是父与子电力事业的承续，《多年以后我渴望成为你》以散文诗方式表达了继承老一辈的深切愿望——体现的是兰电人愿意传承先辈事业的事业精神；再如《勤能补拙是良训，一分辛苦一分才》《采得百花成蜜后，为谁辛苦为谁甜》《爱岗敬业——我与兰电同在》等，标题里就展现出浓浓的敬业精神；而《如何消除自身潜在的“官僚作风”》《这些年，我们丢掉了什么》，很明显揭示了兰电人的反思精神；《爱“廉”说》《秋风初度，正气重扬》，则表现出《让清风长留天地间》的廉洁精神，还有《浅谈理想与生命》《为了昨天的梦想和今天的飞翔》的理想精神；《奉献——我的价值观》的奉献精神、《宏观、中观、微观视角下的“雷锋精神”》……正是有这些精神的洗礼，兰电人让火力发电事业不断攀登高峰。创造了一个又一个行业奇迹、一个又一个国家级、省级奖项。

另一本文集叫《韶华·初心集》，初心是什么？是愿以韶华换初心的企业文化所概括的企业愿景，是豁出一生拼搏要努力实现的企业使命，是为了做优秀的火电人，是为了能源事业，所以兰电人守初心、忆初心、表初心、捍初心、暖初心、砺初心，初心不变，使命永记。书中首篇《“我爱你，中国”寄语祖国》，一个个员工在寄语中表达出对祖国真情、对祖国的深爱，对祖国真切的期盼，爱国精神跃然纸上，让人感受到这种爱国情怀充盈在兰电人的心坎里——这不是作秀，兰电无须作秀，他们把对祖国深沉的爱，融化在对火力发电事业的无限虔诚中，所以，才能在短短的几年中，一次次比计划提前完成任务、一次次攻克技术难关、一次次解决不期而至的难题，让 4 台机组不断发电供向祖国大地，让 4 座冷却塔冒出的是没有污染的缕缕白烟。所以，兰电人在十五周年纪念的这部文集中，骄傲地说《勇立潮头破浪行，不忘初心谱新篇》，自豪地表示《文质彬彬刚强心，华丽篇章热血颂》，在兰电人的演说稿中，所表达的主题是《风雨同舟十五载，扬帆起航踏新程》《红船精神作指引，转型升级谋新篇》；兰电人豪情满怀、兰电人意气风发，但是他们也深知《周听不蔽，寅恭谐协》，广泛听取意见而不至于受蒙蔽，对人对事对工作恭谨谦和而保持和谐协和，因为兰电人把浙能兰电真正当作自己的家，《八小时之家，我们用心搭》，关键在“用心”。

“与公司一起成长”的系列文集中有关于抗疫的两本书：《聚力逆行中的平凡》《逆光中的绽放——旗帜领航之奋发有为兰电人》。当时面临的现实情况是四个常态化：“疫情防控常态化，能源保供常态化，安全监管常态化，煤价居高不下常态化”①，面对如此巨大的困境，兰电人《党徽闪耀在胸前，党员使命记心间》，老员工《老骥伏枥，志在千里》，女职工《睿智丹心，巾帼风采》，所有兰电人《初心如磐，笃行致远》《敬业为企，匠心筑梦》，打造出《中国控的浙能样本》。在“聚干劲”篇中，描述了兰电人“纵横覆盖，7S 网格协同联动聚焦责任落实”“深耕攻坚，现场设备整治聚焦本质安全”“汇智突破，全员创新创效聚焦高质量发展”，并且在“7S 人物篇”“7S 色彩篇”“7S 文化篇”，多层次多角度描述了逆行中兰电人的风姿、风采。然后在“聚冲劲”“聚巧劲”“聚韧劲”“聚拼劲”“聚勇劲”各篇中，不吝笔墨描述和赞扬了兰电人的争先创优、担当使命、弘扬善美的点点滴滴。所以兰电人一边战疫一边在专业业务上捷报频传，其中一位员工 2012 年才参加工作，2015 年就获得兰电钳工技术比赛第一名、2018 年又获得兰电三通制作技术比武第一名，2019 年则获得兰电转子找静平衡比武第二名、QC 项目比赛浙江省质协三等奖，而在 2020 年获得浙江省省部属企事业水泵检修工技能竞赛个人第四名，同事们说他自带“神通”。在 2021 年的浙江省省部属企事业水生产处理工职业竞赛中兰电人获得团体三等奖、个人一个三等奖、一个优胜奖。最值得一提的是，兰电人参加 2021 年浙江省发电企业集控值班员职业技能竞赛，是经历了三轮选拔、两月集训、八次模拟，终于获得了五个奖项：个人一等奖一人、个人三等奖一人、团体三等奖一项、个人优胜奖两人。兰电人在各自的领域里不断攀登高峰，如图 9－2 所示。

---

① 《逆光中的绽放——旗帜领航之奋发有为兰电人》序言《向着曙光的方向，栉风沐雨砥砺前行》第 1 页。

图 9－2　兰电公司在 2021 年浙江省发电企业集控值班员职业技能竞赛中获大奖

第二节　不忘初心聚力行，精神洗礼有担当

君子心、兰花情，兰电人喜欢浙能企业文化，因为那是深植在兰电人心坎里君子德的内涵表现，所以努力做有君子品德的典雅有素养的人；兰电人喜欢兰江穿行、兰花香满的兰溪，所以兰电人把自己比喻成君子兰，清新脱俗又卓立不凡；并且在君子兰的花语中加入了新时代特色，以红色管理展示党性原则、廉洁风貌，体现“三园”育人及思想政治工作的价值；以工匠文化展现中国骄傲，在这个“基建狂魔”的国度里，兰电人展现了一流工匠的能量、一流工匠的匠心。因为兰电人以德立人、以能立业，丹心一片心向党、睿智满怀技术强。

一、红色管理，牢记使命雄心在

红色管理起源于中国共产党在革命战争时期的管理实践，新中国成立后作为执政党，中国共产党的执政能力得到体现，红色管理内涵进一步发展，第一代领导人“进京赶考”，向人民交出了满意的答卷；第二代领导人改革开放，实现了红色经济崛起；而在新时代，红色管理被赋予了红色强国管理新内涵，随着其管理力量的显现，逐渐成为推动社会发展的重要力量。

兰电人深知，红色管理的核心理念是坚持以人民为中心，全心全意为人民服务。兰电人做的就是让人民有电用，把光明送向四面八方、为中国特色社会主义建设供应电能，所以做好自己的工作，就是最好的为人民服务。不仅如此，红色管理可以帮助企业树立良好的品牌形象，提升企业凝聚力，增强员工责任感，从而促进企业可持续发展。

红色管理对于个人素质的提升也具有积极作用，提高员工的思想政治觉悟，强化企业文化建设，营造积极向上的工作氛围，增强员工的凝聚力和战斗力。同时，加强红色教育，能完善员工激励机制，激发员工工作热情，加强员工队伍建设，提高员工综合素质，培养个人红色精神与品质。从而使员工树立正确的价值观，培养高尚的道德品质。

浙能兰电最大的体会就是将红色管理落实在企业管理的具体行动中，既培养了道德品质，也加强了业务管理，思想教育与专业发展两不误；既不会有政治说教的误解，又能够实现人性纯洁、党性坚定，一举多得。在2007年的《政研文集》中，27篇涉及公司战略决策、经营管理、生产运行、党建文化等多个方面，但每一个方面都涉及政研，每一个方面都包含红色管理，从《对加强工程建设领域专项治理的思考》到《发电企业提升员职业道德的思考》，从《关注职工内心世界，做好基层政治工作》到《用科学发展观指导电力企业党建工作》，无不如此。兰电人抓住了红色管理的一个根本，即深入开展人心管理，“将心比心，尽心尽力地正视员工内在需求”“以心换心，匠心独运地沟通职工内在的情感”“用心凝心，真心不断地激发职工内在动力”，为此，兰电人自豪地总结说：“思想政治工作被人们誉为滋润心灵的春雨，思想政治工作者被称为完善心灵的工程师，要保持和发展这些美誉，唯有加强在暖人心中理人心，在理人心中醒人心。才能更好的收到思想政治工作‘用心凝心，心心相印’的实效。”[①] 在《兰电小故事》文集中，兰电人用自己的口吻讲述了一批平凡而又充满大爱的故事，有班级的、有部门的、有职工个人的（见图9－3）。

图9－3 兰电职工“我与国旗合个影”

故事1：《甘当人梯，不亦乐乎》，是讲继保通信班的故事：说的是每当有新大学生分配进来时，老班长总会给新人制定一份初期的学习规划：第一周，通看一遍继电保护实用技术问答；第二周熟悉现场设备位置……并安排专业师傅指导励磁系统、仪表知识。

在继保通信班，不仅是班长乐于指导，而且每个老师傅都非常乐意给新人做“人梯”，帮助他们忙适应工作，从来不会出现“大学生怎么这个都不会”、“你是大学生，哪里还用问我”之类的话语。面对大学生刚接触工作，实际动手能力较差的情况，继保通信班的老师傅们以平常心对

① 吕峥：《关注职工内心世界，做好基层政治工作》，公司文集《政研文集》，第101－104页。

待，不埋怨、不冷落，用实实在在的行动帮助他们。[①]

很小的事情，却很暖心，让新人很感动，能够很快融入工作集体。所以继保通信班形成了“设备都有主人，人人都是主人”的局面。也许这些新大学生不会用红色管理来概括老班长、老师傅的做法，但心里知道，正是他们甘当人梯的优良作风，让自己得以快速成长。

故事2：《为了光辉四射的团徽》，说的是兰电团委37名青年突击队在2007年12月份所做的一件事：

兰电的青年突击队员们在短短七天内完成了3100多张阀门牌、100多张安全警示牌，200多张控制柜标牌的挂牌工作，同时检查了厂房近千扇门及门锁，消除了电厂建设过程中遗留下来的不合规范的牌子千余张。

这似乎也不是什么惊天动地的大事，却恰恰是这样的小事，表现出了团员青年们的红色心理、红色思想。红色管理能提高个人工作效率，完善员工激励机制，激发员工工作热情，提高员工综合素质，可以使员工在工作中获得更多的成就感和幸福感。浙能兰电努力鼓励企业内部集体与个人积极参与红色管理实践，从而形成良好的红色管理氛围。

二、工匠文化，最是一片匠者心[②]

在兰电20年的历程中，记录比较多的是关于工匠精神、工匠风采，毕竟火力发电从业者，既需要学历知识，也需要动手能力，面对机器设备管线电气等等，都需要工匠之能、工匠之巧、工匠之力。电厂4台机组的24台等离子点火装置的阴极头容易损坏，爱琢磨的兰电检修人员对阴极头的构成作了解剖，分析其内在原理，在研究试验中了解到阴极头报废原因是其头部经电弧燃烧打击后留下一个10厘米大小、3厘米深的凹孔造成的，于是用较高纯度的银焊丝进行补焊，据此修复后装进等离子点火装置，试运行后效果良好。他们最初的想法只是为每年要消耗200多只阴极

① 《甘当人梯，不亦乐乎》，公司文集《兰电小故事》，第17页。

② 《最是一片匠者心》，公司文集《聚力逆行中的平凡》中的一篇文章名。

头感到可惜，想节约成本而付诸行动——朴实的想法、简单的愿望，却没想到，这就是工匠最美的钻研精神、精益求精精神。

有一位锅炉巡检，这样回忆其作为一名年轻工匠学习锅炉巡检经历："从0米到76米，在四面透风的锅炉房上，我对照着锅炉图纸，努力记住每一个管道、每一个阀门、每一只表计、每一个观火孔……夹带着冰碴子的刺骨寒风吹着锅炉房每一根钢梁和锅炉房上选址的每一个人……却没有阻止我每一次的'锅炉巡礼'……当冰雪消融、春风送暖，我的锅炉图纸也如春草一般茂盛起来，那上面画满了各种的标记符号，这是我独有的'暗号'，它帮我顺利通过了锅炉上岗考试。也帮助我成为一个合格的锅炉巡检。"① 这就是这位年轻的"兰电工匠"艰苦成长的经历，也是这位年轻工匠吃苦耐劳精神、孜孜不倦品质的体现。

《聚力逆行中的平凡》之"兰电工匠篇"中，首届"兰电工匠"这样回答采访："工匠精神是一种热爱工作，敬业奉献的职业精神，是一种精益求精，第一次就把事业做对、做好的负责的工作态度。工匠应具有敬业、精准、专注、创新等优异品质。"所以，兰电人匠心慧眼，极智巧思谋创新；匠心守候，一片赤诚付兰电；匠心传承，薪火相传育桃李。并且兰电人深信，没有最好，只有更好，于是迎头赶上"铸匠心"，殚精竭虑"守匠心"，推陈出新"传匠心"——书中，每一词、每一句，都深深表露出匠者心、匠者情怀，兰电人深耕专业，技术创新解难题；兰电人追光逐梦，勇立潮头占先机；兰电人匠心传承，传技育人催奋进。

《一路高歌，磅礴担当》之"匠心担当·兰匠攻难关强企芯"单元中有4篇文章，《扎根现场，砥砺初心，彰显工匠本色》，写的是第二届"浙能工匠的"老班长，他"把质量关，夯实安全'基石'"；冲锋在前，勇担'突击手'；攻克疑难杂症，彰显'圣手'本色，传帮带'小课堂'，传递工匠精神"。《踏实肯干的榜样，勤奋学习的标兵》写的是浙能集团继电保护员职业技能竞赛个人二等奖获得者，他有一句名言："将脑袋打开一毫米"，所以爱动脑子，能写论文；他还有一个原则：欲

① 陈娟春：《兰花深处是我乡》，公司文集《始足千里》，第20页。

想他人改正前，自己先改正，正是这种自我革命的精神让他屡屡得奖。《博知精技近乎艺，撷粹鼎新通阔路》，是“浙能电力2022年集控值班员职业技能竞赛兰电代表队参赛侧记”，作者总结为“一场新锐与时间的将是，奋楫者先”；“一场技术与意志的碰撞，勇进者胜”；“一场升级与未来的探索，从行者远”。兰电人用一种精雕细刻的工匠精神来支撑，启发着、激励着更多的青年职工走技能成才、技能报国之路——科技强国一直在兰电人心中。《晨兢夕厉奋楫行，格物致知心不渝》，记载了一位浙江省热工技能大赛团体三等奖、个人第十名的工匠，以持之以恒之心，无私奉献；以百折不挠之心，苦心钻研；以事无巨细之心，管理班组。一个个工匠、一个个班组，一次次攻坚克难、一次次勇攀高峰，展现出兰电人的真心、用心、专心、尽心，体现出兰电人深沉的匠者情怀。

“所谓情怀，是诗意的栖居，是一种温柔对待世界的方式。冰凉的钢筋铁骨、交织的管线纵横、飞转的齿轮机械，发电企业冷峻的外表下，充满着方正持重的品格，饱含着光亮与温暖并在的赤诚之心，不舍昼夜为社会提供动力，这，也是一种情怀……”[①] 这是兰电人对情怀的理解，把钢筋铁骨、管线齿轮都赋予了诗意的情怀，这是理工人的诗意，这是电力人的情怀，更重要的，这是兰电理工的匠者心，也是立志火电工匠文化的诗意解释。

兰电“运行人的情怀”，在集控室、锅炉房、电气室，是浙能兰电的保驾护航者，负责着机组运行、检修设备试运行、设备检修等，“一份工作，一份热情，一种情怀……在众人没看见的时候，还有很多人为今天夜以继日地准备着；在众人没看见的地方，还有很多人在孜孜不倦地调试、校验着；在众人没看见的地方，还有很多人还在持之以恒地付出着”——兰电人有一份匠者心。

兰电“维护人的情怀”体现在保障机组正常运行，是用速度和激情创造着“美丽兰电”。维护人“能化腐朽为神奇的‘巧手’，在岁月的洗

① 本处“情怀”的引文，引自王肖燕《兰电人的情怀》，公司文集《但问耕耘》，第35－41页。

礼下，已然老茧斑驳，但有一点却从不曾改变，那就是他们对事业的担当，对电力事业的执着与热爱，生命不息，贡献不止”——兰电人有一份匠者心。

兰电“设备人的情怀”包括“坚守”和“责任”，“因为心存责任，他们才会在工作中勤勤恳恳，兢兢业业；因为心存责任，他们才会坚守岗位，默默付出。”“他们没有惊天动地的壮举，也没有轰轰烈烈的伟绩只是用自己朴实的劳动执着地坚守在最需要自己的岗位上，用平凡书写美丽人生”——兰电人有一份匠者心。

兰电“燃料人的情怀”，是因为可以“常常看到他们背后的一片蓝，那是潜水浸透了衣服的颜色，虽然燃料人岗位不同，职责不同，但相同的是他们怀揣着电力人情怀，一直在用心做着每一件事情，充分体现自我价值，把最平凡的事情意图做到最完美”——兰电人有一份匠者心。

兰电“其他人的情怀”，是“他们有一个共同的名字，叫作——电力工作者；他们有一个共同的身份，那是——兰电人；他们有一种情怀，一种电力人的情怀。”也许他们的岗位是平凡的、他们的工作是平淡的，但他们同样对电力事业充满热爱，对自己的工作充满执着。因为，他们同样是兰电人，同样有一份匠者心。

三、立德立业，睿智丹心党徽耀

有兰电人写了一篇《和你一起走过的日子》，这个“你”指的就是浙能兰电公司，“一直以来，你始终以为员工谋求幸福、为社会创造价值、为发展提供动为使命，以人本、科学、创新、一流为核心理念……在创造价值的同时，你不忘改造社会责任，地震捐款、抗击冰灾、抗洪抢险、贫困助学都缺不了你的身影。而且，你还利用自身资源促进地方经济的发展，积极开展集中供热、脱硫脱硝改造，为地方节能减排改善环境贡献力量。”①

① 赵丽卿：《和你一起走过的日子》，公司文集《始足千里》第61－62页。

显然，是浙能兰电让广大职工感受到了以德立人、以能立业的企业价值观，感受到了浙能兰电爱国爱民的一颗丹心，“党的领导”“社会主义”是最重要、最本质的中国特色，兰电人紧跟党的步伐，听党的话，热爱本职工作，共产党员、共青团员努力做一名合格的党团员，在实现中国梦的伟大征程中不忘初心、前行成长。2017 年党的十九大召开，兰电人这样表述对“不忘初心”的理解和在工作中的具体落实：“不忘初心，就是要铭记出发时的梦想，铭记奋斗初始渴望的目标，一往无前、不畏艰辛，在前进中收获、在收获中成长。要在平凡的工作岗位上以持之以恒的学习态度，不断为企业的节能降耗、挖潜增效、安全生产无私地输出自己的技术资源，同时在工作实践中倍加珍惜技术知识和经验的积累。”① 针对中国梦，兰电人坚定地认为：“梦之所趋，心之所向，中国梦激励着我们以青春激情谱写奋进诗篇，今后将继续深入学习习近平总书记系列重要讲话，学习党的十九大精神，学习习近平新时代中国特色社会主义思想，坚定理想信念，对党忠诚，不忘初心，带着对党和人民的感悟、带着对事业的热情，履职尽责、奋发有为，不断前行，充分发挥先锋模范作用，做一名合格的中国共产党党员。”② 浙能兰电的文化强企，极为重要的方面是用红色文化强企，而且成效巨大，红色精神、红色思想，处处在兰电人身上体现，时时在兰电工作中表现。

兰电人在《唯有肩负责任，坚守底线，方能安全始终》一文中，着重于遵守安全生产法，当好第一责任人。兰电人却在具体的表述中，睿智丹心，把红色文化为内涵的红色管理落实进去，又把安全生产实现了落地：“作为第一责任人，必须牢记习总书记关于安全生产的重要论述”“作为第一责任人，必须清楚肩负的安全生产七项管理职责”“作为第一责任人，必须明白安全责任必须满地生根”“作为第一责任人，必须让全体员工认识到‘违章即违法”③。而在另一篇《强思想、重基础，落实五项举措抓落实安全生产》一文中说：“习近平总书记对安全生产工作提出

---

①② 林跃：《不忘初心、前行成长，做一名共产党员》，公司文集《但问耕耘》，第 20 页。

③ 李耀远：《唯有肩负责任，坚守底线，方能安全始终》，公司文集《一路高歌，磅礴担当》，第 13 – 14 页。

来了诸多重要论述，要求牢固树立红线意识、底线思维，坚持人民至上、生命至上，把保护人民生命安全摆在首位，同时要求安全生产工作要保持标本兼治、关口前移，加强日常防范、源头治理、前端治理。”[①] 这些是从安全生产一个侧面，探索浙能兰电运用红色文化管理红色兰电，让人时时刻刻可以感受到党徽在眼前、在厂区、在工作中、在心坎里闪耀。窥一斑可见全豹，“德”立人，“能”立业，红色思想闪光芒。

浙能兰电十周年的时候，兰电人撰文说：“十年，兰电插上了腾飞的翅膀。新建低碳环保、内陆绿色国有发电企业，屹立在浙中大地上，日新月异，蒸蒸日上……在蓝天上，巨大圆锥形冷却水塔悠然吐雾，由急而柔；那白色的云雾，轻风拂弄，飘浮天空；在晨风里，那白雾犹如一支正在横空疾书的豪笔，优美豪放，飘向远方；一个个巍峨高耸的铁塔，一条条莽莽的高压线路，四散开来；强大的电流，激情四扬，源源不断输送清洁能源，奉献给社会……” 理工男式的描述，透露出其中的真情、其中的自豪、其中的成就；诚心付真力，红心创红业，兰电人不负重托、不负韶华，为党的事业、国家的事业、人民的事业殚精竭虑、呕心沥血，“为了4×600MW国产超临界燃煤发电机组的运营和维护，聚集多少敬业之心，多少执着之人，多少辛勤之劳，多少创新之索，用心去想，用心去做，用心去努力，做一个对企业负责任的人，为企业做贡献的人。员工不分白天黑夜、不分节假休息，风里来、雨里去，随叫随到，默默无闻地工作着、奉献着，不愧为发电生产的守护神……”[②] 这就是党的事业建设者，这就是红色中华电力人，这就是党培养出来的兰电人！

为此兰电人深情写下歌颂党的数篇长诗，汇总在2018年文集《但问耕耘》之“正心·明道”篇中：《党在我心中，锤炼精神创四业》《建功四业，党在我心中》《牢记党史，砥砺前行》《牢记使命，让“四业”放光彩》……这让人想起公司成立十周年时的文集中《始足千里》也有一首长篇散文诗《兰电十年》，在此节选几段，以感验兰电人20年不变的

---

① 杨旭平：《强思想、重基础，落实五项举措抓落实安全生产》，公司文集《一路高歌，磅礴担当》，第23页。

② 凌建华：《兰电人的执着》，公司文集《始足千里》，第23–24页。

爱党爱国情、服务人民服务企业的拳拳赤子心、德行不亏的红色江山守业人、新时代创业人。

在美丽的金华江畔，闪光着一颗明珠
她的名字叫浙能兰电
……
忆峥嵘岁月，回眸创业历程
2004 年 6 月 16 日，这一天，“浙能兰电”拔锚起航
四方行业能手汇聚于此，济济一堂
兰电的宏图从此展开，激情的序曲由此奏响
……
在高耸钢架间和轰鸣重机中，我们挺起了不屈的脊梁
从炽热酷暑到数九寒冬里，我们书写了无上的荣光
……
锐意进取的兰电人，披荆斩棘，以智慧和心血，挥笔写就完美开篇
蓬勃向上的兰电人，乘风破浪，融热情与理想，推动兰电高歌猛进
……
一路上紧随时代脚步，一路亦有不变坚持
为员工谋求幸福、为社会创造价值、为发展提供财力
不忘初心，将责任扛在肩头
不忘奉献，把使命刻于心中
誓筑善美兰电、绿色兰电、和谐兰电
……
挡风抑尘墙、消声导流片
脱硝改造、环保改造层层推进
输电线路纵贯婺州大地，燃点灼灼光华
供热管线密布兰江内外，送去浓浓暖意
……
十年的励精图治，终成硕果累累
省级标准创新型企业，省级文明单位

全国先进基层党组织，首批四A级标准化良好行为电力企业
浙江省劳动保障诚信单位，省属企业基层党建工作示范点
全国性专业技能竞赛中屡屡摘金夺银
“全国技术能手”“中央企业技术能手”称号频频取得
更有“全国三八红旗手”展现巾帼英姿
十年间，一批批行业精英在这里培育，一批高素质人才从这里走出
……

20年，党旗飘扬在浙能兰电的上空；20年，党徽闪耀在兰电人心中。成绩是过去的，经历属于历史，兰电人继续昂首阔步走在中华民族伟大复兴的强国之路上，依然在努力为新时代文化强企探索新路径、新方式，为中国式现代化建设探索企业经营与发展的新模式、新内涵。正如公司文集《一路高歌，磅礴担当》的董事长寄语①中所说的：

新时代、新使命，需要坚定者、奋进者的出发、再出发。
新征程、新辉煌，需要搏击者、领跑者的出发、再出发。

第三节　积微成著人文行，躬身立行伟业成

从企业文化红色奠基，到三园文化创建、石刻文化深入，再到红色文化化成为红色管理，兰电践行着积微成著理念，步步推进人文化成，20年躬身力行着构建成兰电特色的企业文化，从政治内涵到企业经营，从思想建设到心灵塑造，从企业责任到员工精神，逐渐形成独具浙能兰电特色的“君子兰文化”。“君子之兰，兰之君子”（唐·王之涣《上兰》），君子兰的忠诚、威武、荣华富贵、高尚、端庄文雅、君子之风、谦逊等品质，自古为中国文人所推崇，既为工匠，也为文化人的兰电人，崇文尚武，谦谦君子人文行，融融雅俗伟业成。

---

① 《一路高歌，磅礴担当》序言《坚定信心建新功，朝着兰电高质量发展继续前进》，第2页。

一、人文化成，兰花深处是吾乡[①]

企业文化具教化之功，其主旨在于让员工明事理、知荣辱、懂忠孝，学习知识、强化红色思想过程中，走向更高的文明、更高的境界。

唐代杜牧的《兰溪（在蕲州西）》中写道："兰溪春尽碧泱泱，映水兰花雨发香"[②]，新雨之后，清风徐来，溪畔兰花孤芳独秀（时值春末，群芳多谢），映入水中美景无限，兰花清香随雨水散入兰溪两岸，那样爽冽又那样轻柔，沁人心脾，净化着空气，也净化着心灵。人文化成，一如这兰花潜移默化着环境、洗涤洁净着人心，让社会更文明，让人类更进步。

浙能兰电，处于浙江金华所属的兰溪市地界，兰溪盛产兰花，为兰溪市花，明正德《兰溪县志》载有"双兰头"诗："手种盆兰香满庭，闲来趣味独幽深。敢夸双萼钟奇气，只恨孤根出晚林。"本生于山丘、郊野的兰花现多家栽了，瓶插兰花、兰花盆景成为爱兰人的必备雅物。清代纪晓岚就在《君子兰》中写道："不是瓶中之物，却胜瓶中之物。寒来暑往，君子兰永放芳香。"君子兰的花语与红色管理内涵吻合，故兰电人自称"兰花深处是吾乡"，爱兰、育兰、以兰咏志、以兰建设企业文化，成为兰电人的喜爱。

党委指导、纪委与党群部具体落实，把君子兰文化与廉洁文化相融，护航浙能兰电高质量发展。做法是就地取材，让君子兰焕发新生，一是厚植君子兰清廉之土，"在党建质量体系认证及5A标准建设基础上，公司建立'一企一部一岗一域'岗位廉洁风险信息库和'清廉兰电'数字化管理平台，编印《发电企业廉洁风险防控手册》《发电企业廉洁风险防控可视化提醒手册》，推进'风险智治'，以有效的廉洁风险防控为廉洁沃

① 《兰花深处是吾乡》，公司文集《始足千里》中的一篇文章名。

② 蕲州，湖北省黄冈市蕲春县蕲州镇；此处兰溪是古称，今名浠水。此诗为杜牧在黄州刺史任上游览兰溪时所写。黄州兰溪虽非金华兰溪，但与今兰溪市的兰江相同的一点是，江溪清澄碧透，两岸兰花映水。

土铺上一层‘防护网’。同时以‘四式监督’即清单式常规督查、协同式专项监督查、点穴式核实核查、驻点式调研走访作为检验清廉沃土质量的‘红绿灯’，以 23 个监督网格作为最小清廉单元，发挥‘探头’作用，甄别和警示工作可靠与否、有效与否。”① 二是播种君子兰清廉种子，以可视化君子兰文化形象在兰电人心中播下清廉种子。三是浇灌君子兰清廉之水，手绘“君子廉香”漫画、制作君子兰盆花，送廉进部门、进班组、进岗位、进家庭，全方位廉香熏陶。四是君子兰清廉之花，充分展现君子兰文化建设成果，以一厅一站一室（企业文化展厅、党群驿站、特色标评式）和 N 个党支部学员活动室清廉窗口及移动式特色专题展，谓之“1 +1 +1 + N”。企业职工更加坚强刚毅、更加追求品德高尚。兰电人自豪地说：浙能兰电自建厂以来 20 年，在工程建设项目投资、工程施工建设及购物等领域，无违纪问题、无职务犯罪，如图 9 – 4 所示。

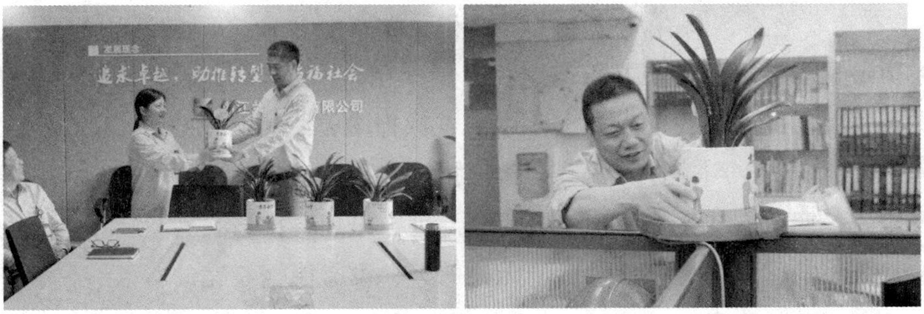

图 9 – 4　落实君子廉香，促进企业发展

君子兰文化是一个综合的体系，廉洁文化展现了兰花的淡泊、高洁、真诚、高尚的一面，同时它还具有高雅、贤德、忠贞、爱等的品质，爱包括爱国、爱信仰、爱事业、爱家人、爱朋友等，而且这种爱是坚贞不渝的。唐 · 唐彦谦在《兰二首》中咏兰：“清风摇翠环，凉露滴苍玉”。这里以翠环、苍玉作喻。把兰花比作翠绿的玉环，把兰叶比作青碧的美玉。

① 范莉：《浙能兰电“君子兰”，护航内陆电厂高质量发展》，公司文集《一路高歌，磅礴担当》第 90 – 91 页。

形象地描绘了兰花的玲珑剔透，兰叶的柔刚明润，给人一种优雅、娴静的感觉。兰花品质与翠玉之性相合，“兰玉”或“玉兰”常连一起使用（也成为取名常用），表示对别家子弟的美称，如“谢家兰玉真门户，苏氏文章亦弟兄”（陈造《贺二石登科》）；甚至用“芝兰玉树”来表示这一意思。“芝兰”古代用以比喻君子德操之美、友情之美或环境的美好；“玉树”则是中国文化神话传说中的仙树。兰电人喜欢这种美好、喜欢这种高雅。

从家园、花园、公园“三园文化”一路走向“君子兰文化”，浙能兰电凝德聚心、志向不变、中心不移，把党和人民放心中，把工作和事业放行动上，展现出君子兰的多种品德。这里从一个生活侧面来反映兰电人的兰花人文：孝道。

中国文化讲悟道，任何事物都有道，花有花道、茶有茶道，文有文道、武有武道，悟道明道、修道行道……孝，是动物也会的事，所以有“羊有跪乳之恩，鸦有反哺之义”之说，体现了生命之间的互助与感恩。中国最早的诗集《诗经》就有这一思想：“父兮生我，母兮鞠我，拊我畜我，长我育我；顾我复我，出入腹我，欲报之德，昊天罔极。”（父亲啊，你生了我，母亲啊，你养了我。你们抚慰着我，哺育着我，扶助着我，培育着我，照看着我，反复留心着我，走进走出还要抱着我。我要报答父母的这个恩德，这个恩德就像广阔无边的天，没有能报答完的时候。）

浙能兰电开展“以孝治企”，把孝文化与君子兰文化有效融合，兰电人认为：“孝是心灵的阳光雨露，一个人有了孝，就有了仁爱之心，自然就会疾恶如仇，进而产生正义情怀，于是会感恩，会由衷产生恭敬之心，于是待人接物有礼而不轻慢。有了感恩之心，做事会用心；因为用心，开启了智慧。有了感恩之心，与人来往诚信无欺。”①

曾子曰“孝有三：大孝尊亲，其次不辱，其下能养”（《曾子大孝第五十二》，摘自《礼记·祭义》），这是“百善孝为先”的美德来源。兰电人深以为然，认为知孝、悟孝、方能践孝（行孝、尽孝），并认为既要对

---

① 《孝——心灵的阳光雨露》，公司文集《一路高歌，磅礴担当》第 96 页。

家里长辈尽孝，也要对社会行善。浙能兰电是一个让人充满幸福感的公司，幸福感从何而来？兰电人的回答是："来自公司给予我们的关怀与温暖。正所谓'赠人玫瑰，手留余香'，这份幸福感还来自我们员工携手给予外界的温暖与帮助。"①

所以，兰电人将服务群众的党员宗旨与善美人文精神相融合，把红色管理与君子兰文化相融合，形成学员带头、全员参与的服务社会大格局，服务职工、解决他们的后顾之忧；服务困难户，给予鱼解燃眉之急、又给予渔解决长效问题；党团支部开展结对助学、慰问敬老院、参与社会各种善行，把爱洒向人间。

二、躬身力行，幽兰飘香吐芳华

宋代名家杨万里喜兰花，在他的《三花斛三首右兰花》中有这样两句："生无桃李春风面，名在山林处士家"。说兰花没有春风桃李的美丽娇艳，却是隐匿于深山密林幽谷之中的处士。以花喻人，兰花山中隐居，以示处士远离世俗而赞其高洁清雅脱俗之美。

显然，兰花的谦虚、低调、踏实，恰恰是浙能兰电的风格与追求。兰电人只在意躬身力行，不在乎名扬天下；兰电人只愿意用自己精湛的技术为火力发电事业添砖加瓦，不在乎声名是否显赫。他们在四周皆是乡村田野的厂区内辛勤工作，甘之如饴。兰电人踏实、兰电人实干，兰电人躬身力行、埋头苦干，如君子兰，即便生在山谷无人处，依然香飘满山野。

浙能兰电外送供电，内练内功，一门心思做好自己的事。比如加强主题教育，明确政治方向；全面标杆管理，提升基层建设力，促进企业可持续发展。具体做法上，《提升基层建设力对推进发电企业科学发展的探索与实践》② 一文中有介绍：一是建设学习型组织，在继续和创新中，"开展各类讲坛、论坛和学习会、读书会、交流会等形式的活动……发挥

---

① 《行孝义之事，向善意之举》，公司文集《一路高歌，磅礴担当》第 112 - 113 页。

② 黄祖平、范莉等：《提升基层建设力对推进发电企业科学发展的探索与实践》，公司文集《躬身力行》，第 51 - 56 页。

‘轮岗交流’‘导师带徒’‘支部读书角’‘党支部学习经验分享’等载体作用，强化学习与工作的紧密结合，提升学习力。”二是开展主题教育活动，比如“形势与任务”“文化与发展”“转作风、强管理、提素质”“新起点、新常态、新发展”等主题教育，组织开展演讲、辩论、读书活动、主题征文。三是推进全面标杆管理，推动立标、对标、创标，推动自身建设力不断提升。四是“抓三基促三强”工作落实，即抓基层、抓基础、抓基本，强党建、强管理、强队伍，推出“三优”（学习优、绩效优、服务优）“四有”（心中有党、心中有民、心中有责、心中有戒）“五好”（支部班好、党员队伍好、工作机制好、工作绩效好、群众反映好）等管理办法。五是加大青年人才培养力度，在实践“党管人才”基础上，建立公司青年人才库，发掘优秀的、潜力大的人才入库，同时持续锻造能够担当企业改革、发展征途的中青年后备干部队伍和青年中层干部队伍。六是“一班两境”班组文化建设，培养班组的精神境界、提升班组的硬件环境。

为了充分发挥兰电人的科技能力，为了让青年员工的青春吐芳华，在公司统一领导下，各领域与各部门在浙能集团文化、浙能兰电文化背景下，在适合、适应条件下，进一步研究公司各领域、各部门的企业文化，让员工思有方向、行有目标、工作有奔头、劳动有成果。比如企业文明生产核心文化理念是“优化、美化、文化”之“三化”内涵。而在企业品位提升领域确立的核心文化理念是“正气、大气、朝气”之“三气”文化；在廉洁领域明晰为“凝炼三原色，塑就纯净人”，三色是指红色（党旗颜色）、蓝色（水天颜色）、黄色（警示颜色）；在安全生产领域，确立“责任、执行、执着”之“三Z”文化；设备部则提出了“求真、务实、开放”的部门文化，维护部提出了“负责、敏捷、协同、乐活”部门文化，燃料部提出了“敏捷、安全、经济、清洁”部门文化，各科室则提出了两“心”两“诚”文化，两心指精心管理、用心服务，两诚指真诚交往、精诚合作。连共青团组织也有自己的文化：勤奋好学，勇于实践，以及工会的工会文化：活力桥梁、职工家园，如图9-5所示。

图 9－5　锅炉班 7S 方案探讨

这里着重论及运营部的部门文化①：精心、精准、精致。这一“三精”文化，是针对运营部的工作特点而提出的，维护公司机组稳定经济运行，必然对监盘、巡检、操作、突发事件处理都有很高的要求。“精心”，是指监视、巡检、运行分析的工作需要用心、细心、专心和责任心的“四心合一”，其中责任心是中心，是第一位的；另三个是对工作的具体要求。“精益”，是指精益求精、持续改进、实现运营效益最大化，精益文化“强调物的明朗化和人的规范化，努力实现精益生产、精益改进、精益管理、精益运行，争取效率和效益的最大化。”“精致”，是指精巧细致、文明生产、努力追求和谐之美，精致文化是对企业文明与员工文明的要求，是秉承“优化、美化、文化”文明生产文化理念的结果，而且文明生产与安全生产相辅相成。在此基础上，2013 年当时的运营部还对各班组也进行了针对性的班组文化建设，运营一值：敬业、创新、幸福；运

① 参考林文辉、沈国忠等：《兰电特色的运营部文化形成与发展》，公司文集《躬向立行》，第 71－81 页。

营二值：求实、求善、求学；运营三值：周详、凝聚、激扬；运营四值：思路清晰、执行到位、敬业荣群；运营五值：品质、进取、致远；运营六值：团结包容、进取创新；化试班：协作共进、精益求精；佛学运行班：纯实、扎实、效实；除灰脱硫班：创新、精细、规范、和谐。

从浙能集团公司到浙能兰电公司，再到当时的运营部、又具体到各班组，企业文化建设层层建设，又一脉相承，从宏观导向到公司生产到部门实践到班组落实，企业文化设计非常有特色。不仅如此，运营部文化在实地执行上也很有特色，这里列举几点：其一，加强宣传贯彻，增强“三精”文化认同感。具体是入职课堂、知识竞赛贯宣“三精”文化内涵，“文化家园网”搭建“三精”文化载体，构建目视系统营造“三精”文化氛围。其二，传承“三园”文化，增强“三精”文化的着陆点。其三，构建制度体系，增强“三精文化的导向力。其四，贯穿管理过程，增强”三精“文化的存在感，具体是应用“运行指标考核系统”，体现“精益”文化；应用好“环保信息管理系统”，体现“精致”文化；应用好“操作票生成系统”，体现“精心”文化。其五，树典型起表率，增强“三精”文化感召力，“运营之星”“优秀内训师”“优秀学员”“爱岗敬业标兵”“业务技能标兵”等。一切都是为了“三精”文化能够落地，宣传与教育是培养认同感；精心对标，是为了挖潜增效出成绩；精细工作，是为了运行管理出业绩；精益求精，是为班组建设出成效。

清爱新觉罗·玄烨也写过一首《咏幽兰》，后两句是“不因纫取堪为佩，纵使无人亦自芳”，道出了“兰花”冰清玉洁的高雅气质。康熙皇帝在这里吟咏的不是兰的孤高隐逸，而是推崇兰花的谦和踏实，不争虚华的品格。20 年公司周年际，写下这些，是为了表达浙能兰电的文化强企上取得的成就，是说明兰电人不争不抢谦逊内敛的君子兰文化品质。

三、三剑合一，文化强企磨一剑

文化，以文化成。“刚柔交错，天文也；文明以止，人文也。观乎天文，以察时变；观乎人文，以化成天下。”（《易·贲卦·彖传》）。天象

（自然）变动规律为天文，人类（社会）开化文明为人文，将“文”之天道、地道、人道“化”之为现实社会的人伦秩序，形塑为相应相生的文明形态，谓之“化成天下”。正因为文化有这样的巨大功能，所以习近平总书记强调，文化是一个国家、一个民族的灵魂。文化兴则国运兴，文化强则民族强。文化关乎国本、国运。国本与文本相关，国运与文运相牵，文脉同国脉相连，国家之运文以铸之，国家之魂文以化之。浙能兰电在学习习近平文化思想中进一步明白，文化是一个企业的灵魂，再小的企业，有文化就生机蓬勃；再大的企业，没有文化就底气不足。

在认真学习中国共产党二十大会议精神的同时，浙能兰电梳理了公司在文化建设上的线索、历程和内涵，从最初的“文化奠基”、到“三园文化”再到“石刻文化”，一步一个脚印，中心不变，即作为共和国的子孙（国企），必须坚持党的领导、坚持为人民服务，用管理文化强企、用科技文化强企、用企业文化强企，进而形成既具优秀传统文化特色、兼具现代创新红色文化特色，又有中华君子精神、中国文化风骨的“君子兰文化”。如果说管理文化、科技文化、企业文化是浙能兰电20年发展史上的三把宝剑，那么“君子兰文化”是这三剑合一的兰电神剑，剑光闪耀、剑气灵动、剑招迭出，舞出文化强企的浙能兰电。

新时代，兰电人在“君子兰文化”建设中开始打造“新三剑”：认同、创新、践行。

第一，企业文化的关键在认同。习总书记指出：“体现一个国家综合实力最核心的、最高层的，还是文化实力，这事关一个民族精气神的凝聚。我们要坚持道路自信、理论自信、制度自信，最根本的还有一个文化自信。要从弘扬优秀传统文化中寻找精气神。”[①] 兰电人在文化自信中找到这种精气神，才能斗志昂扬奋力拼搏。作为一个企业的软实力，企业文化建设就是和谐企业的粿合剂、润滑剂，是赋能浙能兰电蓬勃发展的不竭源泉。

---

① 习近平参加十二届全国人大二次会议上海代表团审议时的讲话，2014年3月5日。转载于中国网《全国两会上，习近平那些催人奋进的“文化金句”》，2022年3月11日。

兰电人力把企业发展与文化建设相融合，探索君子兰文化建设之路《孙子兵法》有云，上下同欲者胜。有文化上的认同，才会有情感上的共鸣，才能增强组织的凝聚力和战斗力。所以习近平总书记强调“文化认同是最深层次的认同，是民族团结之根、民族和睦之魂。”[①] 就浙能兰电说，文化认同是全体员工的团结之根，是来自四方的兰电人的和睦之魂。浙能兰电在红色思想传播、红色之旅活动、红色管理实践，和国学文化学习、国学礼仪实践中，充分树立中国文化自信，树立兰电文化自信，挺起兰电人的胸膛努力工作、增强为人民服务的责任感，这才有“中国文化→集团文化→公司文化→部门文化→班组文化”的统一性与强烈认同感，这也是兰电人20年奋力、奋斗、奋进的动力所在。2019年7月，习近平在内蒙古考察时指出的：“要引导人们树立正确的历史观、民族观、文化观，不断巩固各族人民对伟大祖国的认同、对中华民族的认同、对中国特色社会主义道路的认同。”[②] 上下一心、个人与组织一致，践行着文化自信、文化铸魂、文化认同。

第二，企业文化的核心在创新。企业须与时俱进，随着时代进步而丰富发展。企业文化，是一种修养，植根于内心，心灵修养意味着不间断的涤心、洁心、明心，让内心保持干净的同时，承担起历史使命。企业文化还是一种自觉，无须提醒；是一种善良，为别人着想。浙能兰电的文化建设，20年来努力升华修养、培养自觉、唤醒善良。

所以，创业基建期有质量、效率、廉洁为本的“创业文化”奠基，转入生产稳定期有家园、校园、公园为本的“三园文化”建设，在业务扩展期则有坚毅、顽强、红色为本的“石刻文化”，一路走来一路创新；进入中华民族伟大复兴的强国新时代，浙能兰电延续企业文化精髓的同时，总结基础上创新发展出“君子兰文化”。“寸心原不大，容得许多香”（明·张羽《花》），这首诗无一字兰花表述，却让人感受到对兰花幽幽香

① 习近平参加十三届全国人大四次会议内蒙古代表团审议时的讲话，2021年3月5日。转载于中国网《全国两会上，习近平那些催人奋进的“文化金句”》，2022年3月11日。

② 转引自《杭州日报》头版《重视历史文化保护传承，习近平这些金句值得铭记》，2022年3月23日。

气的无限赞美，对兰花品格、兰花精神的真情称道，启迪人们，寸心确实不大，却可包孕着浓挚且深远的香气。兰电人 20 年步步为营，20 年坚持不懈，20 年不断创新，终于磨成一剑：浙能兰电君子兰文化！

君子兰文化，分为三个层次：君子精神、兰花品质、君子兰文化。文化是企业赓续发展的厚重底色，更是强企兴企的不竭动力。新时代的君子兰文化，除传统内涵外，还须与时俱进融入新时代红色文化内涵，加强党建之“根”，筑牢企业发展之“魂”，这是浙能兰电历届党委始终紧紧把握的。兰电人懂得，国有企业是党和国家事业发展的重要物质基础和政治基础，须以党建促发展、以发展强党建，不断推动党建与生产、经营、技术创新、人才建设的同频共振。创新，是企业文化的核心，是企业赓续发展的厚重底色和强企兴企的不竭动力。

第三，企业文化的根本在行动。习近平总书记说：“要坚定文化自信、把握时代脉搏、聆听时代声音，坚持与时代同步伐、以人民为中心、以精品奉献人民、用明德引领风尚”①。浙能兰电坚定文化自信、勇于担当使命、努力奋发有为，创造新时代的新文化，用实际行动参与建设中华民族现代文明。

一要以先进政治文化为兴企强企把关定向。政治文化决定企业发展立场、发展方向、发展道路、发展担当。20 年来浙能兰电坚持党对公司的全面领导，坚持马克思主义在意识形态领域的指导地位，坚持习近平新时代中国特色社会主义思想对于企业一切工作的指导地位，保证企业发展方向不偏、力量不散、步子不乱，蹄疾步稳地前进。

二要以先进组织文化为兴企强企聚合力量。组织文化可以形成企业的整体合力，前提是能形成共同价值观。浙能兰电集团党委以大力加强党的先进性建设，并以党建带群团建设为根本途径，打造先进组织文化，支撑形成兴企强企的磅礴力量。

三要以先进制度文化为兴企强企加装翅膀。制度文化形成企业行为的

---

① 习近平看望全国政协十三届次二次会议的文化艺术界、社会科学界委员时的讲话，2019 年 3 月 4 日。转载于中国网《全国两会上，习近平那些催人奋进的“文化金句”》，2022 年 3 月 11 日。

习惯、规则，对整个企业文化的变迁、发展产生影响。制度文化建设重在执行落实，激励为主、约束适度、好用管用为基本原则，同时要进行完善升级，使管理文化科技文化与制度文化建设同频共振，构建兰电文化。

四要以先进奋斗文化为兴企强企提振斗志。奋斗文化与理想信念、履责担当、团队意志及精气神相关。核心要求是形成以奋斗为荣的群体人生观。20 年来，广大干部职工不忘初心、牢记使命，把革命理想树得更坚定，把为民情怀扎得更深厚，激活兰电人爬坡过坎、风雨无阻、砥砺奋进的斗志和勇气。

五要以先进监督文化为兴企强企守正护航。为保持党的先进性纯洁性，就要全面从严治党，也要全面从严治企。浙能兰电重视监督文化建设，厚植监督文化根基，充分发挥监督文化对于企业高质量发展不可替代的作用。形成强大的监督力，坚持廉洁文化建设的导向，推动廉洁文化落地生根、开花结果，着力营造风清气正的发展环境。

兰电文化把兰电员工紧紧团结在一起，形成强大的向心力，上下一心、步调一致。企业文化作为企业的灵魂，是企业生存、创新及发展的内生动力。浙能兰电坚持以“为员工谋求幸福，为社会创造价值，为发展提供动力”的企业使命为引领，构建与公司战略相匹配、定位清晰、独具特色的企业文化体系。兰电文化是每一位兰电人的行为指南，是指导企业经营管理工作的准则，是统领其他管理制度、规范和行动的基础。

20 年文化强企，有了今天浙能兰电的辉煌；20 年科技强企，有了今天浙能兰电的庆典。浙能兰电还在路上，浙能兰电将在强国新时代，再创新绩，继续探索中国式现代化的发展之路，继续打造中国特色社会主义的新企业，继续建设浙能兰电特色的“君子兰文化”。

后　记

这是一本写火力发电企业和电力人的书，这是一本研究企业特色文化建设的书。这家企业 20 岁了，有许多值得研究的内容，独特的企业发展史，出色的火电科技史，杰出的企管理史，骄人的人才培养史……文化，是一个企业的灵魂，20 年兰电的文化建设很有特点，既体现浙能兰电的“文化自信”，也从中总结并探索浙能兰电公司20年“文化强企”的做法。

从对兰电文化建设历程的初步研究发现，浙能兰电是一家把文化建设放在极高位置的企业，总结其做法、凝练其经验、升华其理论，应该可以提供出一个样榜，一个中国式“文化强企”的榜样。这里的“文化”，不仅仅是企业文化，还涉及公司方方面面的内涵，比如管理文化、比如科技文化、比如狭义的企业文化。党委统一领导、公司统一管理，一个重要特色是从心开始、“穿”心而行、得人心为本，温暖人心、纯洁人心、理顺人心的同时，融入了德品培养、实现了思政教育——兰电风格的“管理文化”；还有长长的几十页的浙能荣誉榜、专利发明榜、科技项目攻关榜……无不显示出浙能兰电强劲的“科技文化”；从集团公司设立的企业文化，到公司初创时期的基建文化，到后来不断深化的专业文化、班组文化，形成了独立成系统的“兰电文化”，三剑合一，恰恰就是“文化强企”的真实写照！

浙能兰电委托浙江师范大学徐井岗教授主持编著工作，召集了一批年轻的兰电人参与，对浙能兰电 20 年文化建设的过程、成效，在理清线索、通顺各阶段之间关系的基础上，进行了深入研究。徐井岗拟定本书编著的框架（具体到三级标题），撰写了引言、第七章、第九章。党群部主任范莉进行了对接、联络和组织工作，在通读全稿并作数字审核、文字修改基础上与公司各相关领导、部门及参编人员沟通，牵头对全书图片进行筛选；参编人员分章节进行资料的初步收集、参与初稿写作，其对应章节分别是：第一章盛啸天，第二章李蕾蕾、华庆敏，第三章何云玲，第四章刘宇博，第五章张同喜，第六章申晔，第八章刘金思；徐井岗对初稿进行了补全、修正、统稿，使各章节趋于主旨统一、内容集中、表述规范；成稿后，交由公司党委、纪委审查通过。

所以，这是一本集体研究的成果，有对公司20年资料的提炼性编辑，更有独创性的管理文化、科技文化、企业文化（狭义）建设的研究。企业文化的建设是一个长期的过程，需要持之以恒的努力和实践；在这个过程中，企业需要不断反思、总结和改进，以适应市场和环境的变化。本书着眼于浙能兰电20年文化建设的历史，着眼于因地制宜、因情制宜的文化建设中的变化，致力于深入探讨企业文化的内涵、构建与实践，以期为企业领导者、管理者和员工提供有益的启示和指导。所以书中分析了企业文化在激发组织活力、推动创新、提升品牌价值等方面的重要作用，也结合浙能兰电的实践案例，探讨了企业文化的塑造路径和方法，为企业特别是国有企业坚定政治立场、完善道德品格、加强人才培养提供了有益参考。

一切努力都不会没有作用，只是价值的体现是在某个特定时间、特定情况下展现出来。如果本书能引发对企业的文化建设更多关注和研究，社会各界、所有企业共同推动“文化强企”的健康发展，那么也就意味着我们对“文化强国”作出了自己的贡献。所以愿本书能够激发更多的人关注和参与到特色文化、本土文化建设中来，在为人类的能源事业，为中华民族伟大复兴事业作出更大的贡献的同时，提供更多的践行“文化自信”的公司实践成果，更多的“文化强企”的企业榜样，为实现中国企业可持续发展，奉献我们的知识、智慧和力量。

路很长，需要我们一步步扎扎实实去走，文化很丰富，需要我们一步一个脚印留下中国文化的风采、国有企业的精彩、中国工匠与中国工程师们的神采！